Dr. CURA
CORAÇÃO

AL SEARS, M. D.

Dr. CURA CORAÇÃO

The Doctor's Heart Cure
Copyright © 2004 by Al Sears, M. D.
Published by Dragon Door Publications
Little Canada, MN 55164, USA
www.dragondoor.com
Copyright © 2005 by Novo Século Editora Ltda.

Direção Geral *Nilda Campos Vasconcelos*
Supervisão Editorial *Silvia Segóvia*
Editoração Eletrônica *Sergio Gzeschnik*
Capa *Carlos Guimarães*
Revisão *Ruy Cintra Paiva*
Carla Montagner

Dados Internacionais de Catalogação na Publicação (CIP)
(Câmara Brasileira do Livro, SP, Brasil)

Sears, Al
   Dr. cura coração / Al Sears : [tradução Grace Khawali] . – Osasco, SP : Novo Século Editora, 2005.

   Título original : The doctor's heart cure.

   1. Auto-ajuda - Técnicas 2. Coração - Doenças - Obras de divulgação 3. Cura 4. Doenças cardiovastulares 5. Doenças cardiovasculares - Prevenção I. Título.

05-7745   CDD-616.12
                                           NLM-WG 200

Índice para catálogo sistemático:

1. Coração : Doenças : Cura : Medicina : Obras de divulgação   616.12

2005
Proibida a reprodução total ou parcial.
Os infratores serão processados na forma da lei.
Direitos exclusivos para a língua portuguesa cedidos à
Novo Século Editora Ltda.
Av. Aurora Soares Barbosa, 405 – 2º andar – Osasco – SP – CEP 06023-010
Fone (11) 3699-7107
www.novoseculo.com.br
editor@novoseculo.com.br

ÍNDICE

INTRODUÇÃO   13
Por que a doença do coração continua a ser o maior assassino da América... por que a abordagem tradicional da doença cardíaca é falha... os três princípios-chaves para ganhar um coração saudável... por que o colesterol não causa doença cardíaca... o novo paradigma para a cura da doença cardíaca e a obtenção de um coração saudável... como usar este livro.

PASSO 1
COMO A MEDICINA TRADICIONAL PERDEU O BARCO

Capítulo 1   25
A nutrição moderna e a dieta-desastre
Como criamos a epidemia moderna de doença cardíaca... como redescobrir a dieta natural... o que nossos ancestrais realmente comiam... o que fomos geneticamente determinados a comer... a relação entre ataques cardíacos e outros problemas de saúde... como a solução baixa gordura leva a um desastre dietético... por que os níveis de obesidade decolaram...

como os produtos finais da glicação avançada (AGEs) aceleram o envelhecimento do coração... como interromper o padrão de suas ânsias por certas comidas... perigos para os órgãos vitais... indo além da Dieta Atkins... voltando para uma dieta natural.

Capítulo 2   41
Desmistificando o exercício cardiovascular

Por que o exercício de longa duração é uma perda de tempo, e pode causar outros problemas de saúde... a importância vital da reserva de capacidade... as vulnerabilidades de fazer-se "diminuir" seu coração... o programa PACE™ para fortalecer seu coração e criar capacidade de reserva... como incrementar seu volume sistólico — seus cavalos-força cardíacos... melhorando suas taxas de colesterol... mantendo níveis saudáveis de testosterona... os riscos de ataque cardíaco em corridas de longa distância... como perder mais gordura com exercícios intervalados... por que exercícios de resistência favorecem a produção de gordura.

Por que o PACE™ pode ajudar você a viver mais... o mais importante preditivo para a insuficiência crônica do coração... como melhorar sua capacidade... como ganhar massa muscular com exercícios intervalados efetivos.

Capítulo 3   53
Colesterol: o falso inimigo

Por que o colesterol não causa doença cardíaca... uma história pessoal... as trágicas conseqüências das campanhas de remédios para o colesterol... reconhecendo a diferença entre fatores de risco e causas... por que os níveis de colesterol geralmente não predizem os ataques cardíacos... os benefícios de um colesterol mais alto na saúde dos idosos... o colesterol explicado.

Como remover as placas de colesterol de suas artérias... a verdade sobre a pesquisa de remédios contra o colesterol e a incidência de doença cardíaca... os muitos perigos para a saúde causados pelas estatinas — e suas alternativas mais saudáveis e baratas... por que baixos níveis de colesterol são perigosos para a saúde.

Capítulo 4 — 73
O problema com os remédios para o coração

Por que a medicação cardíaca pode piorar seus sintomas... alternativas mais seguras... política, pílulas e lucros... os sinais de alerta que você precisa conhecer... a pesquisa de remédios "induzida" que pode prejudicar sua saúde — e suas mais seguras, baratas e melhores porém ignoradas alternativas... um alerta sobre os diuréticos.

Por que você deve dizer não às drogas cardíacas à base de nitratos, se puder... alternativas seguras e naturais... por que você precisa tomar cuidado com os betabloqueadores... os riscos da medicação nos idosos.

Capítulo 5 — 91
Avaliando a sua saúde cardíaca

Como avaliar sua saúde cardíaca... como se proteger do "assassino sinistro", a homocisteína... a relação entre os altos níveis de homocisteína e os ataques cardíacos e derrames... as causas principais dos elevados níveis de homocisteína.

Por que você deve fazer exames de Proteína C-reativa (CRP) anualmente... por que você precisa da CoQ10 (Coenzima Q10)... monitorando a insulina para prevenir doença cardíaca... maneiras efetivas de controlar os níveis de insulina... a relação da insulina com outros problemas de saúde... o crucial teste de colesterol VAP... como testes de Lp(a) podem predizer ataques cardíacos... identificando o tamanho-padrão do LDL... reconhecendo os perigos da Síndrome Metabólica... identificando a deposição de lipídios para evitar a acumulação de placas.

Detectando doença cardíaca precocemente com a tomografia computadorizada... três maneiras de medir a composição corporal para checar o risco de doença do coração... determinando a taxa de gordura para os tecidos magros... como a relação das medidas quadril/cintura indica risco de ataque do coração... encontrando o médico certo.

PASSO 2
SEU PLANO PARA A SAÚDE DO CORAÇÃO

Capítulo 6   117
Desfrutando comida de verdade outra vez

A filosofia de comer do *Doutor*... grupos de comida de verdade... enfatizando os macronutrientes... efeitos dos diferentes macronutrientes no metabolismo... os três princípios fáceis do comer saudável... os sete principais benefícios do modo de comer do *Doutor*.

Por que você deve comer proteína em todas as refeições... que proteínas escolher e que proteínas evitar... como se proteger da doença da Vaca-Louca... compreendendo o que as etiquetas que indicam alimento "orgânico" realmente significam.

Que frutos do mar comer e quais evitar... por que ser vegetariano pode ameaçar sua saúde cardíaca... por que você deve consumir laticínios... o poder de saúde das castanhas e nozes... por que proteína é bom para seus ossos.

Limitando a ingestão de carboidratos... quais carboidratos escolher... preferindo alimentos de baixo índice glicêmico... a relação entre amidos processados e ataque cardíaco... o nível de amido como indicador glicêmico... a taxa glicêmica... o que especialmente evitar.

Entendendo os benefícios para a saúde das gorduras naturais... as melhores fontes e tipos de gorduras naturais... o equilíbrio ideal entre o ômega3 e o ômega6 e como consegui-lo na sua alimentação... por que escolher carnes orgânicas se tornou tão importante para a saúde cardíaca... por que você precisa evitar as gorduras *trans*... os perigos da comida *light*... o real problema com o *fast food*... por que dizer não aos alimentos transgênicos.

Benefícios de saúde para os bebedores moderados de álcool — e um alerta importante: a verdade sobre beber água... os perigos para a saúde da água destilada... evitando os plásticos... por que você não deve cozinhar demais suas proteínas... um suplemento protetor... como comer bem dentro do seu orçamento... por que você deve virar de ponta-cabeça a pirâmide de alimentos do USDA... a pirâmide de comida do *Doutor* para o coração saudável.

Capítulo 7 — 153
Ganhando um coração forte: consiga mais com menos

Como recondicionar seu coração e pulmões... por que a prescrição clássica de exercícios cardiovasculares não funciona para fortalecer o coração... o conceito-chave do PACE™ para o condicionamento cardiovascular.

Desafiando gradualmente seu coração e seus pulmões... acelerando a adaptação do seu corpo e coração e os tempos de resposta... monitorando e mudando os níveis de intensidade do exercício... ajustando a duração do exercício para um ótimo desenvolvimento físico... usando seu batimento cardíaco para medir intensidade... freqüência cardíaca máxima durante exercícios.

Por que consultar seu médico antes de começar seu programa PACE™... escolhendo o melhor exercício para você... uma amostra do programa PACE™ semanal... dando uma espiada num plano de 8 semanas... implementando o programa a todo vapor... uma amostra, plano para um treino de 10 minutos.

Treinando seu coração e vasos sangüíneos a entregar mais oxigênio mais depressa... personalizando seu plano... pedalar e o risco de impotência.

O relacionamento entre o tamanho do músculo e a sua força... treinando resistência... os melhores exercícios para a força funcional... calistênicos com bom senso... como fortalecer suas bases com exercícios para as pernas e a parte de baixo do seu corpo... fortalecendo seu tronco com exercícios para o abdômen e as costas... fortalecendo seu tronco... criando o seu plano de exercício.

Capítulo 8 — 173
Energize seu coração: o milagre da CoQ10

Como e por que a CoQ10 funciona para fortalecer o coração... os notáveis efeitos da CoQ10... evidências em pacientes do Centro para Saúde e Bem-Estar... a natureza e as funções da CoQ10.

Turbinando suas mitocôndrias para a produção de alta energia... o ciclo de Krebs e o ATP... os perigos para a saúde da deficiência de CoQ10... um alerta especial aos vegetarianos... a pesquisa da CoQ10 na saúde cardíaca.

Como a CoQ10 ajuda a baixar a pressão... revertendo a insuficiência cardíaca congestiva... acalmando a angina pectoris... auxiliando na recuperação de cirurgia cardíaca... protegendo seu cérebro com CoQ10... fortalecendo seu sistema imunológico... doses e fontes recomendadas para diferentes condições... ajudando com a doença de Parkinson... seu plano de ação com a CoQ10.

Capítulo 9 191
Dê ao seu coração os quatro nutrientes de que ele necessita
Alimentando seu coração com os nutrientes que ele precisa... as cinco deficiências mais comuns de nutrientes... por que você precisa de suplementos e quais escolher... os saudáveis supernutrientes do coração para uma proteção maior.
L-carnitina para aumentar a energia e a capacidade de queimar gorduras... L-arginina para melhorar a circulação e conseguir um coração e músculos mais fortes... tocoferol e tocotrienol para baixar seu risco cardíaco... muitos outros benefícios para a saúde comprovados dos tocoferóis e tocotrienóis... os muitos benefícios da vitamina C... por que você precisa tomar antioxidantes extras.
Mais antioxidantes para o coração... AAL para energia... Carnosina como agente antiglicação e protetor muscular... carotenóides para os olhos e a imunidade... L-glutamina para ativar o hormônio do crescimento construtor de músculos... Luteína para prevenir os danos causados pelos radicais livres e para proteger seus olhos... Licopeno para auxiliar o coração, a circulação e os olhos... Ômega-3 para prevenir doença do coração e câncer... Vitamina A para os olhos e como antioxidante.

Capítulo 10 211
Controle a inflamação do seu coração
Como se defender contra a arteriosclerose ou o "endurecimento das artérias"... a relação entre inflamação e doença do coração... o papel da homocisteína e da CRP no controle e na detecção precoce.
Como a placa arterial causa ataque cardíaco... como reduzir facil-

mente a homocisteína — a descoberta de McCully... as vitaminas simples e baratas que ajudam o corpo a quebrar a homocisteína... como mensurar a inflamação com CRP.
Por que a higiene dental lhe proporciona um coração mais saudável... como prevenir ou reverter doenças de gengiva... o poder protetor de gengivas dos antioxidantes e de outros suplementos-chave... seu plano de ação no controle da inflamação.

Capítulo 11 — 223
Personalize sua cura do coração
Como identificar os problemas de saúde por trás da doença cardíaca... medidas simples e efetivas para prevenir e reverter a hipertensão... seu plano de ação para baixar a pressão naturalmente.
Como melhorar seu perfil de colesterol — os melhores alimentos, ervas medicinais e suplementos.
Como Will, um negro norte-americano de meia-idade (e milhares de outros como ele), reverteu seu diabetes e pressão alta no Centro para Saúde e Bem-Estar... o que comer e tomar para vencer o diabetes.
Por que é importante manter e ganhar músculos... dicas para ganhar músculos... seu plano de ação para ganhar músculos.
Como perder peso fácil e naturalmente... a chave da perda efetiva de peso... avaliando suas necessidades individuais de proteína para uma perda de peso efetiva... a verdade sobre os carboidratos e a perda de peso... um segredo pouco conhecido para queimar gordura... como a taxa glicêmica afeta seu peso... perder gordura para uma vida mais longa... cinco dicas simples para perder peso... seu plano de ação para emagrecer.

Capítulo 12 — 257
Coração sadio já! Um programa de 8 semanas
Como milhares de pacientes reverteram doenças do coração, recuperaram a vitalidade e mudaram suas vidas — e você também pode ... por que sua herança genética não precisa ditar sua futura saúde... tomando atitudes efetivas a partir de hoje... o que fazer, como fazer e

quando fazer... criando seu próprio plano... o plano de exercício favorito do autor... usando um diário para garantir seu sucesso com a saúde do coração.

Apêndice 273
Doenças do coração para iniciantes
Ataques do coração... angina... arteriosclerose... insuficiência cardíaca congestiva... derrames... reconhecendo os sintomas de alarme... doença do coração e ataques cardíacos em homens e mulheres.

INTRODUÇÃO

Por décadas, os americanos tentaram evitar doenças cardíacas seguindo os conselhos da Associação Americana do Coração. Temos nos esforçado por comer menos gordura, fazer mais exercícios cardiovasculares e baixar nossos níveis de colesterol. Gastamos milhões de dólares em comida *light*, academias de ginástica e medicações anticolesterol.

A despeito de todo esse esforço e gasto, a doença cardíaca ainda é a número um entre as doenças diagnosticadas e a primeira causa de morte nos Estados Unidos. As doenças cardiovasculares matam mais de 950.000 americanos a cada ano, de acordo com o Centro para a Prevenção e Controle de Doenças dos Estados Unidos. É difícil encontrar um americano que não tenha um ente querido incapacitado ou morto por doença do coração.

A doença cardíaca segue sendo o maior assassino americano por uma razão simples: os conselhos de saúde que tentamos seguir estão errados. Evitar carne e ovos, praticar *jogging* e tomar remédios *não curará* sua doença do coração.

Muita gente acha difícil e desagradável encaixar mais exercício cardiovascular dentro de seus horários apertados, deixar de comer comidas de que gostam e ficar contando calorias e gramas de gordura e colesterol. A verdade é que essa manipulação toda é uma carga antinatural e desnecessária que distrai você da verdadeira solução para um coração saudável. Para tornar as coisas piores, seguir esses maus conselhos realmente vai criar ainda mais problema de saúde.

O que você diria se descobrisse que pode reverter completamente uma séria doença cardíaca num período de tempo muito curto seguindo conselhos diretamente opostos às recomendações convencionais? Em poucos meses, homens e mulheres em minha clínica têm usado uns poucos passos fáceis de seguir para curar suas doenças do coração. Este livro mostrará a você a estratégia para um verdadeiro coração saudável. É tempo de descartar velhas suposições que falharam e reexaminar os fatos.

Uma constatação recente conduz a uma conclusão alarmante

Durante o tempo em que a geração da Segunda Guerra Mundial se regalava com desjejuns à base de carne e ovos, a obesidade era praticamente constante nos Estados Unidos, oscilando em torno de 10% da população. O diabetes era relativamente incomum, com cerca de um caso de diabetes tipo II relacionado à dieta e à idade para cada caso de diabetes infantil ou diabetes tipo I de causa genética. Tudo isso mudou.

Em 1957, a Associação Americana do Coração relacionou a gordura na dieta à doença do coração e recomendou que os americanos cortassem a gordura nas suas dietas. Trocamos os desjejuns baseados em proteínas da geração de nossos avós pelos cereais e começamos a lutar com dietas de baixa gordura.

Nas duas décadas seguintes, os produtores de alimentos desenvolveram uma larga variedade de comida com pouca ou nenhuma gordura. E desde que comida *diet* é mais rentável que a comida natural, a indústria de alimentos se esforça para promover esse conceito. Devoramos essas comidas "saudáveis" esperando diminuir nosso risco de doença cardíaca bem como reduzir nosso peso. Mas não perdemos peso. De fato, o número de americanos com excesso de peso disparou. A taxa de obesidade triplicou e mergulhamos numa nova epidemia de diabetes tipo II.

Desde que estão seguindo o conselho de diminuir a gordura na dieta da Associação Americana do Coração, o número de americanos obesos ou com excesso de peso explodiu de duas a três vezes — níveis nunca vistos antes na história. Em 2003, os Centros de Controle de Doenças (CDCs) americanos anunciaram que a obesidade logo substituirá o cigarro como problema de saúde americano número um relacionado com estilo de vida. Também, durante esse período, a taxa de diabetes tipo II foi às alturas. Vemos nove vezes mais casos de diabetes tipo II (diretamente relacionado à idade e à dieta) que nas gerações anteriores. Esse tipo de diabetes tem se tornado também mais grave e está ocorrendo em pessoas muito jovens.

As recomendações da Associação Americana do Coração, finalmente, nos afastaram da nossa dieta natural baseada em proteína. E, mais importante que isso, a abordagem da baixa gordura falhou no seu objetivo primário: a doença do coração continua matando mais americanos que qualquer outra doença.

Descartando crenças falhas e adotando estratégias que funcionam

Por que a abordagem convencional da doença cardíaca não funciona? Não funciona porque está baseada em crenças falsas. Para deter a doença do coração, você deve repensar tudo que tem ouvido sobre a condição. Este livro o ajudará a ganhar novos conhecimentos sobre como restaurar a saúde do seu coração e evitar a doença cardíaca.

Estas novas informações poderão surpreendê-lo porque idéias velhas e fracassadas continuam a dominar o meio médico. Mas quando você substituir esses pressupostos falhos pelos três princípios básicos do nosso programa, começará a ganhar saúde cardíaca e prevenir ou reverter a doença do coração. Os três princípios são:

- A gordura na dieta não é culpada. Amido — e não gordura — pode levar à doença cardíaca. Dietas com baixa gordura e ricas em amido podem piorar a doença cardiovascular.
- Exercícios cardiovasculares de longa duração imitam o estresse prolongado e destroem a reserva vital cardiopulmonar. Exercícios intervalados e treino com pesos são as chaves para um coração saudável. Exercícios cardiovasculares de mais de 15 minutos de duração são uma perda de tempo e causam problemas adicionais de saúde.
- O colesterol não causa doença do coração. Você pode monitorar outros fatores que revelam muito mais sobre a saúde do seu coração do que o colesterol no sangue. Seu nível de colesterol não tem de ficar abaixo de 200, e as drogas utilizadas para baixar o colesterol são ruins para seu coração e para sua saúde geral. Drogas anticolesterol interferem com processos vitais necessários à manutenção da saúde, inclusive na produção de energia no coração e na sua capacidade de acalmar o estresse oxidativo em seu coração e artérias. Em outras palavras, os remédios que os médicos recomendam comumente para baixar o colesterol não atingem a verdadeira causa da doença do coração — e ainda criam problemas adicionais.

Os mitos e mal-entendidos sobre doença cardíaca são disseminados e persistentes, em parte porque as indústrias, alimentícia e farmacêutica, capitalizam sobre o nosso problema de doença cardíaca.

Não que haja algum tipo de conspiração secreta para nos manter doentes. É simplesmente o fato que a doença cardíaca tornou-se um grande negócio. Fabricantes de alimentos podem lucrar mais vendendo uma caixa de cereal processado do que vendendo um ovo, a indústria farmacêutica pode fazer mais dinheiro vendendo novos remédios do que promovendo programas de exercício. É tempo de tornar esses grupos responsáveis pelos seus produtos e conselhos. Claramente a maneira atual de lutar contra a doença cardiovascular não funciona. Deve haver um caminho melhor.

O caminho efetivo para vencer a doença do coração é arrancar suas causas pela raiz. Pessoas de todas as idades têm recuperado corações e vasos sangüíneos mais jovens. Ao invés de sacrifício, negação e efeitos colaterais indesejáveis, um plano natural de saúde cardíaca dá a você mais energia. Por 16 anos, pacientes do Centro para Saúde e Bem-Estar têm se sentido melhor, envelhecido mais saudáveis, obtido um melhor desempenho físico e vivido mais. E conseguiram esses objetivos sem preocupações ou regimes diários consumidores de tempo. Você pode partilhar desse sucesso sem precisar comer comidas de que não gosta ou tornar-se vegetariano. Meu programa não inclui conselhos dúbios, nenhuma complicada contagem de calorias ou gramas de gordura ou drogas tóxicas.

Repensando a doença do coração: um novo modelo para a saúde cardíaca

O *Doutor* criou um novo paradigma para a cura de doenças cardíacas e a obtenção de um coração saudável. Este livro fornece um programa detalhado que faz pouco caso das diretrizes convencionais. Pesquisa científica extensa e experiência com milhares de pacientes comprovam este método. Meus pacientes têm melhorado sua saúde cardíaca e superado condições físicas adversas através do uso destas estratégias, que provaram funcionar.

Além disso, nosso programa é mais fácil de realizar do que as diretrizes da Associação Americana do Coração. Temos um desejo instintivo por comidas que são naturalmente gordas, salgadas ou doces. Com pequenas adaptações ao nosso mundo moderno, essas preferências naturais podem servi-lo bem. A dieta de baixa gordura é antinatural, e a crônica negação por comida gostosa é desnecessária. A chave para a saúde do coração é escolher comida natural e não processada de que você goste.

Similarmente, poucas pessoas gostam de se matar numa esteira de exercícios por 30 minutos a uma hora. Muita gente que tenta aderir a esta rotina de longos exercícios descobre que seus instintos gritam para que parem. Aquelas pessoas que suportam extensos exercícios cardiovasculares inconscientemente produzem mudanças não desejadas em seus corpos como perda de músculos, densidade óssea e peso dos órgãos internos. Além disso, freqüentemente acabam com lesões por uso excessivo. Os pacientes não se queixam quando descobrem que o cerne do nosso programa de exercícios são treinos que duram não mais de 20 minutos e podem terminar em menos de 6 minutos.

Finalmente, a estratégia popular de monitorar o colesterol é ineficiente e as medicações prescritas para isso são tóxicas. Muitos pacientes que usam drogas anticolesterol não sabem que essas medicações os estão tornando fracos e cansados e causando dores musculares quando eles tentam se exercitar. Meus pacientes ficam deliciados por desfrutar crescente energia e bem-estar quando trocam essas medicações por alternativas naturais.

Além disso, evidências indicam que o maior fator de risco de doença cardíaca no sangue não é o colesterol, mas a homocisteína. Isso nos leva a grandes novidades: é muito mais fácil e menos tóxico para o seu corpo baixar o nível da homocisteína do que o colesterol.

Introdução

> ### FALE COM SEU MÉDICO
> É importante contar com um médico com quem você se sinta confortável para ajudá-lo a tomar decisões efetivas sobre a sua saúde. Use a informação deste livro para conversar sobre suas opções a fim de fortalecer seu coração. Avise seu médico sobre quaisquer ervas, suplementos nutricionais ou outros produtos que planeje tomar. Alguns desses remédios naturais podem interferir com o resultado de testes ou causar efeitos indesejáveis. É importante deixar seu médico saber sobre os passos que você está dando para combater a doença cardiovascular e melhorar sua saúde. A melhor maneira de ajudar seu médico a ajudar você é trabalhar com ele ou ela para desenvolver um programa que melhor se ajuste às suas necessidades.

Usando este livro: Um processo gradativo

O *Doutor* conduz você através de um processo de dois passos para ganhar um coração saudável. No Passo 1, "Como a medicina tradicional perdeu o barco", você vai entender por que pesquisadores e médicos se extraviaram em sua abordagem da doença do coração.

- No capítulo 1, você vai saber como a crescente adulteração da nossa comida fez piorar os problemas com a saúde cardiovascular ao longo dos anos. O problema começou com a evolução da agricultura e da tecnologia de alimentos. Transformou-se numa crise na última geração quando a assim chamada "dieta para um coração saudável" advogada pela Associação Americana do Coração tornou-se popular. Este programa não é saudável e piora a doença cardíaca.

- O capítulo 2 examina como os exercícios cardiovasculares de longa duração roubam capacidade do seu coração e pulmões, roubam força e músculo de seu corpo, e aceleram vários aspectos não saudáveis do envelhecimento.

- O capítulo 3 lhe dirá por que testar o colesterol é totalmente errado e quais marcadores o médico deve checar.
- O capítulo 4 lhe dirá a verdade sobre as perigosas drogas cardíacas comumente usadas e seus prejudiciais efeitos colaterais. Descreve como as drogas anticolesterol esvaziam as reservas de energia, diminuem o vigor sexual, e interferem com um dos sistemas cardiovasculares mais importantes, os sistemas antioxidantes. Explica como os remédios para hipertensão podem danificar seu coração e interferir com exercícios efetivos, e que o uso excessivo de remédios para doença do coração pode causar sérios problemas de saúde.
- O capítulo 5 adverte você sobre exames de laboratório efetivos — que a maioria dos médicos não pede — para avaliar a saúde do coração. Exames para cinco indicadores no sangue: níveis de coenzima Q10, homocisteína, proteína C-reativa, insulina e gorduras essenciais — revelam uma abundância de informações úteis sobre a saúde do coração. Você também encontrará algumas medições que você mesmo pode fazer.

O Passo 2 é "Seu plano para a saúde do coração" para prevenir ou reverter a doença cardíaca.
- No capítulo 6, você pode aprender sobre um plano surpreendente para comer e apreciar comida de verdade, incluindo boa gordura, proteínas, e com muitas frutas e vegetais. Este plano diverge, em maneiras importantes, das recomendações de baixa gordura da Associação Americana do Coração e das dietas tipo Atkins, o grupo de dietas de baixo carboidrato. Você descobrirá como imitar os padrões de comer do passado, antes da doença cardíaca tornar-se uma epidemia. Isso significa olhar além da contagem de gordura ou carboidratos para descobrir a qualidade da gordura, da proteína e do carboidrato que a natureza nos forneceu por longo tempo.

Introdução

- No capítulo 7, você descobrirá o segredo de como se exercitar menos e obter melhores resultados. Você pode seguir o programa de 8 semanas de atividade progressiva que toma menos tempo e é mais efetivo que os treinamentos cardiovasculares tradicionais. Você melhorará suas respostas cardíacas, pulmonares e circulatórias ao esforço. Este programa não somente aperfeiçoará sua saúde cardiovascular como também transformará seu corpo pela queima de gordura e o ganho de músculos e força.
- Um nutriente, a coenzima Q10, é tão importante que merece um capítulo só para ele. Descubra como usá-la para energizar seu coração no capítulo 8.
- Quando terminar o capítulo 9, você saberá como suplementar sua dieta com quatro nutrientes adicionais para todas as necessidades do coração — embora muitas pessoas não os consumam em quantidade suficiente. L-carnitina, L-arginina, tocoferol e vitamina C são essenciais para um coração saudável. Você verá por que esses suplementos são importantes, como obtê-los e quanto deles tomar.
- No capítulo 10, você aprenderá como reduzir a inflamação e controlar a oxidação dos vasos sangüíneos. Este componente-chave do seu programa de cura do coração lhe dirá como usar os antioxidantes para reduzir o estresse oxidativo e o papel das vitaminas do grupo B na redução dos níveis de homocisteína.
- Se você sofre de pressão alta, diabetes, perda de massa muscular ou obesidade — problemas que freqüentemente acompanham a doença cardiovascular — pode personalizar seu programa usando o capítulo 11 para guiá-lo.
- No último capítulo, você põe tudo junto num plano de ação de como implementar o *Doutor* em sua vida.

PASSO 1

COMO A MEDICINA TRADICIONAL PERDEU O BARCO

# 1

A NUTRIÇÃO MODERNA E A DIETA-DESASTRE

A humanidade criou a moderna epidemia de doença do coração. Por milhões de anos nossos corações evoluíram e se adaptaram ao ambiente natural. Na história recente, contudo, mudamos radicalmente a maneira de tratar nossos corações. Quando damos uma olhada num panorama maior, não há coincidência de que a doença cardíaca tenha aparecido primeiro cerca de 10.000 anos atrás, na mesma época em que nossos ancestrais descobriram a agricultura.

Simplesmente, nos milhões de anos antes da agricultura, comemos uma comida rica em proteína e gordura com baixo carboidrato. Em poucos milhares de anos, mudamo-nos para uma dieta de alto carboidrato e pouca gordura e proteína. Com esta mudança veio o início das doenças do coração.

Para prevenir e reverter a doença cardíaca, você deve abandonar sua dieta ocidental e seguir mais de perto os padrões alimentares dos nossos ancestrais caçadores-coletores, que contavam com a comida que crescia naturalmente em seu ambiente. Se você comer os alimentos para os quais está condicionado geneticamente, pode evitar quase todas as doenças cardiovasculares que o ameaçam hoje.

Como você verá neste capítulo, é possível redescobrir sua dieta natural. Você pode encontrá-la nos vestígios arqueológicos de nossos ancestrais pré-históricos e na saúde notável dos povos pré-agrários que existem ainda hoje. Poderá traçar a pista das conseqüências para a saúde que se seguiram à troca da alimentação para uma dieta baseada em grãos, bem como as mudanças que se seguiram à adoção da dieta prescrita hoje pelos médicos em nosso tempo de vida.

Se preferir ir direto ao plano de ação para voltar a comer uma dieta natural no mundo moderno, pode pular para o capítulo 6. Você descobrirá que essa mudança de dieta é surpreendentemente fácil. Como verá, comer naturalmente não exigirá esforço ou sacrifício porque você mantém os gostos instintivos de seus parentes caçadores-coletores do paleolítico.

Evite o desastre nutricional da sociedade agrária

Você pode estar mais bem vestido e viver em casas mais confortáveis do que seus parentes pré-históricos, mas o ser humano não mudou muito nos últimos 400.000 anos. De fato, nossos genes são ainda 99,99% idênticos aos daqueles nossos ancestrais. Se você encontrasse um de seus parentes pré-agrários na rua hoje, não seria capaz de distingui-lo na multidão.

Mas o que nossos ancestrais realmente comiam? Você pode aprender sobre o estilo de vida deles antes do advento da agricultura estudando os registros fósseis e pesquisando as sociedades de caçadores coletores que ainda existem. O estudo desses povos mostra que mais da metade do alimento que consomem é de origem animal.

Nutricionistas podem se confranger ao pensamento de uma tal dependência de comida animal, mas se você comparar a dieta moderna à dos caçadores-coletores descobrirá alguns fatos surpreendentes. Esses nossos parentes caçadores-coletores sobreviveram numa dieta à base de carne magra de veado suplementada por alguns vegetais, ocasionalmente nozes e sementes, e frutas e legumes frescos da estação, quando disponíveis. Os que viviam perto de água comiam peixe e frutos do mar. Ovos eram uma tentação especial. Ao contrário da opinião popular, nossos ancestrais eram mais caçadores que coletores. Pesquisas mostram que suas dietas tinham uma porcentagem de 65% de carnes e gordura e somente 35% de fontes vegetais.

Nesse tempo, seres humanos raramente comiam cereais, se é que os comiam. Grãos eram praticamente indigeríveis pelo trato digestivo humano a menos que fossem moídos e cozidos. Pedras de moer cereais não aparecem em registros fósseis até 10.000 a 15.000 anos atrás, quando se inicia a Revolução Agrícola.

Você não precisa mais trocar qualidade por quantidade

A introdução da agricultura marcou uma mudança significativa no modo que comíamos. Plantar podia agora ajudar a manter populações maiores, mas também criou um problema: trocamos qualidade de comida por quantidade de comida, contudo nossos genes permaneceram os mesmos. Uns poucos milhares de anos não é tempo suficiente para que nossos corpos se adaptem geneticamente a uma nova comida. Somos geneticamente equipados para consumir a dieta de alta proteína e baixo carboidrato que nossos ancestrais consumiam, mas nossas dietas mudaram para a dieta comum nas sociedades agrícolas: baixa proteína e alto carboidrato.

O efeito na saúde humana foi imediato e profundo. Paleo-antropólogos descobriram que quando os grãos se tornaram a base das dietas humanas, houve uma queda universal de estatura, muscularidade e tamanho do cérebro. Arqueólogos podem dizer facilmente se ossos encontrados são de caçadores-coletores ou de agricultores. Os caçadores-coletores são mais altos, têm ossos mais fortes e pesados, dentes muito melhores e são mais robustos que seus descendentes agricultores. Os remanescentes de sociedades agrícolas têm dentes decaídos, ossos frágeis e sinais de doenças crônicas.

Quando o homem mudou para a dieta à base de cereais tornou-se fisicamente menor. Evidências fósseis mostraram que caçadores europeus de 30.000 anos atrás eram em média 15 cm mais altos que seus descendentes fazendeiros. Um desses exemplos contundentes foi verificado na Grécia. Estudos mostraram que a média de estatura dos caçadores-coletores na Grécia era de 1,64 m, enquanto que a média de altura das mesmas populações despencou para apenas 1,52 m quando se tornaram agricultores. A despeito dos modernos avanços em saúde pública, o grego moderno ainda não recuperou a estatura de seus ancestrais pré-agrários.

Os registros arqueológicos também mostram que a epidemia moderna de doenças crônicas começou na mesma época da mudança para uma dieta baseada em cereais. Vejamos os fósseis encontrados em cemitérios do povo nativo de Illinois e do vale do rio Ohio. Arqueólogos escavaram 800 esqueletos que mostram que quando esses povos passaram de uma cultura de caça-coleta para outra dependente de milho cultivado, experimentaram 50% de aumento em desnutrição, um incremento de quatro vezes mais de anemia por deficiência de ferro e três vezes mais doenças infecciosas comparado aos seus ancestrais caçadores-coletores[1].

Antropólogos que estudam culturas indígenas, algumas das quais sobrevivem sem contato com o mundo moderno em pleno século XXI, também determinaram essa relação entre dieta e doença. Descobrimos que pessoas que hoje ainda comem a comida tradicional dos caçadores-coletores são extraordinariamente livres das doenças modernas! Em muitos casos, é possível comparar povos primitivos que comem

---

[1] Cordain L, Miller JB, Eaton SB, et al. Plant-animal subsistence and macronutrient energy estimations in worldwide hunter-gatherer diets. *The American Journal of Clinical Nutrition*. 2000 Mar; 71(3);682-692.

a dieta dos caçadores-coletores com seus próprios parentes sobrevivendo em comunidades vizinhas e comendo uma dieta baseada em cereais. Nós não encontramos doença cardíaca, câncer, diabetes, artrite ou outras doenças da civilização entre os primeiros. Os segundos desenvolvem todo tipo de condições físicas que ameaçam a vida.

Um pesquisador — o Dr. Weston Price — viajou pelo mundo documentando o estilo de vida de 14 culturas de caçadores-coletores remanescentes[2]. Descobriu dois padrões comuns a todas: esses povos não sofrem de doenças cardíacas e todos comem carne. Não existem vegetarianos no grupo.

Somos todos descendentes de caçadores-coletores

O Dr. Loren Cordain, um especialista em hábitos dietéticos primitivos e professor de fisiologia do exercício na Universidade Estadual do Colorado, examinou as dietas de 229 culturas nativas primitivas remanescentes no mundo. Ele também não encontrou vegetarianismo. De fato, a carne de veado era a principal fonte de proteína e gordura. Curiosamente, eles com freqüência reservavam os miúdos (fígado, rins etc.) para os mais privilegiados. Essa preferência pela carne dos miúdos tem importantes implicações para a saúde do coração como veremos adiante. O fato de as sociedades nativas pré-agrícolas comerem mais proteína que a média da dieta moderna surpreende muitas pessoas que escutam dizer que comemos mais proteínas hoje que antigamente.

---

[2] Price WA. Nutrition and physical degeneration. A comparison of primitive and modern diets and their effects. NY: P.B. Hoeber, 1939.

Proteínas, carboidratos e gorduras na dieta americana versus *dieta pré-agrária*

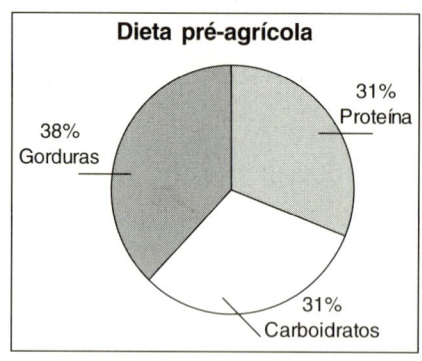
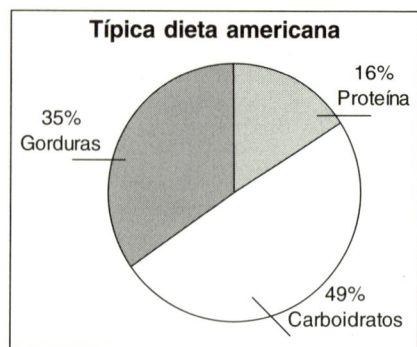

Informação de "A Dieta no Paleolítico" (2002) por L. Cordain[3].

Como podemos ver no gráfico acima, realmente comemos menos proteínas que nossos ancestrais! Comemos também menos gordura e mais carboidratos que a norma histórica.

Não podemos mais negar a evidência. As culturas humanas nunca foram vegetarianas. Muito pelo contrário: por milhões de anos, *nós comemos carne*. De fato, quanto mais carne come uma sociedade, mais saudável ela parece ser. Incidentalmente, o povo Masai da África Oriental, que vive de leite cru, sangue de gado bovino, miúdos e carne, praticamente quase não tem doença cardíaca. E os Dinkas, povo que vive às margens do Nilo e vive principalmente de peixe e marisco, vivem aparentemente livres de doença cardíaca, obesidade ou câncer de acordo com um médico ocidental que viveu entre eles por 15 anos[4].

---

[3] Cordain L. *The Paleo Diet: Lose Weight and Get Healthy By Eating the Food You Were Designed to Eat*. NY: Wilei & Sons, 2002.

[4] A obesidade é definida como um índice de massa corporal de 25% ou maior. O BNI (Body Mass Index) é um índice de variação de peso aceitável usado pela Associação Médica Americana. Ele avalia seu peso de acordo com a sua altura e o seu sexo. Se você está 25% acima do seu padrão, você é definido como estando com excesso de peso. Se estiver 50% acima, é classificado como obeso.

Livre-se da dieta de alto amido e baixa gordura agora

Nos últimos 100 anos ou mais, fabricantes de alimentos desenvolveram novas maneiras de processar farinha que extrai o gérmen do grão de trigo para fazer farinha refinada. Este produto é muito menos perecível tornando-se disseminado para os fabricantes de comida que desejam que seus produtos durem o mais possível.

Hoje, a farinha refinada se tornou a principal na alimentação. Mas, uma vez mais, os fabricantes de alimentos trocaram qualidade por quantidade e conveniência. Grãos refinados foram despojados de sua vitamina E e de muitos outros nutrientes, incluindo as vitaminas do grupo B e diversos minerais. Refinando os grãos, os fabricantes criaram alimentos cada vez menos naturais. Mudamos de uma dependência de carboidratos naturais para carboidratos altamente processados.

Podemos aprender com nossos ancestrais paleolíticos. Nossos corpos são mal equipados para lidar com carboidratos processados. Não surpreende que estejamos presenciando um aumento drástico de ataques do coração e outros problemas de saúde na segunda metade do século XX quando começamos a comer comida refinada.

Os cientistas perceberam a epidemia, mas diagnosticaram erradamente a causa. Sem uma completa compreensão da evidência, identificaram a gordura como a culpada.

Como essa grande falácia sobre a gordura tornou-se largamente aceita como fato? Em parte porque os epidemiologistas viram maiores taxas de doença do coração no Ocidente desenvolvido do que nos países do Terceiro Mundo, e olharam para os fatores dietéticos para explicar a diferença. Perceberam que os americanos comiam mais carne e gordura do que os países mais pobres com taxas mais baixas de doença cardíaca. Então concluíram erroneamente que a gordura animal devia causar doença do coração. Essa suposição pareceu razoável, mas novas evidências de outras culturas levaram alguns pesquisadores a reconsiderar.

Por que os nativos americanos do Ártico, com sua dieta de alta gordura proveniente de carne vermelha de foca e gordura de baleia, não têm doença cardíaca? E que dizer dos franceses que comem mais gordura que os americanos e têm taxas mais baixas de doença do coração? No início, cientistas consideraram estas e outras exceções como paradoxos curiosos. Foi somente quando os estudiosos dos caçadores-coletores compilaram seus dados, que o erro tornou-se óbvio.

Em estudos prévios, pensamos em comparar nossa dieta agrária com a dieta original dos fazendeiros do Terceiro Mundo. De fato, fizemos isso. A verdade é que a dieta agrícola não foi a dieta natural de nenhum povo na Terra. A dieta dos fazendeiros do Terceiro Mundo já havia mudado no tempo do desenvolvimento agrícola.

A dieta deles era rica em amidos e pobre em proteína e gordura. Embora doença cardíaca também exista no Terceiro Mundo, não é tão grave quando os fazendeiros usam seu próprio trabalho físico para extrair suas colheitas. Isso é também parcialmente mascarado pela curta expectativa de vida e alto índice de doenças infecciosas nessas culturas de fazendeiros pobres. A maioria não vive o suficiente para sofrer ataques cardíacos embora a doença cardíaca ali já tenha começado.

Voltando às nossas raízes

A verdadeira solução para nossos desastres dietéticos requeria o retorno à dieta do caçador, mas isso não era popular nos anos 1970. Ao invés disso, culpamos o comer carne por nossos problemas de saúde em resposta ao humor político e cultural da época. O governo federal endossou oficialmente a filosofia da gordura culpada em 1977. Um comitê do senado liderado por George McGovern publicou *Dietary Goals for the United States*. A publicação aconselhava os americanos a cortar drasticamente seu consumo de gorduras, culpando a gordura na dieta pela epidemia de doença cardíaca que estava varrendo a nação. O Instituto Nacional de Saúde pulou para o vagão

A nutrição moderna e a dieta-desastre

antigordura. Em 1984 anunciaram que os americanos deviam cortar sua ingestão de gorduras. A Associação Americana do Coração e a mídia juntaram-se a eles acreditando que o segredo da saúde do coração era comer uma dieta de baixa gordura.

Impeça os amidos de arruinar a sua saúde

A indústria de alimentos produziu um largo suprimento de produtos de baixa gordura, mas sem gordura a comida fica sem sabor. Os fabricantes resolveram o problema adicionando açúcar. No final das contas, trocamos a gordura por carboidratos refinados e maciças quantidades de açúcar em nossas dietas. A quantidade de calorias provenientes de gordura na dieta americana decresceu e a quantidade de calorias dos carboidratos refinados aumentou drasticamente.

Essa solução de baixa gordura tornou-se a base para um desastre dietético. Descobrimos um fato incontestável: se comermos uma excessiva quantidade de carboidratos, engordamos. Por esse motivo os índices de obesidade dispararam. De fato os índices de obesidade que eram constantes em cerca de 13% através dos anos 1960 e 1970 subitamente começaram a subir. A obesidade está agora na estonteante taxa de 25%! Esses índices começaram a subir na época em que as autoridades de saúde nos aconselharam a comer menos gordura.

A crescente porcentagem de americanos adultos com excesso de peso e obesos

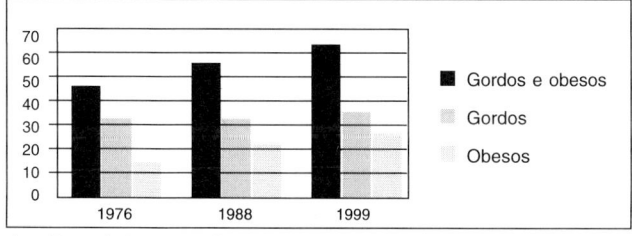

Adaptado das Estatísticas do Centro Nacional de Saúde Americano.

Poderíamos ter predito que isso ia acontecer. Se colocarmos de lado o preconceito contra a gordura, poderíamos entender a ciência. A insulina é o hormônio que controla a produção de gordura e, em particular, desencadeia a formação da gordura abdominal. O corpo secreta insulina quando consumimos carboidratos. Quanto mais carboidratos você come, mais insulina produz e mais gordura você forma, com todas as outras variáveis iguais. Gordura na dieta, em contraste, é neutra, no sentido de que tem pouco ou nenhum efeito na secreção de insulina.

Altos níveis de insulina causados pela ingestão excessiva de carboidratos afetam a gordura corporal de duas maneiras principais. Primeiro, eles dizem a seu corpo para transformar a energia da comida em gordura corporal. Segundo, impedem seu corpo de queimar a gordura armazenada para produção de energia[5]. Finalmente, altos níveis de insulina tornam você gordo e cansado.

Evite os AGEs e previna o envelhecimento cardiovascular

Recentemente, descobrimos um novo mecanismo que explica como os carboidratos e amidos processados causam diretamente doença cardíaca. Pessoas que comem muitos carboidratos refinados têm açúcar que adere à proteína das células, danificando a proteína e criando produtos finais de glicação avançada (em inglês, *Advanced Glycation Endproducts* ou simplesmente AGEs). Os AGEs aceleram o envelhecimento do sistema cardiovascular. Pessoas com artérias bloqueadas tendem a ter os mais altos níveis de AGEs. Para tornar as coisas piores, comer carboidratos faz você ansiar por mais carboidratos. Quando você come carboidratos, sua alta taxa de insulina aciona seu hipotálamo — a parte do seu cérebro que regula hormônios — para

---

[5] Morgenthaler J and Simms M. *The Low-Carb Anti-Aging Diet: Slow Aging and Lose Weight*. Smart Publications, 2000; p. 15.

enviar sinais de fome que causam uma ânsia por mais carboidrato. Isso induz você a comer mais e mantém um círculo vicioso. Para interromper esse padrão você precisa fazer alguma coisa diferente — precisa comer gordura e manter sua ingestão de carboidratos baixa. Isso lhe permitirá perder gordura corporal e ajudará a controlar a sua ânsia por carboidratos.

Diminua a ingestão de carboidratos para perder peso

Não é surpresa que estudos tenham descoberto que as dietas de baixa gordura são desastrosas para a saúde e ineficazes para a perda de peso. Um estudo da Universidade de Cincinatti concluiu que pacientes em dietas pobres em carboidrato perdem significativamente mais peso que aqueles em dietas de baixa gordura ou baixa caloria num período de seis meses. Mais importante, o grupo de baixo carboidrato também perdeu mais gordura corporal que o grupo de baixa gordura[6].

Outro estudo examinou pessoas comendo uma dieta de baixíssima taxa de gordura (14% de gordura apenas) e concluiu que não houve qualquer melhoria na composição corporal, níveis de açúcar no sangue, níveis de insulina ou pressão sangüínea. O autor desse estudo chamou a dieta de muito baixa gordura de contraproducente à saúde[7].

Mantenha seu cálcio e mais nutrientes vitais

Existem outros problemas emergindo dos conselhos de baixa gordura. A ingestão de pouca gordura sozinha é perigosa para a saúde.

---

[6] Brehm BJ, Seeley RJ, Daniels SR and D'Alessio DA. A randomized trial comparing a very low carbohydrate diet and a calorie restricted low-fat diet on body-weight and cardiovascular risk factors in healthy women. *Journal of Clinical Endocrine Metabolism*. 2003 APR; 88(4):1617-1623.

[7] Knopp RH, Walden CE, Retzlaff BM, et al. Long-term cholesterol-lowering effects of 4 fat-restricted diets in hypercholesterolemic and combined hyperlipidemic men. *Journal of the American Medical Association*. 1997 Nov 12; 278(18):1509-1515.

Um estudo publicado pelo *American Journal of Clinical Nutrition* verificou que dietas de baixa gordura afetam a absorção do cálcio. O estudo descobriu que as dietas de baixa gordura estavam associadas a 20% menos absorção de cálcio que nas dietas de alta gordura[8]. A Universidade Estadual de Nova York, em Buffalo, também descobriu que pessoas que comem uma dieta de baixa gordura desenvolvem sistemas imunológicos mais fracos[9]. Uma certa quantidade de gordura é necessária para o corpo absorver vitaminas. Seu corpo não pode absorver nutrientes solúveis em gordura como as vitaminas A, D, E e K e a coenzima CoQ10 sem gordura.

Mantenha seus órgãos vitais vigorosos

Aqui está outro problema: quando você come uma dieta pobre de gordura, não somente come mais carboidratos, mas também inadvertidamente sacrifica o mais importante dos nutrientes: a proteína. Se você seguir o conselho equivocado da baixa gordura vai perder massa muscular inclusive no músculo cardíaco e sobrecarregar seu coração com a formação de gordura.

Um crescente número de estudos confirma esses dados, mas as organizações governamentais teimosamente se apegam a suas crenças. A medicina convencional não aceita novas soluções nutricionais prontamente, não importa quão úteis pareçam ser. A medicina tradicional censurou inovações como comer lima-da-pérsia para tratar o escorbuto durante mais de 50 anos em que as pessoas já usavam com sucesso este novo conhecimento. Mais: dada a sobrecarga de informações com que

---

[8] Wolf RL, Cauley JA, Baker CE, et al. Factors associated with calcium absorption efficiency in pre- and perimenopausal women. *American Journal of Clinical Nutrition*, 2000 Aug; 72(2):466-471.

[9] Venkattraman JT, Leddy J, and Pendergast D. Dietary fats and immune status in athletes: clinical implications. *Medicine Science of Sports Exercise*, 2000 Jul; 32(7Suppl):S389-95.

os médicos devem manter-se atualizados, muitos estão simplesmente desinformados sobre o que constitui uma dieta saudável. Infelizmente, cada vez mais médicos desinformados fazem recomendações que agravam os problemas de saúde de seus pacientes. Comer pouca gordura e uma dieta de alto carboidrato não somente o torna mais gordo como também o coloca em risco de uma enorme quantidade de problemas médicos, de diabetes a doença cardíaca e derrames.

O Dr. Atkins estava certo?

Há uma geração, o Dr. Robert Atkins mudou o mundo da nutrição com uma dieta radical de perda de peso que ousou desafiar a nutrição convencional. Ele proclamou que a melhor maneira de perder peso não era seguir uma dieta de baixa gordura, mas uma dieta de baixo carboidrato.

Muitas pessoas criticaram Atkins severamente mesmo após sua morte. Chamaram-no Dr. Fatkins (em inglês, uma piada com a palavra gordura, *fat*, e o nome do médico), e apresentaram seu registro médico indicando que ao tempo de sua morte ele pesava 117 quilos, um peso que o classificaria como obeso.

Isso é injusto e incorreto. Eu conheci o Dr. Atkins e ele aparentava estar em boa saúde vários dias antes de escorregar no gelo e cair num coma fatal. Ele não estava gordo e parecia em notável boa condição para seus 72 anos de idade. Os médicos deram ao Dr. Atkins esteróides para controlar o edema desenvolvido depois do traumatismo craniano. Esta medicação causou o inchaço e o ganho de peso que ele experimentou nos seus últimos dias de vida. Recentes estudos mostraram que a dieta Atkins de baixo carboidrato funcionava:
- Fevereiro/2003: Um estudo importante comparou a dieta de baixa gordura da Associação Americana do Coração com a dieta Atkins de baixo carboidrato. A dieta Atkins obteve perda de peso e diminuição do colesterol e triglicérides mais eficientemente que a dieta de baixa gordura com o mesmo número de calorias.

- Maio/2003: O prestigioso *New England Journal of Medicine* publicou um estudo que descobriu que a dieta Atkins ganhou da dieta de baixa gordura da Associação Americana do Coração em perda de peso e melhoria dos níveis de gordura no sangue.
- Semana de Nutrição/2003: Resultados preliminares que um estudo do Centro Médico de Herança Genética fez com pacientes com Síndrome Metabólica mostraram melhoras na saúde dessas pessoas com a dieta de baixo carboidrato. (A Síndrome Metabólica é uma doença induzida por dieta causadora de problemas de colesterol elevado, obesidade, falta de energia, hipertensão, doença cardíaca e diabetes.) Os participantes comeram uma dieta de baixo carboidrato por 18 meses. Isso reduziu seu colesterol LDL (o mau colesterol) em uma taxa de 82% e aumentou o colesterol bom HDL em escores de 30%.

Então isso quer dizer que você deve mudar para uma dieta de bacon, cachorro quente e manteiga? Não. Embora você possa perder peso com uma dieta de alta gordura e baixo carboidrato, esta dieta não o fará mais saudável. O Dr. Atkins diagnosticou acuradamente a causa da moderna epidemia de obesidade, diabetes e doença cardíaca, mas prescreveu a solução errada.

Aperfeiçoe a dieta Atkins e livre-se das más gorduras

É verdade que a gordura não tem efeito significante sobre os hormônios afetando seu metabolismo, mas existem razões consideráveis para se evitar a típica gordura ocidental. A indústria frigorífica é responsável pelas condições antinaturais de vida dos animais que adulteram a gordura. Eles impedem o animal de fazer exercícios físicos e alimentam-nos com uma dieta de cereais ao invés de capim, criando animais obesos e doentes.

A nutrição moderna e a dieta-desastre

Animais que pastam naturalmente constituíram a peça central da dieta dos caçadores-coletores contendo somente 2% a 3% de gordura. Um bife hoje contém 25% a 50% de gordura ou mais[10]. Segmentos da indústria frigorífica injetam animais com antibióticos, hormônios e outras drogas para aprontá-los em tempo recorde para o mercado. Esta mecanização da indústria frigorífica produz altos lucros bem como um desastre em saúde pública.

Muitos adeptos da dieta Atkins enchem seus pratos de gorduras de qualidade pobre. Todos os herbicidas, pesticidas, toxinas e hormônios a que o animal foi exposto ficam retidos na gordura. Quando você come desta gordura animal, está ingerindo da fossa sanitária de toxinas que foram coletadas no animal.

Além disso, a gordura vegetal que se obtém na dieta ocidental moderna é uma abominação. Ela não lembra gordura do nosso ambiente natural. As gorduras são processadas para aumentar sua vida na prateleira do supermercado. O processo cria uma hidrogenação não saudável e ácidos graxos *trans* causadores de câncer. A gordura número um usada na comida processada é o óleo de milho, talvez a menos saudável de todas. A teoria de Atkins esteve perto de arranhar o problema. Mas assim como ignorou o problema da adulteração da gordura animal na moderna indústria mecanizada, falhou em reconhecer que o processamento e refinação alteraram a qualidade dos nossos carboidratos bem como a sua quantidade.

Se você quer viver uma vida longa e saudável, coma como nossos ancestrais pré-agrários. Para fazer isso, deve olhar além da contagem de gramas de gordura que a Associação Americana de Saúde recomenda ou a contagem de gramas de carboidratos que se tornou tão popular. Devemos retornar ao equilíbrio da alta proteína e gordura e baixo carboidrato e devemos restaurar a qualidade desses nutrientes que nós perdemos.

---

[10] Schmid RF. *Traditional Foods Are Your Best Medicine*. Healing Arts Press, Rochester, Vermont, 1997; p.51.

Você pode colher a maior mudança, mais rápido trocando para uma dieta rica em proteína de boa qualidade. Os gregos reconheciam que a proteína era a comida mais importante quando eles a nomearam: *pro* — que significa primária ou primeira, a mais importante, e *tein* — que significa comida. No capítulo 6, você encontrará fontes saudáveis de proteínas da mais alta qualidade para sua dieta.

Colhendo os benefícios dos caçadores-coletores agora!

Mesmo que você não queira retornar às cavernas, não há razão para que não possa comer nossa fácil dieta pré-agrária. Centenas de pacientes têm transformado seus corpos e sua saúde — de gordos e enfermiços em magros e vigorosos. O Centro para Saúde e Bem-Estar está cheio de pacientes que usaram múltiplas medicações para a doença do coração e que agora não tomam mais nenhuma. Eles se tornaram magros, melhoraram seus perfis de colesterol, baixaram seus triglicérides, resolveram sua hipertensão e reverteram seu diabetes — e você também pode fazer o mesmo. Voltar a comer sua verdadeira dieta natural é um dos passos mais importantes que você pode tomar para fortalecer seu coração e melhorar sua saúde global.

As boas notícias são que seguir uma dieta natural não é difícil como você pode estar pensando. Você pode se recuperar dos efeitos danosos causados pelo manejo animal antinatural, a fraca ciência e os maus conselhos mais depressa do que considera possível. Estará comendo uma comida mais gostosa, vai se sentir mais satisfeito e começará a ganhar um coração saudável e a reverter sua doença cardíaca agora.

2

DESMISTIFICANDO O EXERCÍCIO CARDIOVASCULAR

Pegue qualquer livro ou revista sobre exercícios e provavelmente lerá a prescrição de exercícios padrão: para a saúde cardiovascular, exercite-se por 30 a 60 minutos três a quatro vezes por semana. Você pode ter ouvido o mesmo conselho do seu médico. Só existe um problema com essa prescrição genérica de exercícios: ela não funciona.

De fato, exercícios de longa duração são uma perda de tempo e podem realmente causar outros problemas de saúde. Esse tipo de exercício torna seu coração e pulmões mais eficientes, mas *reduz a sua capacidade de reserva*. Simplesmente, a sua capacidade de reserva é a habilidade do seu corpo em responder efetivamente a súbitas demandas de energia que você lhe pede. Para seu coração, reserva de capacidade é crucial. Pode significar a diferença entre uma vida longa e saudável e uma morte súbita por ataque cardíaco.

Quando você se exercita por mais de 10 minutos, seu coração se adapta tornando-se mais eficiente. Ele consegue essa eficiência diminuindo de tamanho. Exercícios de longa duração fazem seu coração, pulmões e músculos menores para eles poderem ir mais longe com menos gasto de energia, mas existe um inconveniente. O sistema cardiovascular se torna muito bom lidando com 60 minutos de *jogging*, mas isso lhe tira a habilidade de prover você com grandes explosões de energia por períodos curtos quando necessário. Longe de proteger seu coração, essa perda torna-o mais vulnerável a um ataque cardíaco.

Você pode fortalecer seu coração e ganhar capacidade de reserva seguindo um programa específico que eu desenvolvi durante anos trabalhando com atletas, treinadores e pacientes no Centro para Saúde e Bem-Estar. Esse programa é chamado PACE™ (Progressively Accelerating Cardiopulmonary Exertion) ou Acelerando Progressivamente o Esforço Cardiovascular. Você pode esquecer essa coisa de passar horas na ginástica! Pode construir um coração forte para lidar com as demandas da sua vida mais efetivamente com o sistema PACE™. Este sistema simples de seguir tomará somente 10 minutos do seu dia!

Agora, se você está ansioso por começar com seu programa PACE™, pode pular direto para o capítulo 7, *Ganhando um coração forte: consiga mais com menos*. Para obter uma firme fundamentação da teoria por trás do meu programa de exercícios continue lendo este capítulo. Você descobrirá por que o programa PACE™ funciona — e por que o programa padrão de exercícios cardiovasculares é o tipo errado de exercício para o seu coração. Essa informação pode ajudá-lo a motivar-se e a manter os céticos à distância.

Treine seu coração com exercícios intervalados e não com exercícios de resistência

O conhecimento convencional sustenta que seu coração precisa de treinos de resistência para otimizar sua saúde. De fato, em novembro de 2002, o Instituto de Medicina do governo federal emitiu a recomendação de que os americanos gastem com exercícios ao menos uma hora por dia.

Ataques cardíacos não acontecem por falta de resistência. Acontecem tipicamente quando uma pessoa está descansando ou quando existe uma súbita e grande demanda sobre o coração. Ataques cardíacos freqüentemente acontecem quando a pessoa levanta objetos pesados, faz sexo ou sofre um inesperado golpe emocional. Por uma ou outra razão, o suprimento de oxigênio do coração não consegue se manter com a troca de demanda.

O tipo certo de exercício constrói a habilidade do coração em responder efetivamente a essas demandas. Você pode na verdade aumentar a ambas: sua capacidade máxima cardíaca e a velocidade do seu coração em responder a uma demanda. Já os exercícios de longa duração não o podem ajudar a fazer isso. De fato, eles têm o efeito oposto ao forçar o coração a se tornar menor e mais eficiente. O corpo troca a habilidade de lidar com grandes demandas pela habilidade de ir mais depressa.

Estudos demonstraram que exercícios de curta duração são melhores para a saúde cardiovascular que os de longa duração. Um estudo recente de Harvard descobriu que homens que fazem sessões mais curtas de exercício reduziram seu risco de doença cardíaca em 20%[11]. Em outras palavras, homens que fizeram exercícios de alta intensidade com intervalos reduziram seu risco de ataque cardíaco 100% mais que os que fizeram exercícios de resistência.

O Dr. Stephen Seiler recentemente comparou 20 minutos de corrida numa esteira com correr por 2 minutos seguidos de 2 minutos de descanso por 5 vezes. Ele reportou ao Colégio Americano de Medicina Esportiva que exercícios com intervalos melhoraram a máxima resposta cardíaca enquanto que os exercícios contínuos não o fizeram. Os intervalos também produziram outro importante aperfeiçoamento não visto nos exercícios contínuos, o desenvolvimento de um ajuste cardíaco mais rápido às mudanças de demanda de esforço. Os adeptos de exercícios de intervalos também obtiveram mais altos volumes de pico sistólico. Pense em volume de pico sistólico como o

---

[11] Sesso HD, PaffenbargerRS Jr and Lee IM. Physical activity and coronary heart disease in men: The Harvard Alumni Health Study. *Circulation*. 2000 Aug. 29;102(9):975-980.

cavalo-força de seu coração. Significa o maior volume de sangue que seu coração pode suportar por batida quando desafiado.

Treinar com intervalos também baixa os níveis de colesterol. E, mais importante, pode melhorar todos os seus índices de colesterol, o bom e o mau. Pacientes do Centro para Saúde e Bem-Estar e um recente estudo conduzido na Irlanda confirmam essas descobertas. Pesquisadores estudaram homens e mulheres de meia-idade, sedentários, que fizeram vários treinos de 10 minutos durante o dia por seis semanas. Os testes sangüíneos desses homens e mulheres mostraram uma queda no colesterol total e um aumento do colesterol benéfico HDL[12].

Treinos intervalados também ajudam os praticantes a manter níveis saudáveis de testosterona. Um estudo no *Journal of Applied Physiology* descobriu que os níveis de testosterona aumentam mais em homens que fazem exercícios intervalados do que naqueles que fazem treinos de resistência. Curiosamente, os homens mais velhos do estudo foram os que obtiveram os resultados mais importantes[13]. Estas são boas notícias porque níveis mais jovens de testosterona ajudam homens mais velhos a manter sua massa muscular, libido e integridade óssea.

Agora vamos olhar os efeitos físicos dos exercícios de longa duração considerando o exemplo extremo de atletas condicionados para suportar exercícios contínuos de longa duração como os corredores de longa distância. A maratona se originou com um corredor profissional de longa distância ateniense, Pheidippides, em 490 a.C. Ele ficou famoso por correr 42 km de Maratona até Atenas. Anunciou a vitória dos gregos sobre a esquadra persa em Maratona, então teve um colapso de exaustão e morreu.

---

[12] Murphy M, Neville A, Neville C, et al. Accumulating brisk walking for fitness cardiovascular risk, and psychological health. *Medical and Science for Sports and Exercise*. 2002 Sep; 34(9):1468-1474.

[13] Kraemer WJ, Hakkinen K, Newton RU, et al. Effects of heavy-resistance training on hormonal response patterns in younger vs. older men. *Journal of Applied Physiology*. 1999 Sep; 87 (3):982-992.

Considere também a história do maratonista, Jim Fixx, que pregava os exercícios cardiovasculares de longa duração como o melhor método para uma ótima saúde. Ele praticou o que pregava até o momento em que caiu morto por ataque cardíaco — enquanto corria.

Todo ano, corredores de longa distância muito bem condicionados sofrem súbitos ataques cardíacos. Corredores de longa distância têm índices mais altos de mortes cardíacas súbitas que outros atletas. As maratonas modernas contam com estações de emergência especificamente equipadas para lidar com ritmos cardíacos anormais, ataques do coração e outras emergências cardíacas que se espera ocorram nessas situações. Esse risco aumentado parece ocorrer apesar da cultura ou da dieta.

Corridas de longa distância têm um efeito prejudicial sobre as gorduras do sangue. Cientistas em Barcelona, Espanha, examinaram o sangue de corredores de longa distância e descobriram que depois de um treino eles experimentam um aumento dos níveis de oxidação de colesterol LDL e triglicérides no sangue[14].

Pior, um relato no *American Journal of Cardiology* descobriu que corridas de longa distância destroem o equilíbrio dos diluentes e coagulantes do sangue, elevando os níveis de coagulação e os fatores inflamatórios[15]. Essas alterações são sinais de sofrimento cardíaco, e não de um coração que esteja se tornando mais forte depois do exercício.

A conclusão é que usar sua força de vontade para forçar-se a repetidos exercícios cardiovasculares convencionais não é imitar a condição natural. Na natureza, nosso caminho, ritmo, progresso, intensidade, posicionamento e força durante exercícios, tudo ocorre em arranques e paradas para facear as diferentes demandas de ação que a vida impõe. Nosso corpo foi criado para responder a contingências com intervalos entre elas.

---

[14] Sanchez-Quesada J., et al. Increase of LDL susceptibility to oxidation occurring after intense, long duration aerobic exercise. *Atherosclerosis*. 1995 Dec; 111(2): 297-305.

[15] Siegel A, Lewandrowski EL, Chun, KY, et al. Changes in cardiac markers including B-natriuretic peptide in runners after the Boston Marathon. *American Journal of Cardiology*. 2001 Oct 15; 88(8);920-923.

> Para um coração saudável, esqueça os exercícios de resistência. Exercícios intervalados breves constroem um coração e um sistema circulatório mais fortes para lidar com as reais demandas de vida mais efetivamente que os exercícios de longa duração.

Perca mais gordura com exercícios intervalados

Muitas pessoas acham que quanto mais exercícios fizerem, mais peso perderão. Esfalfam-se quilômetro após quilômetro suando em bicas, achando que estão derretendo a gordura indesejada a cada passo. De fato esses dedicados, porém mal-informados, malhadores estão solapando seus próprios esforços! Exercícios de resistência não são o melhor caminho para se perder gordura corporal. *Exercícios de longa duração pedem ao corpo para armazenar mais gordura!*

Embora isso seja o contrário do que você possa ter ouvido sobre exercícios, a tabela seguinte o ajudará a entender como esse mal-entendido se espalhou:

Nutriente	Em repouso	Baixa intensidade	Intensidade moderada	Alta intensidade
Proteína	1%-5%	5%-8%	2%-5%	2%
Carboidrato	35%	70%	40%	95%
Gordura	60%	15%	55%	3%

Fonte: *Revisiting Emergy Systems*, Maio de 2002, *IDE Health and Fitness Source*, adaptado de McArdle W.D. et al. 1999. *Sports & Exercise Nutrition*. New York: Lippincott Williams & Wilkins.

Estudando essa tabela, você percebe que o corpo queima a maior percentagem de gordura durante exercícios de intensidade moderada. Isso levou muitas pessoas à falsa conclusão que se queima mais gordura através de longos exercícios de intensidade moderada. Embora isso seja verdadeiro durante os 30 ou 60 minutos em que você está se exercitando, não leva em conta as mudanças no seu metabolismo depois que você pára o exercício.

Nosso corpo está sempre se adaptando às demandas que colocamos sobre ele. Quando você queima gordura durante um exercício, está dizendo a seu corpo para manter reservas de gordura para que estejam disponíveis para a próxima sessão de exercícios. Na essência, seu corpo provisiona gordura para usá-la como combustível em futuros treinos. Ao invés de diminuir a gordura, esse tipo de exercício de resistência estimula seu corpo a armazenar gordura quando isso seja possível. Agora se você der outra espiada na tabela, verá que usa a maior percentagem de gordura quando está em repouso. Mas você não usaria essa estratégia para queimar gordura! Esse fato parece não estar sendo divulgado.

Exercícios de resistência realmente *encorajam* a produção de gordura. Quando você começa a se exercitar, seu organismo queima ATP, o maior combustível do seu corpo, mas existe somente ATP suficiente para um ou dois minutos de exercício. Depois, seu corpo passa a usar glicogênio, um carboidrato armazenado no tecido muscular. Seu estoque de glicogênio o manterá através de 15 minutos de exercício. Depois disso, seu corpo apela para as reservas de gordura.

Essa estratégia para queimar gordura pode soar inicialmente como o exercício ideal para se perder peso, mas não é. Uma vez que seu corpo faz tudo que pode para adaptar-se às demandas, ele reporá a gordura da próxima vez que você comer, para prepará-lo para a próxima vez em que se exercitar por um longo tempo. Isso também sacrifica outros tecidos, como os músculos, para preservar tanta gordura quanto possível.

Uma das razões primárias para as pessoas escolherem a forma errada de exercício é que elas presumem que seus corpos mudam durante uma sessão de exercício. Isso nunca acontece. Todas as mudanças importantes começam depois que você pára de se exercitar. Elas são a conseqüência da adaptação do seu corpo para preparar-se para a próxima vez que ele for realizar a mesma atividade.

Isso acontece com muitos pacientes do Centro para Saúde e Bem-Estar. Vários estudos também confirmam o fenômeno. Por exemplo, pesquisadores da Universidade Estadual do Colorado mediram por quanto tempo nosso corpo continua a queimar gordura depois de breves períodos de exercício. Os participantes do estudo se exercitaram por 20 minutos em módulos de dois minutos intervalados com períodos de um minuto de descanso. Os pesquisadores descobriram que os participantes ainda estavam queimando gordura 16 horas depois dos exercícios! Em repouso, sua oxidação de gordura era maior que 62% e sua taxa metabólica em repouso acima de 4%[16]. Em outras palavras, exercícios intervalados continuam a desencadear a queima de gordura depois que a sessão de exercícios acabou.

Durante breves sessões de exercícios intervalados, o corpo queima a energia armazenada no tecido muscular ao invés da energia armazenada na gordura. Com o tempo, isso o ensina a armazenar mais energia nos músculos — não como gordura —, que ele manterá disponível para rápidas demandas de energia. Você também ensina a seu corpo que armazenar energia como gordura é ineficiente porque nunca se exercita tão longamente para usar gordura como sua fonte primordial de combustível.

Outros estudos demonstram a eficácia de exercícios curtos de alta intensidade com intervalos para queimar a gordura corporal. Em um estudo, pesquisadores da Universidade Laval, em Quebec, compararam longos exercícios aeróbicos de intensidade moderada com exercícios de alta intensidade com intervalos. Havia dois grupos de estudo: um grupo de longa duração que pedalava 45 minutos sem parar e um grupo de exercícios curtos com intervalos que pedalava vários períodos de 15 a 90 segundos com intervalos de descanso entre eles.

---

[16] Osterberg KL and Melby CL. Effect of acute resistance exercise on postexercise oxygen consumption and resting metabolic rate in young women. *International Journal of Sport Nutrition and Exercise Metabolism*. 2000 Mar; 10(1):71-81.

O grupo de longa duração queimou duas vezes mais caloria que o grupo do intervalo, mas o grupo do intervalo perdeu mais gordura. De fato, para cada caloria queimada, o grupo do intervalo queimou *nove* vezes mais gordura[17].

Outro benefício da abordagem alta intensidade/intervalos é que ela não toma muito tempo. O programa PACE™ toma menos que 15 minutos por dia. Um estudo da Faculdade de Medicina da Universidade de Stanford demonstrou que apenas dez minutos de exercício intenso ajuda você a perder gordura corporal — e isso pode ser encaixado em quase qualquer agenda[18].

> Exercitar-se em períodos curtos e intensos ajuda-o a perder peso. Você queima carboidratos armazenados em seus músculos durante os exercícios, e então queima gordura depois que pára de se exercitar.

Comece o PACE™ agora para viver mais

Exercícios de baixa intensidade também não são a melhor maneira de se viver mais longamente. Um estudo de maio de 2003 com quase 2.000 homens ingleses buscou a relação entre a morte e o baixo nível de resistência. Os pesquisadores descobriram que este tipo de exercício de baixa intensidade não fez nada para reduzir o risco de morte prematura devido a problemas cardíacos nos participantes.

Outro estudo de Harvard mediu os efeitos dos exercícios vigorosos e não-vigorosos e o risco de morte. Sujeitos que fizeram exercícios

---

[17] Tremblay A, Simoneau JA and Bouchard C. Impact of exercise intensity on body fitness and skeletal muscle metabolisms. *Metabolism*. 1994 July;43(7):814-818.

[18] DeBusk RF, Stenestrand U, Sheehan M and Haskell WL. Training effects of long versus short bouts of exercise in healthy subjects. *American Journal of Cardiology*. 1990 Apr 15; 65(15):1010-1013.

de alta intensidade tiveram um risco de morte mais baixo que os que fizeram exercícios moderados[19].

> Para viver saudável por mais tempo, pratique um programa de exercícios progressivo com intervalos como o PACE™.

Isso foi o que descobriu também um estudo recente publicado nos *Annals of Internal Medicine*. Pesquisadores acompanharam 644 pacientes com insuficiência cardíaca por um período superior a 10 anos. Descobriram que o pico de oxigênio ventilatório do coração (VO2) (significando a capacidade do coração para exercícios) era o critério mais importante na predição da insuficiência cardíaca crônica. Exercitar capacidade era mais importante que a duração do tempo exercitado no prolongamento da vida[20].

O que você pode fazer para aumentar a capacidade de exercício do seu coração? Simples: exercite sua capacidade somente um pouco a princípio, mas assim que se tornar condicionado, pode gradualmente ir aumentando o desafio. Em outras palavras, você precisa fazer exercícios progressivos com intervalos, como os do programa PACE™. Longas caminhadas ou *jogging* faz pouco para melhorar sua saúde cardiovascular. Para fortalecer seu coração e viver mais, pegue o ritmo e siga o Programa PACE™.

---

[19] Lee IM, Hsieh CC, e Paffenbarger RS Jr. Exercise intensity and longevity in men. The Harvard Alumni Health Study. *Journal of the American Medical Association*. 1995 Apr 19; 273(15):1179-1184.

[20] Myers J, et al. Clinical hemodynamic and cardiopulmonary exercise test determinants of survival in patients referred for evaluation of heart failure. *Annals of Internal Medicine*. 1998; 129:286-293.

Ganhando massa muscular com exercícios intervalados

Sua idade não tem de determinar seu nível de condicionamento ou sua massa muscular. Realmente, se você não exercitar seus músculos eles se atrofiarão. Sem exercício efetivo, perde cerca de 1,4 kg de músculos a cada década depois dos 30 anos, mas você pode manter 100% da sua massa muscular da juventude se fizer os exercícios corretos.

Por que se preocupar? Porque a saúde muscular é essencial. Sua massa muscular é intimamente conectada com seu metabolismo de muitas maneiras:

- Músculos ajudam você a diminuir a fadiga, as disfunções sexuais, as doenças crônicas, a flacidez e as fraturas ósseas.
- Músculos ajudam a acelerar sua taxa metabólica, o que deixa você menos propenso a armazenar gordura.
- Músculos fornecem energia através do armazenamento de glicogênio.
- Músculos condicionados fortalecem o sistema imune diminuindo os riscos de se desenvolverem doenças.
- Músculos ajudam a manter o equilíbrio da glicose.
- Músculos nos permitem executar as atividades da vida diária. Perda muscular é a maior causa de institucionalização entre os americanos idosos.

Muitas pessoas não percebem a necessidade de se manter músculos vigorosos. Se você acredita que uma vez alcançados os seus 60 ou 70 anos ou mais os músculos não são mais tão importantes, pense de novo! Um estudo em andamento conhecido como Projeto Evergreen está estudando os efeitos da musculação no processo de envelhecimento. O estudo inclui homens e mulheres entre as idades de 65 a 94 anos. Os pesquisadores já determinaram que os participantes com maior massa muscular têm melhores funções mentais, menos doenças crônicas e vivem mais[21].

Por sorte, você nunca fica muito velho para usufruir os benefícios do exercício correto. O Centro de Pesquisa de Nutrição Humana na Velhice da Universidade de Tufts estudou os efeitos dos exercícios construtores de músculos em pessoas com idades entre 63 a 98 anos. Muitos dos participantes do estudo precisavam de auxílio para caminhar ou de cadeiras de rodas. Em 10 semanas, todos experimentaram um notável aumento de músculos, bem como um melhoramento em resistência e estabilidade. Mais importante, muitos participantes foram capazes de andar sem auxílio depois da terapia de construção muscular[22].

Mantenha seus músculos fortes. Use pesos para incrementar músculos magros e exercícios calistênicos regulares para ganhar força funcional.

Crie seu plano especial de exercícios

A despeito dos dados, os cardiologistas raramente prescrevem os exercícios corretos para seus pacientes[23]. Não presuma que a negligência do seu médico minimize o poder do exercício de transformar seu coração. Quando terminar o capítulo 7, *Ganhando um coração forte: consiga mais com menos*, saberá colocar em prática um plano de exercícios efetivo para evitar ou reverter a doença do coração. Você aprenderá como se exercitar efetivamente para recuperar e manter a saúde cardiovascular. E, lembre-se, você pode conseguir e manter a forma física em apenas 10 ou 15 minutos por dia.

---

[21] Fozard J. Epidemiologists try many ways to show that physical activity is good for seniors' health and longevity. Review special issue of Journal of Aging and Phyisical Activity: The Evergreen Project. *Experimental Aging Research*. 1999 Apr-Jun; 25(2):175-182.

[22] Klatz R. Hormones of Youth. *American Academy of Anti-Aging*. Chicago 1999, p 47-48.

[23] Speed CA and Shapiro LM. Exercise prescription in cardiac disease. *The Lancet*. 2000 Oct 7; 356(9237):1208-1210.

3

COLESTEROL: O FALSO INIMIGO

Deixe-me contar-lhe um segredo que a comunidade médica tradicional não quer que você saiba: colesterol não causa doença do coração. Embora você tenha sido indubitavelmente exposto a um monte de propaganda anticolesterol, a evidência prova que nem o colesterol da dieta nem o colesterol no seu sangue podem ser responsabilizados pela doença cardiovascular.

Mais importante que isso, toda essa ênfase sobre o colesterol tem sido uma perigosa distração da causa real da doença do coração. Neste capítulo, vamos explicar os fatos sobre o colesterol, mas primeiro quero partilhar com você a história da minha luta pessoal com a interpretação médica do colesterol no sangue.

Minha primeira experiência com um colesterol perigosamente baixo

Em 1979, eu estava com 22 anos, recém-formado e com toda a vida pela frente. Lembro-me o quão entusiasmado estava ao receber minha carta de aceitação num programa de residência em tecnologia médica — e o quão desapontado fiquei quando recebi outra carta duas semanas depois me informando que não podia começar, depois de tudo. Os que processavam as admissões tinham descoberto um problema médico nos meus exames físicos. A carta solicitava que eu entrasse em contato com o Hospital Geral de Tampa para um encontro com o diretor do departamento de patologia.

Quando entrei no seu consultório, o chefe da patologia estava sentado em sua escrivaninha, remexendo em alguns papéis e falando num gravador. Ele não levantou os olhos, mas fez-me sinal para sentar. Perguntou-me se eu tomava drogas ou bebia álcool. Respondi: "Álcool, um pouco, somente em festas" (Fiquei feliz que ele não perguntasse o quão freqüentemente eu ia a festas). Ele então perguntou se alguém da minha família tinha algumas doenças com nomes que eu jamais ouvira antes. Disse-me que estava solicitando uma biópsia do meu fígado e que eu não me preocupasse com a conta. Quando perguntei a ele por que eu precisava de uma biópsia de fígado, disse-me que meu fígado não estava fabricando colesterol suficiente. "O quê?" Respondi com descrença.

"O colesterol é uma gordura no seu sangue", explicou. "Seu nível no sangue deve estar entre 150 a 300, mas o seu é somente de 95. Existe alguma coisa errada com o seu fígado."

"Oh, eu sei o que é o colesterol", repliquei. "Meu colesterol é baixo porque tenho sido vegetariano por anos. Está mais baixo agora porque estou num programa intenso de atletismo."

Nesse ponto ele rodou sua cadeira detrás da escrivaninha, depôs seu cigarro sobre o cinzeiro, inclinado para a frente com sua grande barriga pendurada para fora da cadeira e olhou para mim através dos seus bifocais pela primeira vez. "Oh, não filho", ele disse, "exercícios não afetam seu nível de colesterol".

Com a ajuda de cartas do deão do Colégio de Ciência Natural e do diretor de atletismo da Universidade do Sul da Flórida, que me conheciam e podiam atestar minha saúde aceitável, entrei para o programa de residência médica sem uma biópsia de fígado. Mas por décadas a seguir, minha visão continuaria a ser diferente das crenças largamente aceitas sobre o que os níveis de colesterol no sangue realmente significam.

O colesterol no sangue é inocente!

Seu nível de colesterol no sangue pode lhe dar informações úteis sobre sua saúde e condicionamento físico, mas não é o grande motivador de doença cardíaca que a medicina convencional nos levou a crer. De fato, esses números são uma bola de cristal muito fraca, como nós aprendemos pela experiência.

Anos atrás, comecei herdando um grupo de pacientes que entraram em conflito com outros médicos porque se recusaram a diminuir seu nível de colesterol. Esses velhos irascíveis não confiavam em seus médicos e não tinham vontade de mudar seus estilos de vida em modos que pareciam contradizer seus instintos. Com o passar dos anos, percebi que esses rebeldes com alto colesterol raramente tinham problemas cardíacos. Recentemente, a Universidade Hospital da Suíça anunciou que eles não encontraram ligações estatisticamente significantes entre o colesterol e a doença arteriocoronária. Claramente, o colesterol não é o alerta definitivo de ataque cardíaco que pretendia ser.

Quando você olha suas noções preconcebidas sobre saúde e examina as evidências, os fatos são claros: perto de 75% das pessoas que têm ataques cardíacos têm níveis normais de colesterol[24]. Parece que os pacientes independentes estavam certos em não aceitar tudo que seus médicos pregavam como um evangelho. Nós agora sabemos que os níveis totais de colesterol no sangue são indícios muito fracos

---

[24] Castelli WP. Cholesterol and lipids in the risk of coronary artery disease – the Framingham Heart Study. *Canadian Journal of Cardiology*. 1998 July; 4 Suppl A:5A-10A.

para se prever ataques cardíacos ou derrames. No entanto, muitos médicos continuam a se voltar para eles como o maior causador de ataques cardíacos.

A campanha dos remédios anticolesterol

Quando médicos detectam altos níveis de colesterol em pacientes, geralmente lhes prescrevem remédios. A cada ano, escrevem-se mais de 50 milhões de receitas de remédios anticolesterol, que são tóxicos e têm efeitos colaterais perigosos. Recentemente o Programa Nacional de Educação sobre o Colesterol (NCEP) anunciou novas diretrizes que pedem por diagnósticos e tratamentos mais agressivos para o colesterol alto. Cerca de 13 milhões de pessoas tomam remédios anticolesterol e esse número deve triplicar nos próximos anos em resposta a essas estritas diretrizes.

Essa política terá conseqüências trágicas. Remédios são apropriados para usos de curta duração, em emergências, mas são substitutos ruins para eliminar as causas subjacentes das doenças crônicas. Em nenhum lugar isso é mais claro do que no uso de drogas para diminuir o colesterol em pessoas saudáveis. (Você pode aprender mais sobre os perigos do uso das drogas cardiovasculares comumente prescritas no capítulo 4, *O problema com os remédios para o coração*.)

Mais uma vez, a má ciência identifica o culpado errado

Nos últimos 50 anos, a maior parte dos pesquisadores explorou as causas da doença do coração partindo da premissa que a doença cardiovascular está relacionada à gordura na dieta. Como foi discutido no último capítulo, isso aconteceu em parte porque estudos incompletos sobre populações compararam incorretamente a moderna dieta ocidental com a dieta pobre do Terceiro Mundo, ao invés de com a dieta natural dos nossos ancestrais pré-agrários. Colocada simplesmente assim, a hipótese estabeleceu que a dieta de alta gordura causa o alto colesterol no sangue. Por sua vez, o alto colesterol no sangue causaria a arteriosclerose, ou seja, a formação de placas nas artérias. Finalmente, o bloqueio nas artérias causaria o ataque cardíaco. Isso é o que o seu médico tem dito a você, certo?

Essa teoria parece razoável exceto pelo fato que a presunção de que os americanos comam uma dieta de mais gordura que antes foi contraditada pelos achados arqueológicos e pelas evidências em muitas comunidades de caçadores-coletores que ainda vivem no mundo de hoje. Mas, existe outro grande problema: mesmo que nós comêssemos de fato mais gordura, ninguém provou ainda que isso cause o alto colesterol e que o alto colesterol cause doença do coração. Na verdade, desde os anos 1950, estudos científicos verdadeiramente objetivos repetidamente demonstraram a falácia dessa abordagem.

Nós podemos traçar o começo dessa idéia da relação entre a gordura na dieta e a doença cardíaca a partir de um estudo de 1953 da Universidade de Minnesota. Nesse estudo, Ancel Keys construiu um gráfico que comparava as taxas de morte por doença cardíaca com a quantidade total de gordura consumida por povos de seis países[25]. Pelos dados que ele escolheu incluir no seu gráfico, parece tudo muito convincente.

Mas, existiram problemas com o estudo. O Dr. Keys usou dados de somente seis países ao invés dos dados disponíveis de 22 países. Por quê? Porque se ele tivesse usado todos os dados, estes não teriam mostrado a ligação das altas taxas de doença cardíaca com a ingestão de gordura na dieta. Por exemplo, a taxa de morte na Finlândia era sete vezes a taxa de morte no México, mesmo se considerando que o consumo de gordura na dieta nos dois países era o mesmo[26].

---

[25] Keys A. Atherosclerosis: A problem in newer public health. *Journal of Mount Sinai Hospital*. 1953; 20, 118-139
[26] Ravnskov U. *The Cholesterol Myths*. New Trends Publishing, Inc.: Washington D.C.. 2000; pp. 16-19.

Conclusão: era mais fácil descartar os dados do México que repensar a premissa de que a gordura na dieta causava doença do coração.

Dê uma olhada nas comparações da tabela abaixo.

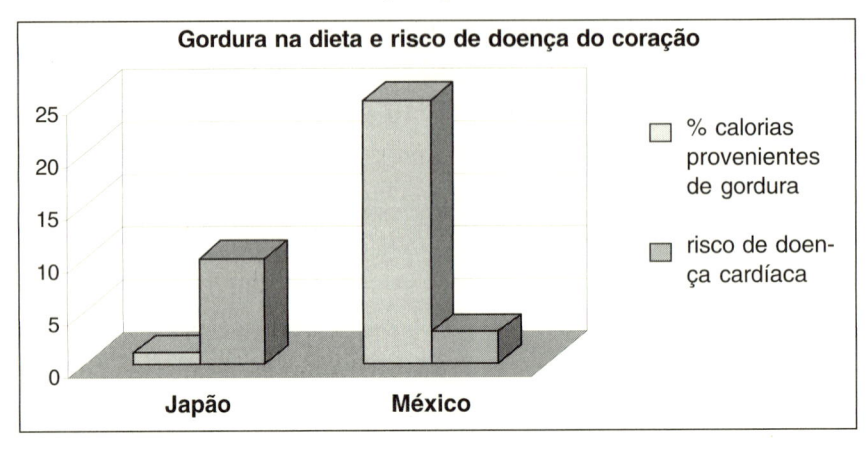

Gordura na dieta e risco de doença do coração

(Japão, México; % calorias provenientes de gordura; risco de doença cardíaca)

O México tem um consumo de gordura 2.750% maior que o Japão e só um sexto do risco deles de doença do coração. Olhando por outro lado, o Japão tem o mais baixo consumo de gordura dos 22 países do estudo, mas o seu risco de doença cardíaca é 600% mais alto que o do México. Antes que você pense que isso é uma exceção peculiar do Japão, considere a próxima tabela:

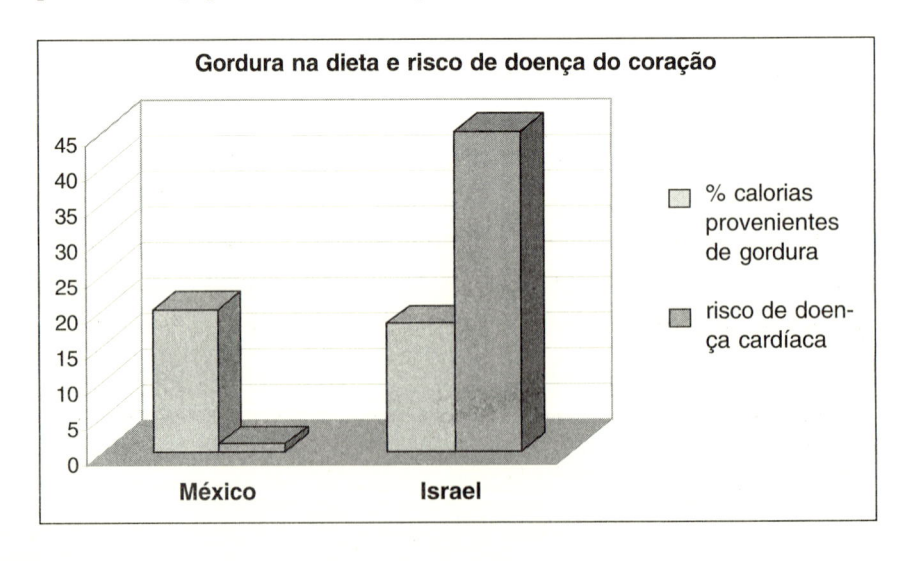

Gordura na dieta e risco de doença do coração

(México, Israel; % calorias provenientes de gordura; risco de doença cardíaca)

Nessa tabela, México e Israel têm praticamente um consumo idêntico de gordura embora Israel tenha 2.100% de risco a mais de doença do coração.

Antes que você considere que essas comparações são diferentes somente por causa da geografia e da genética, vamos olhar para a Finlândia e a Suécia, países vizinhos do Norte Europeu com padrões genéticos muito similares.

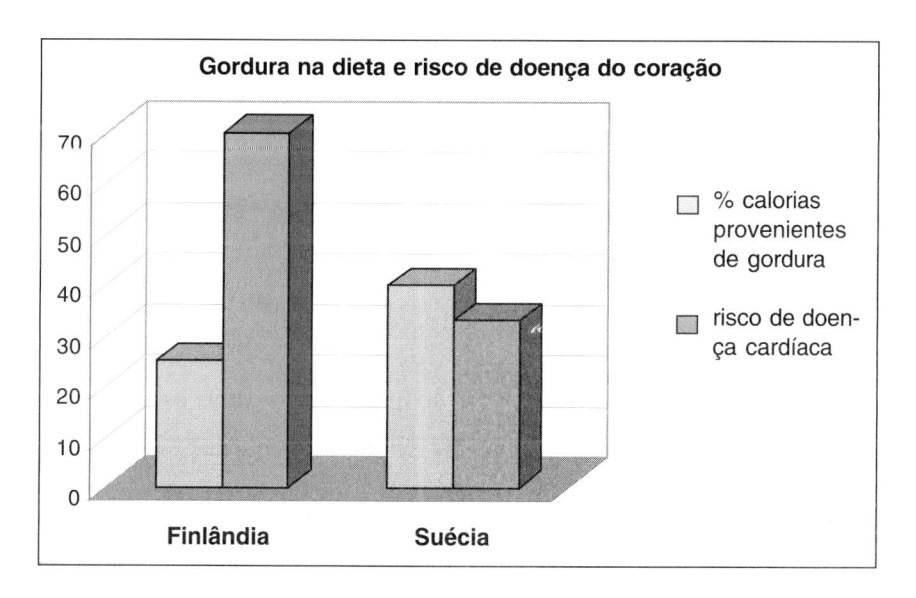

Gordura na dieta e risco de doença do coração

(Finlândia: % calorias provenientes de gordura ≈ 30; risco de doença cardíaca ≈ 70. Suécia: % calorias provenientes de gordura ≈ 40; risco de doença cardíaca ≈ 35.)

Fatores de risco e causas são coisas diferentes

Para entender como sua gordura na dieta, seu colesterol sangüíneo e seu risco de doença do coração podem estar relacionados, é importante reconhecer a diferença entre fatores de risco e causas. Fatores de risco não necessariamente causam doença. Esta é uma diferença crucial que tem, freqüentemente, feito tropeçar os pesquisadores que estudam gordura na dieta e doença do coração.

Aqui vai uma ilustração: quando você examina os dados, vê que, em alguns países onde os ataques cardíacos são mais comuns, as pessoas comem mais gordura, mas elas também comem mais proteínas, açúcar, fumam mais cigarros e também compram mais DVDs. Calorias provenientes de gordura são mais caras que calorias de outros nutrientes, então o consumo de gordura animal se torna estatisticamente associado às mortes por doença do coração em países desenvolvidos. Esta informação simplesmente nos revela que a doença do coração é mais comum em países desenvolvidos, mas não prova que uma coisa cause outra.

A verdade é que esses estudos de população nunca provam causa e efeito. Eles são úteis porque sinalizam outras informações importantes que nós podemos investigar. Então, se você escolher ignorar a necessidade de provar uma causa além da mera associação, poderia construir um gráfico que mostraria que ataques do coração, derrames, hipertensão, obesidade e diabetes são todos causados por aparelhos de TV porque existe uma correlação estatística direta entre o número de aparelhos de TV por lares e a taxa de ocorrência dessas doenças!

Quando cientistas coletam e analisam dados, eles se referem a fatores que tendam a ocorrer ao mesmo tempo que as doenças como *fatores de risco*. Essa denominação convencional não é clara porque fatores de risco não necessariamente significam riscos, mas simplesmente *associações*. Como no exemplo acima, possuir múltiplos aparelhos de TV poderia ser citado como um fator de risco para ataques cardíacos mesmo se considerando que possuir um aparelho de TV não aumentará o seu risco de ter um ataque cardíaco.

Existem várias centenas de fatores de risco para doenças do coração, incluindo fumar, pressão alta, obesidade, sedentarismo, estresse, sexo masculino, renda, raça, idade, calvície apenas para nomear alguns. Para mover-se além dos fatores de risco e determinar as causas da doença cardiovascular, os cientistas devem cuidadosamente elaborar e conduzir experimentos que provem uma relação direta de causa e efeito. Esta pesquisa tem sido feita e não mostrou ligação entre quantidade de gordura na dieta e doença do coração.

Comemos hoje menos gordura, mas os ataques do coração aumentaram

Para descobrir como a gordura na dieta afeta a taxa de ataques cardíacos, é útil estudar como nossos padrões de alimentação têm mudado para ver se a taxa de ataques mudou também. Se a gordura na dieta causa doença do coração, então a taxa de ataques cardíacos deveria subir se o consumo de gordura subisse e declinar se o consumo fizesse o mesmo. Os dados simplesmente não mostram isso. (Tenha em mente que mesmo se os números ligassem a gordura na dieta à doença do coração, isso não necessariamente prova que a gordura, e não outro fato relatado, fosse a causa da doença do coração.)

Da Primeira Guerra Mundial aos anos 1980, a taxa de morte por ataque cardíaco cresceu embora o consumo de gordura tenha declinado. Nos Estados Unidos, a taxa de mortalidade devido à doença cardiovascular cresceu cerca de dez vezes entre 1930 e 1960[27]. Durante esse período, o consumo de gorduras animais decresceu. Se o modelo de gordura na dieta estava correto, a taxa de ataques cardíacos deveria ter declinado na proporção do declínio no consumo de gordura.

Estudos adicionais derrubaram essa teoria. Nos anos 1960, pesquisadores da Universidade de Vanderbilt estudaram a tribo Masai no Quênia[28]. Esses pastores esguios bebiam cerca de meio galão de leite integral por dia e se regalavam com 1,8 a 4,5 kg de carne em certas ocasiões. Se a gordura na dieta causasse alto colesterol e doença cardíaca, então os Masai deveriam ter altos níveis de gordura e altas taxas de doença cardíaca, mas eles não tinham nem uma nem outra.

---

[27] Keys A. Atherosclerosis: A problem in newer public health, *Journal of Mount Sinai Hospital*. 1953;20, 118-139.
[28] Mann G.V., et al. Cardiovascular disease in the Masai, *Journal of Atherosclerosis Research*. 1964; 4:289-312.

Os pesquisadores descobriram que os Masai tinham na verdade taxas excepcionalmente baixas de doença do coração e colesterol, cerca de 50% mais baixas que a maior parte dos americanos.

Outros pesquisadores exploraram as mudanças no colesterol quando os nômades Masai se mudavam para a cidade de Nairóbi e mudavam por conseguinte seus hábitos alimentares. Descobriram que os moradores na cidade comiam menos gordura animal, mas a sua taxa de colesterol era 25% mais alta que os que permaneceram nas aldeias[29].

Claramente, alguns povos consomem grandes e mesmo excessivas quantidades de gordura animal e mantêm taxas extraordinariamente baixas de doença cardíaca e de colesterol. Essa evidência sozinha dissipa a crença de que doença cardíaca seja causada pela gordura na dieta. Mesmo assim, muitos médicos se recusam a abandonar suas idéias ultrapassadas. Muitos nunca leram os estudos originais ou examinaram os dados que apóiam essas conclusões. Quando o fazem, também aprendem que não existe evidência científica que apóie a presunção de que a gordura na dieta causa alto colesterol.

Os níveis de colesterol geralmente não predizem ataques cardíacos

Mesmo que desconsidere a relação entre gordura na dieta e colesterol, você pode ficar com a impressão de que a doença cardíaca é causada pelos altos níveis de colesterol no sangue, independentemente de se eles são causados pela dieta ou por outros fatores. Mais uma vez, os dados não comprovam essa alegação.

Médicos e companhias farmacêuticas freqüentemente se referem ao famoso estudo Framingham quando falam sobre risco

---

[29] Day J, et al. Anthropometric, physiological and biochemical differences between urban and rural Maasai. *Atherosclerosis*. 1976; 23:357-361.

cardiovascular. Framingham é uma cidadezinha perto de Boston, onde por mais de 50 anos pesquisadores vêm acompanhando a população e rastreando os fatores de risco para doença do coração. Organizações governamentais freqüentemente citam os resultados desse estudo como uma razão para combater o colesterol usando a prescrição de drogas potentes se necessário. Mas o que esse estudo realmente revelou?

Espantosamente, os próprios pesquisadores de Framingham relatam que "80% dos pacientes que tiveram ataques do coração tinham os mesmos níveis de gordura (isto é, de gordura no sangue) que aqueles que não os tiveram"[30]. Em outras palavras, os níveis de colesterol não predisseram os ataques cardíacos na vasta maioria dos pacientes. A ligação entre colesterol e mulheres é praticamente nula; mulheres com colesterol baixo morrem tanto quanto as de colesterol elevado. Além disso, de acordo com os dados do estudo Framingham, quase a metade da população do estudo que teve ataque cardíaco tinha uma taxa de colesterol baixa.

Ironicamente, quando os participantes do estudo envelheceram, a associação entre colesterol e doença do coração tornou-se mais fraca e não mais forte. De fato, de acordo com os dados, para homens acima de 47 anos, os níveis de colesterol não fazem diferença na mortalidade cardiovascular[31]. Desde que 95% de todos os ataques cardíacos aconteceram em pessoas acima dos 48 anos — e aqueles que tiveram ataques cardíacos antes disso eram geralmente diabéticos ou tinham raros problemas genéticos — então a maior parte da população não precisa se preocupar com seus níveis de colesterol! Lembre-se de que mesmo se nós pudéssemos demonstrar uma associação en-

---

[30] Gordon T, Castelli WP, Hjortland MC, et al. High density lipoprotein as a positive factor against coronary heart disease. The Framingham Study. *American Journal of Medicine*. 1997 May; 62(5): 707-714.
[31] Ravnskov U. *The Cholesterol Myths*. New Trends Publishing, Inc.: Washington D.C.. 2000; p.56.

tre os níveis de colesterol no sangue e a doença cardíaca, não poderíamos ainda provar que o colesterol causa doença do coração.

Algumas vezes quando o colesterol cai, o risco de morte sobe

Agora outro fato para você se maravilhar com o que os especialistas descobriram: colesterol alto parece ter um efeito protetor sobre os idosos. De acordo com a pesquisa feita pelo Departamento de Medicina Cardiovascular da Universidade de Yale, aproximadamente duas vezes mais pessoas com baixo colesterol tiveram ataques do coração quando comparadas àquelas com colesterol alto[32]. Dados do estudo Framingham também apóiam a descoberta de que quando o colesterol sangüíneo cai, o risco de morte realmente aumenta.

Não existe dúvida de que o colesterol no sangue está envolvido na acumulação de placas nas artérias. As placas estreitam as artérias e restringem o fluxo de sangue, freqüentemente levando a ataques cardíacos e derrames. Mesmo assim, a medicina convencional continua perdendo de vista o ponto mais importante: a placa é perigosa, mas a presença do colesterol em si não é.

---

[32] Krumholz HM, Seeman TE, Merrill SS, et al. Lack of association between cholesterol and coronary heart disease mortality and morbidity and all-cause mortality in persons older than 70 years. *Journal of American Medical Association*. 1994 Nov; 272(17):1335-1340.

O QUE É O COLESTEROL?
INGREDIENTE ESSENCIAL À VIDA, À SAÚDE E AO SEXO.

Embora o colesterol tenha uma má reputação por obstruir as artérias, não é ele o inimigo. O colesterol é essencial à vida e à saúde. Ele fornece energia para as células, ajuda a construir as membranas celulares e comparece na formação das bainhas em volta dos nervos. Mais: tem um papel vital na produção dos hormônios sexuais testosterona, estrogênio e progesterona e outros hormônios ad-renais, como o DHEA e o cortisol.

Embora o colesterol esteja presente em alguns alimentos, o fígado é quem fabrica a maior parte dele. De fato, a cada dia, nosso corpo fabrica 1.000 miligramas de colesterol comparado à média de sua ingestão diária que é de cerca de 325 miligramas para homens e 220 para mulheres.

Não importa se vem do fígado ou da dieta, o colesterol e outras gorduras dietéticas devem mover-se do nosso sistema digestivo para dentro das células para executar um trabalho gigantesco. A gordura deve ser embalada em partículas cobertas de proteína que lhe permita misturar-se ao sangue. Essas pequenas partículas são as lipoproteínas (lipo — ou gordura — mais proteína).

Remova a placa arterial agora aumentando seu HDL

Você provavelmente já ouviu falar sobre dois tipos de lipoproteínas: as de baixa densidade (LDLs) e as de alta densidade (HDLs). As LDLs favorecem o depósito de placas nas artérias (é por isso que são chamadas de mau colesterol). E as HDLs ajudam a remover as placas (por isso são chamadas de bom colesterol). A corrente sangüínea carrega muitos tipos e tamanhos de lipoproteínas. Aquelas com pouca gordura e muita proteína são mais pesadas e densas; aquelas com mais gordura são mais leves e menos densas.

Os diferentes tipos de lipoproteína determinam onde, no corpo, a corrente sangüínea descarregará as gorduras. Embora muitos médicos peçam testes tradicionais de colesterol que informam a você o colesterol total, LDL e HDL, eles não revelam informação suficiente para dizer se estão medindo um suprimento normal para a fabricação de hormônios sexuais ou uma ameaça anormal ao coração. Para determinar os perfis saudáveis do colesterol, os médicos precisam de detalhes mais específicos. Você pode descobrir como usar os detalhes sobre seu perfil sangüíneo de colesterol no capítulo 5, *Avaliando a sua saúde cardíaca*.

As companhias farmacêuticas lucram com a desinformação

As companhias farmacêuticas continuam faturando bilhões de dólares anualmente desde que começaram a apoiar o mito de que o colesterol causa doença cardíaca. Como as evidências prévias demonstram, níveis elevados de colesterol não causam doença cardíaca, então tomar drogas para baixar o colesterol é desnecessário.

Resultados de numerosos estudos independentes com drogas também não confirmam a conexão entre o colesterol e a doença do coração. O Instituto Nacional do Coração, Pulmão e Sangue dos Estados Unidos conduziu o The Lipid Research Clinics Coronary Primary Prevention Trial, um estudo para testar a eficácia da colestriramina, uma droga conhecida para baixar o colesterol. Sete anos depois, os pesquisadores analisaram os dados e descobriram que os níveis de colesterol baixaram 8% mas não houve diferença importante (estatisticamente significativa) na taxa de ataques cardíacos[33].

---

[33] [No authors listed] The Lipid Research Clinics Coronary Primary Prevention Trial results.I. Reduction in incidence of coronary hearth disease. *Journal of the American Medical Association*. 1984 Jan 20; 251(3):351-64.

Pesquisadores têm resumido todos os experimentos com remédios publicados antes de 1994 (o ano em que as companhias farmacêuticas introduziram as drogas à base de estatinas). Esses estudos mostraram que o número de mortes por ataque cardíaco era equivalente nos grupos em tratamento e no grupo de controle, e que o número de mortes por ataque cardíaco era realmente maior nos grupos em tratamento. Nenhum dos experimentos mostrou decréscimo significativo na taxa de morte por doença coronariana[34]. O que tudo isso mostrou é que essas drogas baixam o colesterol mas não diminuem as mortes por ataque cardíaco.

Conheça as drogas mais lucrativas da história

Em 1994, as companhias farmacêuticas introduziram uma nova classe de medicamentos para baixar o colesterol, conhecida como estatinas. Estas drogas interferem com a produção corporal de colesterol e bloqueiam a produção de outros nutrientes essenciais, incluindo a CoQ10. Estudos demonstraram que essas drogas não apenas baixam o colesterol, mas também produzem uma ligeira diminuição no risco de ataque cardíaco.

Antes de chegarmos à conclusão de que baixar o colesterol causou a modesta queda na taxa de ataque cardíaco, devemos notar que não existia relacionamento entre a quantidade de redução do colesterol e a quantidade de redução de risco. Nós chamamos este fenômeno de "falta de resposta de exposição". O que isso significa geralmente é que o fator que está sendo investigado — no caso o colesterol — não é a verdadeira causa, mas uma causa secundária ou meramente associada à causa verdadeira. As estatinas podem reduzir o risco de ataque do coração, mas elas o fazem por algum outro motivo além de reduzir o colesterol.

---

[34] Ravnskov U. Cholesterol-lowering trials in coronary heart disease:fequency of citation and outcome. *British Journal of Medicine*. 1992 July 4; 305(6844):15-19.

As companhias farmacêuticas que patrocinam esses estudos são muito evasivas em dirigir sua atenção a essa falha. Só recentemente tem ficado claro que as estatinas fazem outras coisas mais diretamente relacionadas ao risco de doença do coração, como, por exemplo, diminuir um marcador de inflamação no sangue, a proteína C-reativa. (Você pode aprender mais sobre o papel da proteína C-reativa em predizer ataques cardíacos no capítulo 5.) A "falta de resposta de exposição" pode ser devido ao fato de as estatinas reduzirem a inflamação e não o colesterol.

Mas existe mais para contar. As estatinas são caras; uma dose típica custa cerca de 1.000 a 1.500 dólares por ano ao paciente. E, ainda mais significante, as estatinas bloqueiam um sistema antioxidante importante para a saúde cardiovascular e roubam os órgãos desse nutriente crucial. As estatinas podem torná-lo cronicamente fatigado e causar dores musculares. Elas também estimulam o crescimento de cânceres em roedores. Em estudos com seres humanos, o câncer de mama revelou-se mais comum em mulheres que tomam essas drogas que naquelas do grupo de controle.

Além disso, é bom olhar cautelosamente para informações sobre estudos de drogas financiados pelas companhias farmacêuticas. Estas corporações se beneficiam notavelmente quando uma pesquisa recomenda uma nova droga. As estatinas são as mais lucrativas drogas na história. Esses lucros compram um monte de propaganda bem como lobistas em Washington, publicidade direta ao consumidor, *marketing* para médicos incluindo uma contínua "educação" médica sobre como prescrever as drogas! É a raposa de olho no galinheiro, e as conseqüências afetam sua saúde.

Dieta efetiva e exercício, não drogas, restauram a saúde cardíaca

Mais uma vez, os médicos não estudam as causas primárias. Eles freqüentemente não percebem que são vítimas de uma estratégia de *marketing* pelas companhias farmacêuticas. Muitos médicos ouvem acerca desses estudos por meio de cuidadosamente manipulados comunicados à imprensa das companhias farmacêuticas e de representantes farmacêuticos e seus folhetos. É mais fácil e rápido para o médico ocupado pegar no bloco de receitas do que arranjar tempo para aconselhar seus pacientes sobre exercícios e dieta. É tudo muito fácil para os médicos se voltarem para a terapia medicamentosa mesmo que essa abordagem seja custosa, perigosa e finalmente ineficaz. (Descubra mais razões relevantes para evitar as drogas no próximo capítulo.)

Diminua seu risco de doença do coração aumentando o bom colesterol

Que tipo de medição de colesterol, se existe alguma, é importante para monitorar a saúde do seu coração? A resposta é o HDL, o chamado bom colesterol. O HDL é simplesmente o mais importante fator de colesterol para determinar seu risco de desenvolver doença do coração. Não se preocupe em diminuir os níveis do seu colesterol total, apenas faça subir o HDL.

O estudo Framingham mostrou que altos índices de HDL estão diretamente relacionados à diminuição do risco de doença do coração. De fato, foi demonstrado que aumentar o HDL pode reduzir a doença coronariana independente do colesterol LDL[35].

É nisso que você deve ficar atento: se o seu HDL está acima de 85, você não tem um risco maior de doença cardíaca seja o seu colesterol total 350 ou 150.

---

[35] Castiglione A and Newman, WR. HDL Cholesterol: What is its true clinical significance?. *Emergency Medicine.*, 2003 Jan; 4(1):30-42.

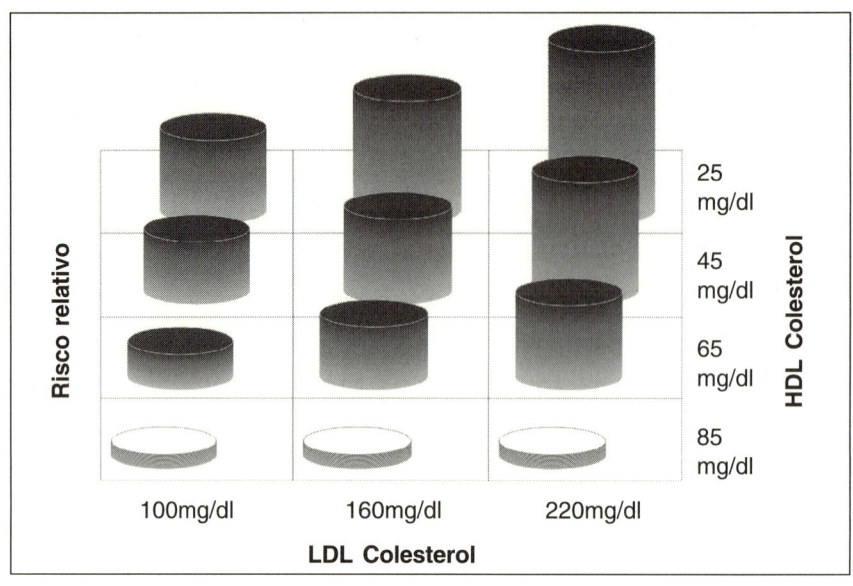

Colesterol e Risco de Doença Coronariana. Do estudo Framingham do coração.

Um alto colesterol HDL acaba com nossas preocupações a respeito do colesterol. Por que esse conselho simples e poderoso não é dado? Por uma razão: não existe um produto farmacêutico para aumentar o HDL. Qual é o melhor meio de aumentar o colesterol HDL? Exercício. (Você pode aprender como aumentar seu colesterol HDL com os exercícios do capítulo 7, *Ganhando um coração forte: consiga mais com menos.*)

Baixos níveis de colesterol são perigosos para a sua saúde

As companhias farmacêuticas tiveram um recente incremento em vendas quando o Programa Nacional de Educação para o Colesterol publicou novas diretrizes que pregam que quase todo mundo precisa de remédios para baixar o colesterol. De acordo com essas diretrizes, o nível ótimo de colesterol está abaixo de 130 para o LDL e abaixo de 200 para o colesterol total.

As novas recomendações advertem que você deve tomar medidas para baixar seu nível de colesterol se tem algum fator de risco de doença cardíaca. Fatores de risco incluem um histórico de doença cardiovascular, pressão alta e vício de fumar. Este "você nunca é tão rico ou nunca tem um nível de colesterol tão baixo" sai pela culatra quando se atenta para as conseqüências de níveis de colesterol muito baixos. Estudos têm relacionado a queda de colesterol abaixo de 160 à depressão e à diminuição do nível de testosterona.

Em 2000, pesquisadores holandeses descobriram que homens com colesterol baixo têm um risco maior de depressão[36]. O colesterol pode afetar o metabolismo de uma substância reguladora do humor conhecida como serotonina. Outros estudos revelaram que os níveis de serotonina são mais baixos em homens com baixos níveis de colesterol. Isso sugere que níveis de colesterol abaixo de 160 podem ser baixos o suficiente para colocar homens em risco.

Restaure a saúde do coração usando meios que funcionam

Contei que em 1979 meu colesterol era um excepcionalmente baixo 95. O obeso patologista estava errado quando proclamou que exercício não afetava os níveis de colesterol; estava errado quando afirmou que eu tinha doença hepática, mas estava certo sobre uma coisa: não é saudável ter um nível tão baixo de colesterol. Isso me ensinou muito cedo, em minha experiência com o colesterol, que um baixo colesterol no sangue é perigoso para a saúde. E é particularmente perigoso quando se empurra esse índice para baixo artificialmente com remédios.

Sem conhecimento dos perigos reais, baixei meus níveis de colesterol sem drogas, evitando todos os produtos de origem animal

---

[36] Speed Ca and Shapiro LM. Exercise prescription in cardiac disease. *The Lancet*. 2000 Oct 7; 356(9237):1208-1210.

por anos enquanto seguia uma rotina agressiva de atividade poliesportiva. Mas não escapei das danosas conseqüências do colesterol excessivamente baixo. Comecei a perder pêlos corporais e a libido, e descobri que minhas forças estavam falhando durante a ginástica. Eu me diagnostiquei uma baixa testosterona (lembre-se de que nosso corpo fabrica testosterona a partir do colesterol). Para corrigir o problema, comecei a comer peixe e ovos. Passariam anos ainda antes que eu soubesse o suficiente para voltar a comer carne vermelha. E também diminuí a duração dos meus programas de treinamento físico. Minha recuperação em força e energia sexual foi quase imediata.

Hoje, meu nível de colesterol oscila entre 170 a 200 e meu HDL está consistentemente acima de 100. Estas podem não ser as suas medições ideais, e no capítulo 5 você identificará a variação ótima de vários indicadores de doença do coração. Estou seguro de ter um baixo risco de doença cardíaca. Sinto-me mais forte, mais energético, mais viril e mais saudável do que quando meu colesterol era muito baixo.

Estou feliz em poder contar a você que fui capaz de reverter os danos advindos de um mau conselho e que você pode também. De fato, quanto mais cedo começar, mais vida, vitalidade e saúde cardíaca irá desfrutar!

4

O PROBLEMA COM OS REMÉDIOS PARA O CORAÇÃO

Você espera sentir-se melhor depois de receber tratamento médico, mas muitas prescrições de remédios recomendados para doença do coração na verdade pioram os sintomas. Quase todos os cardiologistas prescrevem remédios a seus pacientes com ataque cardíaco. Eles o fazem porque estudos mostram que os remédios reduzem o risco de ataques cardíacos repetidos, mas serão as drogas a única maneira — ou mesmo a melhor maneira — de diminuir o risco de ataque cardíaco? Não. Na verdade, os remédios fazem os pacientes se sentirem pior e seus efeitos colaterais podem interferir com esforços de reabilitação mais importantes.

Um colega de faculdade recentemente teve um ataque cardíaco. Quando Roy G. me procurou para ajudá-lo, ele disse: "Se isso é sobreviver a um ataque cardíaco, eu preferia ter morrido dele". Ele estava entre os afortunados 50% que sobrevivem ao seu primeiro ataque cardíaco, mas o seu sofrimento era prolongado e intenso. Roy não tinha prévio conhecimento de ser portador de doença cardíaca e não tinha ainda 50 anos. A experiência amedrontou-o e ele seguiu estritamente cada conselho de seu médico. Infelizmente, a única recomendação do seu médico foi tomar remédios. Cada droga criava problemas adicionais à saúde de Roy, interferindo com sua reabilitação e com o recondicionamento de seu coração lesado.

O cardiologista de Roy deu-lhe primeiro um paliativo à base de nitroglicerina. Isso o fez sentir-se cansado, com uma dor de cabeça crônica. Sua prescrição também incluiu dois remédios para pressão, Altace e Lopressor; a despeito das drogas, a pressão de Roy continuou alta, 180 por 100. Esses remédios o tornaram cansado e lhe causaram uma impotência intermitente. O colesterol de Roy estava em 219. Seu médico prescreveu Lipitor, uma estatina usada para baixar o colesterol. O colesterol total de Roy caiu quando ele começou com o remédio, mas seu HDL (bom) colesterol também caiu, realmente aumentando seu risco.

A reação de Roy? "Esse remédio me deu uma terrível dor nas costas e nas pernas e eu mal podia me levantar da cama." Ele disse: "Ele me faz sentir com 80 anos".

Trabalhei para desabituar o organismo de Roy dos remédios. O primeiro a sair foi o Lipitor. Roy contou: "A dor constante nos músculos se foi em poucos dias depois de parar com o remédio". Roy equilibrou seu colesterol com dieta, exercício e um suplemento natural, o policosanol.

Em seguida, Roy parou com o betabloqueador Lopressor, e sua fadiga constante desapareceu. "E todo o tempo eu achava que estava tão cansado porque tinha tido um ataque do coração", disse Roy. "Começou com os remédios que eles me deram no hospital. Eu estava sempre tão fraco que não podia me exercitar." Exercício é um componente vital na reabilitação de um coração lesado.

Com a volta da sua energia, Roy concordou em começar com treinos de força e exercícios intervalados. Na época do seu ataque cardíaco, Roy pesava 106 kg e tinha 30% de gordura corporal. Em poucos meses seu peso caiu para 93 kg com a muito mais saudável taxa de 20% de gordura corporal. No seu último contato, Roy tinha alcançado sua meta de peso, 84 kg com 16% de gordura corporal.

Mais importante: o coração de Roy ficou mais forte. Seu primeiro teste de estresse depois do ataque cardíaco mostrou um significativo dano no coração. Um segundo teste, feito três meses depois mostrou uma melhora pronunciada, classificando o dano agora como pequeno. Um terceiro teste mostrou danos mínimos e, segundo o cardiologista, era difícil perceber qualquer evidência de que Roy tinha tido um ataque cardíaco.

O PROGRESSO DE ROY

	No ataque cardíaco	Agora
Peso	106 kg	84 kg
% gordura corporal	30%	17%
Pressão sangüínea	160/100	100/65
Taxa cardíaca em repouso	100	60
Colesterol	216	165
LDL	140	90
HDL	40	55
Taxa de risco cardíaco	5,4	2,9
Fração de ejeção ventricular	49%	60%

Atente para a última linha do gráfico acima. Sua fração de ejeção ventricular é a porcentagem de sangue recebida que o coração bombeia em cada batida. É a medida da juventude e da força do seu coração. Muitos especialistas consideram impossível fortalecer o coração depois de um episódio cardíaco, mas Roy provou que estão errados.

A experiência de Roy com os remédios para o tratamento do coração é muito comum. Neste capítulo, você verá como cada categoria de drogas dada a milhões de pessoas com problemas cardiovasculares — incluindo as drogas anticolesterol, os anti-hipertensivos e outras medicações cardíacas — freqüentemente fazem mais mal do que bem.

Embora você, como Roy, possa ficar melhor sem tomar remédios do coração, *nunca pare de tomar seus remédios sem o acompanhamento do seu médico*. Podem acontecer resultados desastrosos quando você subitamente pára de tomar alguns remédios. Tenha um apoio profissional efetivo quando decidir seguir por esse caminho. Por sorte, existem medidas que você pode tomar para fortalecer seu coração, sem recorrer às prescrições medicamentosas. No capítulo 11, *Personalize sua cura do coração*, você descobrirá maneiras de baixar seu colesterol e sua pressão sem remédios.

VÁ DE NATURAL
É MAIS SEGURO E FÁCIL PARA SEU CORPO E MAIS ECONÔMICO

Para problemas de saúde crônicos existem alternativas naturais às prescrições de medicamentos. Essas substâncias são mais seguras e têm menos efeitos colaterais perigosos que as drogas convencionais, as quais podem sobrecarregar seus rins e seu fígado quando tomadas por longo tempo. Além disso, remédios naturais são mais econômicos. Medicamentos são caros. Seus fabricantes embolsam os lucros e repassam os custos para você.

Claro, a prescrição de remédios tem um papel essencial na sua saúde. O remédio apropriado pode salvar sua vida quando você está diante de uma emergência ou de um problema agudo de saúde. Afortunadamente, muitas drogas para problemas de longo termo têm alternativas efetivas e baratas. Se você está tomando medicação, consulte seu médico sobre as alternativas.

Se ele não mencionar alternativas, pode ser tempo de consultar um outro médico.

Fique longe das estatinas se você puder

Muitos médicos prescrevem prontamente drogas chamadas estatinas para diminuir o colesterol. A Food and Drug Administration dos Estados Unidos informou que 20 milhões de americanos tomam essas drogas. São as mais comuns prescritas para baixar o colesterol.

O problema com os remédios para o coração

O Programa Nacional de Educação sobre o Colesterol estima que esse número possa triplicar em resposta a novas diretrizes governamentais a respeito do controle do colesterol.

As estatinas baixam o colesterol, mas não sem devastadores efeitos colaterais, como toxidade hepática, problemas digestivos, erupções cutâneas, visão turva, inflamação muscular e fraqueza e o raramente discutido, mas potencialmente letal, efeito colateral conhecido como rabdomiólise. Essa horrível complicação ocorre quando as drogas causam ruptura das células musculares e o derramamento dos seus conteúdos na corrente sangüínea. Isso pode então sobrecarregar os rins que trabalham muito para limpar tudo isso, resultando em falência renal e morte.

A Food and Drug Administration relata pelo menos 81 mortes por essa complicação desde 1997. Em 2001, a Bayer tirou o Baycol — uma das mais populares drogas estatinas — do mercado depois que pelo menos 31 pessoas morreram devido a complicações de rabdomiólise. Outras 50 mortes ocorreram por causa desse simples efeito colateral em pessoas usando outras cinco drogas estatinas que ainda estão no mercado — Lescol, Lipitor, Mevacor, Pravachol e Zocor. Estes cinco remédios estão também associados aos efeitos colaterais mais comuns de toxidade hepática especialmente entre os idosos.

Além de expor você ao risco de rabdomiólise e problemas do fígado, as estatinas têm outro efeito colateral que acontece com todos que tomam a droga. Uma das suas primeiras reações é bloquear a produção de CoQ10, um nutriente essencial à saúde do corpo. CoQ10 é um importante nutriente energizante e um protetor antioxidante do coração. Estudos demonstraram que as estatinas esvaziam o corpo de CoQ10 em mais de 40%. Quando você tiver lido o capítulo 8, *Energize seu coração: o milagre da CoQ10*, vai entender por que isso pode ser tão prejudicial à saúde do seu coração.

Política, pílulas e lucros

O que faz os médicos prescreverem medicações com tais efeitos colaterais tão freqüentemente? Lipitor e Zocor estão entre os 10 remédios mais prescritos desde 1999, com vendas na ordem de 9,2 bilhões de dólares. Tendenciosas campanhas de propaganda e promoções enlouquecem os médicos ressaltando os benefícios e minimizando os efeitos colaterais danosos. Essas drogas aparentam oferecer uma solução rápida para pessoas com colesterol alto.

As estatinas baixam o colesterol muitas vezes sem que o paciente precise fazer mudanças na sua dieta ou exercício. Muitos médicos descobriram que é mais fácil pegar no bloco de receitas do que gastar tempo explicando ao paciente a importância da dieta e de suplementos apropriados. Eles também falham em pesquisar ou manter uma mente aberta sobre alternativas seguras, efetivas e baratas às estatinas que possam baixar o colesterol e reduzir o risco cardíaco sem os perigosos efeitos colaterais.

Se você habitualmente faz uso de estatinas, consulte seu médico por uma alternativa. Se precisa tomar uma dessas drogas, insista em ter sua função hepática monitorada com exames de sangue a cada três meses. Se houver qualquer sinal de toxidade hepática, pare de tomar o remédio.

Se você desenvolver dores musculares, fadiga ou sensibilidade (na panturrilha ou nas costas), notifique seu médico imediatamente. Também diga a seu médico se você desenvolver febre ou urina escura. Você pode precisar de um exame de sangue para detectar a presença de uma enzima muscular conhecida como creatina quinase, a qual é elevada quando a pessoa desenvolve rabdomiólise.

O problema com os remédios para o coração

> SERÃO TENDENCIOSAS AS PESQUISAS DE REMÉDIOS?
> UM *MARKETING* ASTUCIOSO CONFUNDIDO COM CIÊNCIA VENDE DROGAS
>
> Você sabia que as companhias farmacêuticas pagam por estudos que mostrem benefícios advindos do uso de seus remédios? Fabricantes de remédios patrocinam pesquisas que os faça parecer bons. Considere o caso da pesquisa do Lipitor, financiada pela Pfizer, uma droga que baixa os níveis de colesterol. A Pfizer financiou um experimento no qual 20.000 participantes (nem todos com elevados níveis de colesterol) tomando ou Lipitor ou um placebo. Os pesquisadores descobriram que o grupo tomando Lipitor experimentou um decréscimo em seu risco cardíaco mesmo quando seus níveis de colesterol eram normais. A Pfizer interrompeu o estudo antes de os pesquisadores o completarem porque, argumentou, não era decente negar o Lipitor ao grupo em placebo[37]. Os cientistas afirmaram que o Lipitor oferecia tão significativos benefícios para a saúde que o recomendavam mesmo para os pacientes com níveis normais de colesterol.
>
> Lembrou dos efeitos colaterais? O estudo nunca os menciona. The Physicians' Desk Reference lista os efeitos colaterais do Lipitor, incluindo disfunção e insuficiência hepática e renal, rabdomiólise, constipação, insônia, zumbido nos ouvidos e pressão alta. Sim, a droga criada para proteger o coração baixando o nível de colesterol pode ameaçar seu coração causando hipertensão! A despeito desse aparente conflito, o estudo recomenda que os médicos prescrevam Lipitor a pacientes com hipertensão mesmo que os seus níveis de colesterol sejam normais. A evidência não apóia essa abordagem.

[37] Reuters News, Oct 10, 2002.

> O estudo também é falho em mencionar os perigos adicionais associados às estatinas. Por exemplo, um estudo finlandês descobriu que as estatinas fazem baixar o nível de antioxidantes em mais de 22% (o que significa um aumento de oxidação prejudicial). Outro estudo mostrou que o Zocor aumenta os níveis de insulina em 13%, aumentando o risco de doença do coração, hipertensão, obesidade, insulino-resistência e diabetes tipo II[38].
>
> Existe uma problemática complacência por parte da profissão médica que permite as companhias farmacêuticas patrocinarem pesquisas para dominar respeitáveis publicações médicas. Quando olhar para uma pesquisa, não tire uma conclusão pelo seu valor aparente. As corporações de drogas e pesquisas nem sempre revelam os problemas sérios e mesmo mortais com a prescrição de remédios. Leia os resultados com olho cético. Não tema questionar se existe uma maneira mais segura de se obter os mesmos resultados desejados — sem depender de perigosas prescrições de drogas.

Não pague caro por remédios de pressão

As grandes companhias farmacêuticas têm enganado os médicos sobre a efetividade de seus remédios mais populares para baixar a pressão, e você pode estar pagando um alto preço com um desnecessário aumento de risco de ataque cardíaco e morte. Além disso, como é descrito abaixo, você também pode pagar 900% a mais por uma nova geração de drogas que são menos efetivas que as mais antigas.

Cerca de 20 anos atrás, os médicos começaram a usar duas novas classes de drogas para tratar a hipertensão: os bloqueadores de canal de cálcio e os inibidores de ECA.

---

[38] Thompson J. Bias in Reporting on Statins. Health Sciences Institute e-Alert, Oct 31, 2002. http://hsibaltimore.com/ea2002/ea_02131.shtml

- Bloqueadores de canal de cálcio: os bloqueadores de canal de cálcio (também conhecidos como antagonistas do cálcio) inibem o influxo do cálcio através da membrana para o interior da musculatura cardíaca e vascular, promovendo o relaxamento da musculatura vascular lisa. Isso reduz a pressão sangüínea e melhora a circulação, enquanto freqüentemente diminui a taxa de batimento cardíaco. Essas drogas incluem a nifedipina (Adalat CC, Procardia XL), verapamil (Calan SR, Covera HS, Isoptin SR e Verelan), o diltiazem (Cardizem CD, Cardizem SR, Dilacor XR e Tiazac) e outros. Muitos efeitos colaterais incluem cefaléia, rubor, constipação, náusea, colesterol elevado, edema (retenção de fluidos) e pressão baixa. Mais importante: estudos descobriram que pessoas tomando bloqueadores de canal de cálcio realmente têm um aumento em 60% de ataques cardíacos comparado a pessoas que usam outros tipos de medicação hipertensiva[39].
- Inibidores de ECA: os inibidores da Enzima Conversora de Angiotensina (ECA) são freqüentemente usados para tratar a alta pressão arterial e a insuficiência cardíaca congestiva (condição na qual o coração é incapaz de bombear quantidades adequadas de sangue e o corpo retém muito líquido, freqüentemente causando inchaço nas pernas e tornozelos e congestão pulmonar). Essas drogas funcionam relaxando e dilatando ligeiramente as artérias. A pressão cai, as demandas de oxigênio diminuem e o coração bombeia mais sangue. Essas drogas incluem o ramipril (Altace), quinapril (Accupril), captopril (Capoten), lisinopril (Prinivil e Zestril) e benazepril (Lotensin) entre outras. O efeito colateral mais comum dos inibidores de ECA é uma tosse seca. Outros efeitos colaterais incluem redução do apetite, deficiências minerais, dano renal e redução do número de células brancas do sangue.

---

[39] Psaty B, Heckbert SR, Koepsell TD, et al. The risk of myocardial infarction associated with antihypertensive drug therapies. *Journal of the American Medical Association*. 1995 Aug 23; 274(8):620-625.

Mais seguro, mais barato, melhor porém ignorado

As companhias farmacêuticas dizem que esses remédios são melhores que o tratamento tradicional à base de diuréticos e os médicos acreditam nelas. Na última década, as prescrições dessas novas drogas decolaram. Mas agora um grande estudo patrocinado pelo Instituto Nacional do Coração, Pulmão e Sangue dos Estados Unidos provou que os dois tipos de drogas são realmente menos eficazes que os diuréticos. E estranhamente, todas as evidências que originalmente suportavam a efetividade dessas drogas parecem ter desaparecido.

Os motivos aqui são ponderáveis. Um entre quatro americanos sofre de hipertensão. Fazendo os médicos trocarem das acessíveis pílulas diuréticas para as caras medicações novas para tratar o problema, a indústria farmacêutica gerou bilhões de dólares em novos negócios. A tabela seguinte compara mensalmente o custo dos vários tratamentos para a pressão alta:

COMPARAÇÃO DE CUSTO MENSAL

Nome comercial	Genérico	Fabricante	Custo/mês em dólar
BLOQUEADORES DE CANAL DE CÁLCIO			
Cardizen SR	Diltiazem	Biovail	$ 96,98
Norvasc	Amiodipina	Pfizer	$ 68,09
Procardia XL	Nifedipina	Pfizer	$ 93,59
Verelan	Verapamil	Schwarz Pharma	$122,99
INIBIDORES DE ECA			
Prinvil	Lisinopril	Merck	$ 62,99
Zestril	Lisinopril	AstraZeneca	$ 61,29
Vasotec	Enalapri	MaleatoBiovail	$ 56,94
DIURÉTICOS			
HCTZ	Hidroclorotiazida	Generics	$ 7,99
Dyazide	Triamterne	GlaxoSmithKline	$ 14,89
Lasix	Furosemida	Aventis	$ 9,99

Como a tabela mostra, os diuréticos custam somente uns centavos por dia e em média um décimo dos caros bloqueadores de canal de cálcio, como o Cardizem. E, como a recente pesquisa provou, essas drogas muito baratas são mais efetivas do que suas caras concorrentes para reduzir a pressão do sangue. O que convenceu milhares de médicos a recomendar as drogas novas? As campanhas de *marketing* de milhões de dólares das corporações farmacêuticas — ao invés de uma sólida, válida e confiável pesquisa — venderam aos médicos as novas drogas. Como já foi dito, fabricantes de remédios fazem uma publicidade agressiva diretamente sobre os médicos. Representantes de vendas apelativos visitam os médicos e lhe dão amostras grátis, canetas, blocos de receita, calculadoras e relógios. Eles também dão presentes pródigos, como cupons de compras de 100 dólares, estetoscópios grátis, pagam conferências, jantares e ingressos para os mais importantes eventos esportivos. A estratégia se paga sozinha. As vendas das novas drogas renderam bruto mais de 10 bilhões de dólares para as companhias farmacêuticas.

Médicos com "dependências financeiras" escrevem mais prescrições

Depois que os médicos mudaram seus milhões de pacientes para as novas drogas de alto preço sem evidência de uma efetividade superior, um enorme e bem controlado estudo provou que essas novas e caras drogas não são tão efetivas como as velhas pílulas de diuréticos. Num estudo colaborativo duplo-cego entre 623 centros de saúde de coração, 42.000 participantes tomaram um diurético, um bloqueador de canal de cálcio e um inibidor de ECA. Os pesquisadores monitoraram esses pacientes por um período maior de cinco anos. Os resultados, relatados no número de dezembro de 2002 do *Journal of the American Association* inequivocamente concluíram que os diuréticos eram o melhor tratamento. Pacientes tomando Zestril ou

Prinivil, por exemplo, tiveram um risco 19% maior de ataques cardíacos que aqueles tomando diuréticos. Aqueles que tomaram Norvasc tiveram um risco 38% maior de falência cardíaca.

Além de identificar o melhor tratamento, o estudo também revela como os médicos escolhem opções de tratamento. Médicos trocaram para as novas drogas mesmo tendo os diuréticos provado uma maior eficiência e um custo mais de 90% menor. Um estudo publicado no *The New England Journal of Medicine* mostrou que 96% dos artigos em jornais médicos que apóiam os bloqueadores de canal de cálcio foram escritos por médicos com dependências financeiras dos fabricantes de remédios. Esse estudo crítico nos dá a razão por que as informações das companhias farmacêuticas não são confiáveis e por que você deve se esforçar para minimizar o uso de drogas quando possível.

Alerta sobre os diuréticos também

Os diuréticos podem ser a melhor e a mais barata dentre as medicações para a pressão sangüínea, mas eles também têm sua lista de efeitos colaterais indesejados. O mais comum dos diuréticos, conhecido como Tiazida, aumenta o colesterol total, o LDL (mau) colesterol e os níveis de triglicérides. Outros efeitos colaterais incluem:

- Fraqueza
- Sensibilidade à luz
- Desidratação
- Artrite gotosa
- Diminuição do desejo sexual
- Câimbras musculares
- Diarréia
- Dores nas articulações
- Vômitos

O problema com os remédios para o coração

Você pode diminuir sua pressão naturalmente, sem apelar para diuréticos e outras medicações. Mais da metade dos pacientes tratados no Centro para Saúde e Bem-Estar que tomavam remédios para hipertensão foi capaz de parar com os remédios e manter sua hipertensão sob controle com o nutriente CoQ10. No capítulo 11, você vai aprender como baixar sua pressão sem usar diuréticos ou outros medicamentos.

Diga não aos nitratos se você puder

Se você tem pressão alta e dor no peito, seu médico provavelmente prescreverá uma medicação para o coração baseada em nitratos. Milhões de americanos tomam essas drogas que os médicos têm prescrito há mais de um século. Elas são vendidas com nomes como Nitrogliclycerin, Isosorbide, Nitro-Bid, Nitrostat, Nitro-Dur, Imdur, Nitrolingula, Isosorbide, Isoptin, Isordil, Ismo, Dilatrate e Minitran. Os médicos prescrevem Nitroclycerin, Isosorbide e Nitro-Bid para dor no peito, e Isoptin, Isordil e Minitran para pressão alta. Os remédios são tomados em pequenos tabletes sublinguais ou pílulas para engolir ou adesivos para colocar sobre a pele.

Os nitratos ajudam a aliviar a dor no peito e a pressão alta? Sim. Eles abrem os vasos sangüíneos temporariamente e permitem ao sangue fluir de volta ao coração. Com as medicações à base de nitratos, uma enzima do corpo quebra os nitratos em moléculas de óxido nítrico as quais então forçam a abertura dos vasos sangüíneos no corpo.

O problema com os nitratos é que eles danificam o sensível revestimento do coração e dos vasos sangüíneos conhecido como endotélio. O endotélio consiste numa simples camada fina e chata de células que reveste as cavidades internas do corpo. Pessoas com disfunção do endotélio freqüentemente sofrem um ataque cardíaco. De fato um novo estudo mostra que essas drogas realmente mais que triplicam seu risco de ter um ataque cardíaco.

Um recente estudo japonês mostrou quão perigosos os nitratos podem ser. Os pesquisadores estudaram mais de 500 participantes por quase quatro anos e descobriram que aqueles que tomaram nitratos em base regular tinham tido 2,4 vezes mais eventos cardíacos que aqueles que não os tomavam[40]. Os investigadores descobriram que os nitratos não apenas danificam a proteção do coração, eles aceleraram outros danos já presentes no coração.

Por sorte, pacientes podem tomar substâncias naturais para obter óxido nítrico de dentro do corpo sem causar efeitos prejudiciais. Para determinar se esses suplementos mais seguros são para você, examine o capítulo 11 cuidadosamente.

Cuidado com os betabloqueadores

Os médicos prescrevem betabloqueadores para dor no peito, pressão alta e insuficiência cardíaca congestiva. Essas drogas se ligam aos receptores betaadrenérgicos no coração e nos vasos sangüíneos, bloqueando sua resposta à norepinefrina, um hormônio vasoconstritor que acelera o coração. Essas drogas baixam a pressão sangüínea pela diminuição do batimento cardíaco e pelo relaxamento dos vasos sangüíneos.

Os betabloqueadores podem dar um alívio temporário, mas os médicos freqüentemente os prescrevem para tratamentos de longo prazo. Essas drogas têm sérios efeitos colaterais, incluindo fadiga, tontura, insônia, náusea, depressão, perda da libido, impotência e resfriamento das extremidades. Igualmente preocupante, os betabloqueadores podem elevar os níveis de triglicérides e diminuir o HDL colesterol no sangue. Quando isso acontece, esses pacientes recebem outro medicamento para controlar esses efeitos colaterais.

---

[40] Circulation Supplement II, Circulation 2002 Nov; 106(19): Preliminary Abstract 1494.(Weil, A.,"The Cholestin Controversy," Self Healing 1999, Aug. P. 8)

O problema com os remédios para o coração

Em pessoas com insuficiência cardíaca congestiva, os betabloqueadores podem realmente piorar o problema.

Embora pareça uma boa idéia parar de tomar betabloqueadores, é vitalmente importante livrar-se deles cuidadosa e gradualmente *sob a supervisão do seu médico*. Você pode ter sérios problemas se parar subitamente de tomar betabloqueadores. A reação ocorre porque seu corpo responde ao bloqueio desses receptores fazendo mais deles. A reação do corpo causa um maior efeito vasoconstritor do que o que você tinha antes de começar com a droga. Isso causa alta pressão sangüínea, dor no peito, palpitações e ansiedade mesmo que você não tivesse nenhum desses sintomas antes de começar com o remédio.

Os gigantes das drogas lutam para colocar suplementos seguros fora do mercado americano

Se você acredita em contos da carochinha, as indústrias de medicamento são organizações benevolentes que trabalham incansavelmente para produzir remédios que melhorem a saúde e o bem-estar de toda a humanidade. Não seja ingênuo. As companhias farmacêuticas fazem qualquer coisa para manipular o mercado em favor dos seus produtos.

Considere o comércio da levedura de arroz, um produto feito com a fermentação do arroz vermelho. Os povos da China usaram esse remédio por centenas de anos e em abril de 1998, a Faculdade de Medicina de Los Angeles da Universidade da Califórnia publicou um estudo mostrando que a levedura de arroz baixava significativamente os níveis de colesterol.

Nos Estados Unidos, uma pequena companhia chamada Pharmanex vendeu levedura de arroz como um suplemento nutricional para reduzir o colesterol chamado Cholestin. Eles tinham acumulado 13 estudos mostrando que ela baixava o colesterol quase sem efeitos colaterais. A Merck, fabricante da droga Mevacor, prescrita para baixar o colesterol, não gostou da competição. A Merck acusou a Pharmanex de violar sua patente, reclamando que a levedura de arroz continha o mesmo componente do Mevacor.

De acordo com caras análises químicas, os componentes ativos eram similares, mas não idênticos. Além disso, o ingrediente ativo do Cholestin (mevinolin) ocorre naturalmente, enquanto que o ingrediente ativo do Mevacor (lovastatina) é produzido em laboratório[41]. Desde que a lei criou as patentes para proteger as novas invenções e não o trabalho da natureza, o juiz do caso reconheceu que a similaridade dos produtos não ameaçava a patente do Mevacor. O ingrediente ativo na levedura de arroz ocorreu naturalmente antes de o Mevacor ser desenvolvido. Conseqüentemente, o juiz julgou que a Merck não podia interferir com as vendas do Cholestin. Ponto para os mocinhos. Mas a Merck, com os bilhões de dólares das vendas de Mevacor e outras drogas em jogo, apelou — e perdeu. Então apelaram outra vez — e perderam. Depois da terceira apelação e da terceira negativa, outro juiz advertiu a Merck para parar de ameaçar as companhias menores e tentar colocá-las fora do mercado por meios legais.

Infortunadamente, a Merck manobrou para conseguir outra corte distrital para ouvir o caso pela quarta vez. Em março de 2001, a corte distrital dos Estados Unidos decidiu que o Cholestin continha o mesmo ingrediente ativo do Mevacor, determinando que os distribuidores não podiam mais vender o Cholestin nos Estados Unidos. A Food and Drug Administration reforçou a proibição, e enviou cartas ameaçadoras aos fabricantes de suplementos. Como resultado desse escândalo, a levedura de arroz foi banida do mercado americano embora ainda possa ser encontrada em algumas lojas de comida natural e pela Internet.

---

[41] Weil Andrew, "The Cholestin Controversy," Self Healing 1999, Aug. p. 8.

Tome cuidado especial à medida que envelhece

Quando você envelhece, sua habilidade de tolerar remédios diminui. Uma medicação que você vem tomando há anos sem problemas pode, eventualmente, envenená-lo quando seu corpo se torna menos capaz de lidar com ela. Com toda e qualquer medicação, seu fígado deve metabolizá-la e seus rins devem eliminá-la. A dosagem das drogas é baseada, em parte, na habilidade do organismo em remover seguramente seus resíduos tóxicos. Quando você se torna mais velho, seu fígado e seus rins se tornam mais lentos e mais ineficientes para processar as drogas. Se você elimina menos e ainda toma a mesma quantidade, o medicamento se acumula no seu organismo, levando potencialmente a uma superdosagem.

Sintomas de superdosagem freqüentemente aparecem como fadiga, confusão, tontura, fraqueza, perda de memória, perda de equilíbrio, impotência e constipação — todos sintomas que os médicos atribuem ao fato de você estar simplesmente envelhecendo. O problema está muito disseminado. Pesquisadores da Escola Médica de Harvard revisaram os prontuários médicos de 6.171 pacientes acima de 65 anos e descobriram que 23,5% deles estavam tomando drogas em dosagens inseguras para idosos[42].

É vitalmente importante proteger-se da superdosagem. Uma vez mais é necessário ter uma boa comunicação com seu médico. Aqui estão algumas perguntas importantes a fazer a ele sobre a sua medicação:
- O que se espera que essa medicação faça?
- Quais as alternativas para essa medicação?
- A dose que estou tomando está adequada para a minha idade? Ao meu peso e altura?

---

[42] Willcox SM, Himmelstein DU and Woolhandler S. Inappropriate drug prescribing for the community dwelling elderly. *Journal of the American Medical Association.* 1994 Jul 27; 272(4):292-296.

- Por quanto tempo é seguro tomar esse medicamento?
- Quais são os possíveis efeitos colaterais dessa medicação?
- Quais os sintomas de superdosagem?
- Esse remédio interfere com outras medicações?
- Existe alguma precaução especial ao se tomar essa medicação?

Esteja certo de escrever qualquer informação relevante sobre o remédio, especialmente se você está tomando mais de uma medicação ao mesmo tempo. Deixe seu médico saber se você perdeu ou ganhou peso porque o peso corporal pode ter um impacto na dose requerida do remédio.

Se acha que pode estar sendo medicado em excesso, converse com seu médico sobre sua preocupação. Em muitos casos, seu médico pode pedir exames que determinam se seu fígado ou rins estão sendo sobrecarregados ou se a medicação está causando efeitos colaterais indesejados. Não se envergonhe de pedir a seu médico pelos exames, é um método prudente que pode permitir a você descobrir se seu corpo está lidando bem com a medicação antes que se acumulem perigosos efeitos colaterais.

5

AVALIANDO A SUA SAÚDE CARDÍACA

Você provavelmente conhece muito pouco sobre a condição do seu coração. Seu médico pode ter pedido exames para determinar certos distúrbios cardíacos, mas esses testes-padrão dão pouca informação sobre capacidade, vitalidade e força do seu coração.

Por sorte, existem testes que podem ajudá-lo a avaliar sua saúde cardiovascular. Quando terminar de ler este capítulo, saberá como usar exames de sangue e outros marcadores para avaliar sua saúde cardiovascular. Esses testes fazem mais do que dizer se seu coração é normal ou doente; eles o ajudarão a quantificar sua saúde cardíaca global. Eles mostrarão onde você está agindo bem e o que precisa ser melhorado. Você poderá usar esses mesmos testes para medir o próprio progresso em seu programa de melhoramento cardíaco.

Esses exames são fáceis e baratos, embora a maior parte dos médicos não os utilize rotineiramente. Não se acanhe de pedir por eles. Com muitos médicos, você precisa ser seu próprio advogado da saúde. Muitos novos pacientes do Centro para Saúde e Bem-Estar que não tinham sinais óbvios de doença cardíaca descobriram que tinham problemas cardiovasculares ocultos como resultado de testes mais específicos, algumas vezes depois de exames cardiológicos lhes terem dado um diagnóstico de *nada consta*. Igualmente importante: a muitas pessoas que sabiam ter doença cardíaca lhes tinha sido dito que eles não poderiam prever recorrências.

Você pode prevenir doença cardíaca e derrames

Os médicos tradicionais não sabiam o que fazer com Edward N. Sua história confundiu os especialistas. Ele veio pela primeira vez ao Centro para Saúde e Bem-Estar há cerca de 10 anos, andando com uma bengala e falando enrolado depois de sofrer dois derrames. Isso não é incomum; 50% das pessoas que sofrem um derrame têm outro dentro de dois anos. O que era incomum era o fato de Ed ter tido um derrame. Ele não tinha nenhum dos fatores de risco tradicionais.

Ed não fumava, não bebia e seu colesterol estava abaixo de 150. Com 70 kg de peso, não estava gordo. De fato, ele era magro, elegante e musculoso. Ele tinha uns ombros largos tipo Popeye, devido ao seu trabalho como construtor de telhados, e tinha somente 48 anos.

O primeiro derrame de Ed veio sem aviso. Ele estava dirigindo do trabalho para casa quando subitamente sentiu-se tonto e teve problemas para lembrar como dirigir seu caminhão. Ele chegou em casa, mas descobriu que não podia falar. Sua esposa levou-o ao pronto-socorro, onde uma ressonância magnética em seu cérebro detectou um coágulo sangüíneo bloqueando uma artéria que supria sangue para o lado de seu cérebro usado para linguagem.

Derrames são lesões na anatomia do cérebro. Durante um derrame, uma área do cérebro morre por falta de oxigênio. Você pode dizer que área do cérebro foi afetada pelas dificuldades que o sobrevivente do derrame desenvolve. Ed tinha uma expressiva afasia. Podia entender a linguagem que ouvia, mas não podia falar. Um ano após seu primeiro derrame, ainda havia ocasiões em que não podia achar a palavra apropriada para coisas simples, mas havia recuperado muito da sua habilidade de comunicação. O segundo derrame de Ed foi mais devastador como geralmente acontece. Desta vez o coágulo sangüíneo afetou uma área na parte de trás do seu cérebro que controla a coordenação motora e o equilíbrio. Após meses de fisioterapia, ele pôde andar outra vez, mas estava visivelmente trêmulo. Seu médico disse-lhe que nunca seria capaz de subir uma escada novamente. Cada especialista que Ed procurava dizia-lhe que não havia razão para os dois derrames e ele aceitou isso.

A razão de Ed para deixar seus médicos e vir ao Centro para Saúde e Bem-Estar foi algo mais que estes lhe disseram. Disseram-lhe que, estatisticamente, ele tinha uma possibilidade de 80% de ter um terceiro derrame ainda pior.

Ed ficou agradavelmente surpreso ao descobrir que a abordagem do Centro para Saúde e Bem-Estar era diferente. Ele foi perguntado sobre coisas que mostraram fatores de risco que seus médicos haviam ignorado. O pessoal do Centro disse-lhe para checar novos marcadores em seu sangue para responder por que ele estava tendo derrames.

Quando os resultados de laboratório chegaram, uma resposta ficou imediatamente óbvia. Um número saltou aos olhos; o nível de homocisteína de Ed era de 26, o mais alto já visto no Centro para Saúde e Bem-Estar. A homocisteína é o mais importante fator de risco para derrame. Em um estudo de pessoas que tinham tido um derrame, mas nenhum outro fator de risco, 90% tinham elevados níveis de homocisteína. E incrivelmente, nenhuma vez o nível de homocisteína de Ed havia sido checado. Esta não é uma exceção. De todos os pacientes cardíacos do Centro apenas alguns deles tiveram seus níveis de homocisteína checados antes.

Testes para dar a você opções agora

Quando as pessoas ouvem histórias como a de Ed, sempre perguntam: "Bem, se isso é verdade, por que os outros médicos não checam a homocisteína também?". Não existe uma explicação sobre o motivo de os médicos omitirem certos passos e medições, mas isso freqüentemente ocorre.

Talvez a história seguinte possa nos dar alguma luz. Uma mulher de 66 anos veio ao Centro para Saúde e Bem-Estar de Nova York após ter sofrido um derrame. Como no caso de Ed, os médicos dela disseram "não existir uma razão" para o seu derrame. Ela não estava gorda, não fumava e tinha colesterol baixo (mesmo assim seus médicos lhe disseram para tomar remédios anticolesterol). Depois de ter sido examinada e seu prontuário revisado, foi-lhe dito que algumas outras coisas em seu sangue precisariam ser checadas que ainda não o haviam sido antes, incluindo a homocisteína.

Ela contou ao neurologista dela sobre esse plano e ele perguntou a ela: "Por que eles querem checar sua homocisteína? Mesmo que ela esteja elevada, não existe uma droga para baixá-la". Aparentemente, segundo o ponto de vista desse neurologista, não ter uma droga era igual a não se ter nenhuma solução.

A verdade simples é que nenhuma droga é necessária! É fácil baixar a homocisteína confiável e eficientemente com suplementos nutricionais baratos e seguros disponíveis em lojas de alimentos.

Testes de sangue efetivos para a saúde cardiovascular

Existem muitos exemplos similares em que médicos ignoram certas opções de tratamento simplesmente porque "nós não temos um remédio para isso". Parece que os médicos automaticamente usam os exames de sangue só para determinar quais remédios prescrever.

Muitos ignoram completamente a mensuração dos nutrientes no corpo. Uma mudança fundamental na maneira em que os médicos tradicionais vêem o propósito dos exames de laboratório pode ser necessária antes que possam usar diagnósticos nutricionais e soluções nutricionais para ajudar seus pacientes a conseguir e manter a saúde.

Você pode aprender muito sobre seu coração e vasos sangüíneos examinando seu sangue. Os seguintes exames de sangue lhe darão um retrato preciso de sua saúde cardiovascular:

- Homocisteína
- Proteína C-reativa
- CoQ10
- Insulina
- VAP Colesterol

Anormalidades nesses testes estão relacionadas à doença cardíaca e você pode usá-los para detectar problemas do coração que ainda não sabe se tem. Mas eles fazem também algo mais — eles avaliam sua saúde cardíaca. Cada teste fornece uma peça do quebra-cabeça. Tomados em conjunto, dão uma excelente medida de quão saudável está seu sistema cardiovascular. Você pode então usá-los para tomar a iniciativa de se mover da doença para um excelente nível de saúde cardíaca, vigor e vitalidade.

Baixando a homocisteína naturalmente

A homocisteína era o vilão oculto na história de Edward N. que causava seus derrames. Muitos pacientes e muitos médicos nunca ouviram falar da homocisteína. Para descobrir mais sobre esse sinistro e desconhecido assassino, vamos dar uma olhada num processo chamado oxidação.

A oxidação é o processo que gera energia. Existem exemplos de oxidação em toda parte. Em física, o fogo é uma oxidação rápida, enquanto que a ferrugem é uma forma de oxidação lenta. Em biologia, a oxidação é o "agente" do metabolismo — o processo de queimar energia como combustível para as atividades corporais. Mas do mesmo modo que fora do seu corpo, a oxidação dentro do seu corpo tem conseqüências. Sem controle, ela inflama e danifica os tecidos à sua volta. Por sorte, a natureza tem a solução.

Você nasceu com sistemas antioxidantes extensivos que previnem o fogo da oxidação de se espalhar e danificar as delicadas estruturas adjacentes. Você provavelmente ouviu falar de muitos desses antioxidantes, como a vitamina C, a vitamina E, os carotenóides e a coenzima Q10.

A homocisteína é um aminoácido que o seu corpo produz naturalmente durante o metabolismo normal. É o produto final da oxidação em seu organismo. Isso é importante porque distingue a homocisteína de todas as outras avaliações de risco. Porque ela se acumula durante a oxidação, sua mensuração é uma medida da saúde dos seus sistemas antioxidantes.

Os antioxidantes previnem a homocisteína de se acumular no corpo. Em outras palavras, os níveis de homocisteína indicam quão eficientes estão seus sistemas antioxidantes. Se o seu nível de homocisteína é alto, isso significa que o fogo da oxidação está superando a ação dos seus antioxidantes e danificando seu coração e vasos sangüíneos. A homocisteína é uma excelente medida da saúde de seus antioxidantes, bem como um verdadeiro indicador de inflamação cardiovascular.

Em níveis baixos, seu corpo pode lidar com a homocisteína, mas quando os níveis sobem acima da taxa normal, ela danifica suas artérias. A homocisteína também aumenta a formação da placa arterial e torna as plaquetas de seu sangue mais pegajosas. Isso aumenta o risco de formação de coágulos sangüíneos, que causam ataque cardíaco, derrame e embolia pulmonar.

Alguns estudos demonstraram a relação entre um alto nível de homocisteína e o ataque do coração e o derrame. Por exemplo, o

Physician's Health Study concluiu que os participantes com altos níveis de homocisteína tinham três vezes mais chance de ter um ataque cardíaco[43].

Uma das maiores causas de elevados níveis de homocisteína é a deficiência de vitaminas do grupo B. Fatores adicionais que podem elevar os níveis de homocisteína numa pessoa incluem:

- Histórico familiar de homocisteína elevada
- Idade (o nível de homocisteína aumenta com a idade)
- Sexo (os níveis de homocisteína são mais elevados em homens do que em mulheres)
- Doença renal (os níveis de homocisteína sobem quando os rins falham em filtrá-la adequadamente)
- Uso de medicação (os níveis de homocisteína aumentam com o uso de certas drogas, como a fenitoína, metotrexato, ciclosporina, levodopa, teofilina, niacina e colestiramina)
- Hipotiroidismo
- Alcoolismo
- Doença intestinal inflamatória
- Menopausa
- Hipertensão
- Tabagismo
- Homocisteinúria (uma condição genética na qual altos níveis de homocisteína são excretados na urina)

Agora, as boas notícias: manter sob controle os níveis de homocisteína é muito fácil. Tudo que você precisa fazer é consumir quantidades adequadas de vitaminas B2, B6, B12 e folatos. O corpo usa essas vitaminas do grupo B para metabolizar a homocisteína e

---

[43] Stamper M et al. A prospective study of plasma homocysteine and the risk of myocardial infarction in US physicians. *Journal of the American Medical Association*.1992 Aug 19;268(7):877-881.

transformá-la num aminoácido menos perigoso. Muitos adultos não consomem suficiente vitamina B em sua dieta. As doses recomendadas são de 25 miligramas de vitamina B2, 25 miligramas de vitamina B6, 500 microgramas de B12 e 800 microgramas de folatos.

- **Nível de manutenção.** Um simples exame de sangue pode avaliar a quantidade de homocisteína em seu corpo. Um nível ótimo é de menos de 8 mmol/l. (Nota: você pode tomar com segurança os suplementos de vitamina recomendados antes de checar seus níveis de homocisteína.) Quer saber mais sobre a homocisteína e a inflamação? Leia o capítulo 11, *Personalize sua cura do coração.*

Mantenha seu nível de homocisteína abaixo de 8 mmol/l.

Faça exame de proteína C-reativa anualmente

A proteína C-reativa (CRP) é um indicativo muito eficiente de doença do coração. Quando o corpo sofre uma inflamação aguda, lesão ou infecção em algum lugar (incluindo as artérias), o fígado libera CRP. Normalmente, o sangue não tem proteína C-reativa. Conseqüentemente, sua presença indica um problema em algum lugar do corpo.

Exames de proteína C-reativa têm sido feitos nos últimos 30 anos, mas têm sido usados como um marcador de alterações *fim de vida* quando o corpo começa a falhar antes da morte. Hoje, os testes de sangue são mais sensíveis e indicam sinais de inflamações crônicas menores. Nós podemos usar os modernos e ultra-sensíveis exames de CRP para detectar doença do coração. O *British Journal of Urology* publicou um estudo que examinou os níveis de CRP em quase 400 pessoas. Descobriram que aqueles em que os níveis de CRP alcançavam duas vezes o normal tinham mais de 150% de chances de sofrer um ataque cardíaco[44].

Níveis elevados de CRP também indicam ataques cardíacos potenciais anos antes de eles ocorrerem. Considere um estudo publicado no *New England Journal of Medicine* em 1997, que acompanhou mais de 22.000 homens como parte do Physician's Health Study em andamento. Quando esses homens se envolveram no estudo, estavam livres de doença do coração e forneceram amostras de seu sangue. Oito anos depois, 543 desses homens tiveram um ataque cardíaco, derrame ou coágulo sangüíneo numa artéria importante. Os pesquisadores compararam as amostras de sangue destes com os outros homens do estudo que não tiveram doença cardiovascular.

Homens com os mais elevados níveis de CRP tiveram duas vezes mais derrames e três vezes mais ataques cardíacos que aqueles com níveis normais. Tenha em mente que esses níveis elevados de CRP já estavam presentes no sangue deles seis a oito anos antes que o evento cardiovascular ocorresse[45].

Outros estudos descobriram uma relação similar entre a CRP e o ataque cardíaco em mulheres. Por exemplo, uma pesquisa feita no Brigham and Women's Hospital e na Harvard Medical School em Boston demonstrou que a CRP é uma forte referência de um futuro ataque cardíaco, mais ainda que o colesterol. Em um estudo, as mulheres com os mais altos níveis de CRP tinham 4,4 vezes mais risco de um ataque cardíaco do que as com os níveis mais baixos[46].

---

[44] Mendall M, et al. C-reactive protein and its relation to cardiovascular risk factor. *British Journal of Urology*. 1996; 312:1061-1065.
[45] Ridker PM et al. Inflammation, aspirin and the risk of cardiovascular disease in apparently healthy men. *New England Journal of Medicine*. 1997 Apr 3; 336(14):973-9.
[46] Ridker PM et al. C-reactive protein and other markers of inflammation in the redction of cardiovascular disease in women. *New England Journal of Medicine*. 2000 Mar 23;342:836-43.

Níveis elevados de CRP também indicam problemas médicos adicionais, como artrite reumatóide, febre reumática, câncer, tuberculose ou pneumonia. Além disso, a CRP pode ser uma excelente ferramenta para avaliar futuros problemas cardiovasculares.

> Peça a seu médico para testar seu nível de CRP como parte do seu exame físico anual.

- **Nível de manutenção.** Em se tratando de níveis de proteína C-reativa, menos é melhor. Pessoas saudáveis têm abaixo de 1 unidade; índices acima de 4 unidades indicam sinais de doença do coração. Os níveis podem alcançar 20 ou mais unidades quando o corpo se aproxima da morte.

> Consiga um nível ótimo de proteína C-reativa abaixo de 1 unidade.

Otimize os níveis de CoQ10 naturalmente para um coração saudável

A CoQ10 fornece energia para o seu coração e outros órgãos importantes. Se seu coração não conta com CoQ10 suficiente, torna-se menos eficiente, e isso pode levar a problemas cardíacos, incluindo a insuficiência cardíaca congestiva.

Um simples exame de sangue revela seu nível de CoQ10. Muitos americanos não obtêm quantidades ótimas de CoQ10 de suas dietas. Monitorando seu nível de CoQ10, seu médico pode ajudá-lo a ajustar a dose necessária. Leia o capítulo 9, *Dê ao seu coração os quatro nutrientes que ele precisa*, para descobrir mais sobre quais suplementos tomar para uma ótima saúde cardíaca.

- **Nível de manutenção.** Valores normais para CoQ10 são de 0,8 a 1,5 nanogramas por milímetro. Muitos laboratórios mostram as duas variações normais (seu nível de CoQ10 comparado ao nível da população em geral) bem como as variações terapêuticas (a CoQ10 necessária para tratar doenças). O nível de CoQ10 terapeuticamente recomendado deve ser entre 2,5 a 3,5 ng/ml. Não são conhecidos efeitos colaterais de níveis elevados de CoQ10.

> Mantenha níveis terapêuticos de CoQ10 de 2,5 a 3,5 ng/ml.

Monitore a insulina para prevenir doença do coração

Problemas com insulina são uma das principais causas de doença cardíaca nos Estados Unidos, e os médicos fazem pouco para educar seus pacientes sobre isso. Seu pâncreas produz insulina para regular os níveis de glicose (açúcar) no sangue, que se elevam após você comer carboidratos. Isso também estimula a armazenagem de triglicérides e proteínas. Então a insulina avisa as células para absorver glicose da corrente sangüínea, energizando-as e controlando os níveis de glicose no sangue. Tão logo você utilize seu açúcar no sangue, seu fígado começa a armazenar glicose para manter um suprimento de energia constante.

A insulina torna o corpo mais relutante em queimar gordura. Encoraja o corpo a armazenar gordura extra, especialmente em volta da cintura. Isso rouba energia do corpo por diminuir a queima de gordura para a produção de energia. Olhando por outro ângulo, isso torna você gordo e cansado.

Se você tem resistência a insulina (uma condição comum entre os obesos), seus tecidos se tornam menos sensíveis à insulina. Suas células não consomem glicose suficiente, significando que seu pâncreas deve trabalhar mais para produzir insulina extra a fim de obter os mesmos resultados. Com o tempo, seu pâncreas fica cansado e pára de produzir suficiente insulina. Isso causa níveis de glicose anormalmente altos no sangue. Quando isso ocorre, você pode ser diagnosticado como portador do diabetes tipo II, o diabetes de adulto. Muitas pessoas mostram sinais de insulino-resistência algum tempo antes de seu diabetes ser diagnosticado.

Fatores genéticos e de estilo de vida contribuem para a insulino-resistência e o diabetes. Quanto mais longe do peso ideal você estiver mais difícil é para o seu corpo controlar seus níveis de glicose. Além disso, a falta de exercícios contribui para os problemas com a insulina. Quando você se exercita regularmente, as células musculares podem lidar mais efetivamente com a insulina e a glicose. Quanto menos ativo você é e quanto menos tecido muscular possui, mais difícil é para o seu corpo limpar a glicose do seu sangue.

Os genes também têm um papel aí. Diabetes e insulino-resistência são mais comuns em nativos norte-americanos, ilhéus do Pacífico e outras pessoas de ascendência asiática do que entre os descendentes de europeus. Genética não é destino; muitas pessoas com predisposições genéticas à insulino-resistência podem vencer a condição mantendo-se magras, exercitando-se regularmente e comendo direito.

Insulino-resistência não é só um problema de açúcar no sangue. Também está relacionada com uma variedade de outros problemas de saúde, incluindo doença do coração, pressão alta, altos níveis de triglicérides e baixo HDL (bom) colesterol, entre outros. Poucos médicos avaliam a importância da insulina em problemas além do diabetes.

Os médicos podem medir sua insulina com um simples exame de sangue. É alarmante como poucos médicos realmente fazem isso.

- **Nível de manutenção.** Muitos laboratórios consideram normais quando os níveis de insulina estão entre 7 e 17 mcU/ml (microunidades por milímetro); um escore mais saudável é de

10 mcU/ml ou menos. Muitas pessoas saudáveis e magras que se exercitam regularmente têm taxas abaixo de 7 mcU/ml. Níveis altos freqüentemente significam diabetes, hipoglicemia ou obesidade; níveis mais baixos podem indicar diabetes também. Se você checar seu nível de insulina regularmente, poderá detectar e controlar o diabetes logo no início antes que ele cause dano cardiovascular. Se controlar a insulino-resistência e o diabetes é especialmente importante para você, esteja seguro de ler o capítulo 11 cuidadosamente.

> Mantenha sua insulina num nível saudável abaixo de 10 mcU/ml.

Detecte as anormalidades com o colesterol com o VAP colesterol

Pode surpreendê-lo saber que os índices de colesterol tradicionais são indicadores muito ruins de uma doença cardiovascular no começo. Muitas pessoas com colesterol alto nunca desenvolvem problemas de coração, e pelo menos metade das pessoas que têm ataques cardíacos aparenta ter níveis normais de colesterol.

É tempo de fazer um teste melhor e nós agora temos um: O VAP (Vertical Auto Profile) teste de colesterol. Além dos escores básicos (colesterol total, lipoproteínas de alta e baixa densidade e triglicérides), o VAP inclui novas categorias de medição de colesterol. Esses dados extras fazem o teste mais efetivo em predizer um ataque cardíaco ou um derrame. Mesmo mais importante, o velho teste apenas abrange 45% dos problemas com colesterol, mas o VAP identifica cerca de 90% deles.

N.T. No Brasil, os laboratórios não têm um exame como o VAP. Mas as medições feitas pelo VAP colesterol poderão ser solicitadas ao laboratório como várias pesquisas em separado: Lipoproteína A, Apolipoproteínas, perfil lipídico e outras. Consulte seu médico.

Usando os dados do VAP, você pode determinar se seu colesterol é realmente perigoso ou se ele está presente em sua corrente sangüínea embora praticamente inofensivo em termos de desencadear um ataque cardíaco. Entre as mais importantes medições novas está o Lp (a), LDL tamanho-padrão, Síndrome Metabólica e frações lipídicas.

- **O Lp(a) prediz ataque cardíaco**

Pesquisas recentes mostraram que o tamanho das frações lipídicas, que são o veículo do colesterol, ou lipoproteínas em seu sangue, é mais importante que a quantidade de colesterol circulando em suas veias. Alguns tipos de partículas de colesterol tendem a permanecer dissolvidas em seu sangue (onde são inofensivas), enquanto que outras se fixam e causam as placas de colesterol (que estreitam as artérias e causam doença do coração). O tipo mais perigoso de lipoproteína é o conhecido como Lp(a).

Pesquisadores descobriram uma ligação estatisticamente importante entre as Lp(a) e os ataques cardíacos. Pesquisadores da Universidade de Pittsburgh alertam que altos níveis de LP(a) colesterol aumentam o risco de ataque cardíaco em 300%! Isso torna a Lp(a) um indicativo mais eficiente de ataque cardíaco do que os testes tradicionais de colesterol.

Se você tem altos níveis de colesterol Lp(a), pode estar vulnerável a coágulos arteriais e ataque cardíaco numa idade precoce, especialmente se o seu colesterol LDL for alto. Alguns especialistas culpam os níveis elevados de Lp(a) por 25% de todos os ataques cardíacos em pessoas abaixo de 60 anos; eles afirmam que 10% a 25% de todos os americanos têm níveis perigosamente altos de Lp(a).

Além disso, a pesquisa mostrou que partículas de lipoproteína menores também causam problemas. Elas tendem a se adensar e então se instalam como placas dentro das artérias estreitando-as mais facilmente que as partículas maiores e mais leves. O VAP fornece também a medida do tamanho das partículas.

• **Padrões de tamanho do LDL identificam riscos maiores**

O tamanho também importa no que se refere ao LDL ou às lipoproteínas "más" de que você ouviu falar. Mais uma vez: as partículas menores de LDL aumentam o risco de um ataque cardíaco. De fato, estudos descobriram que partículas pequenas de LDL podem aumentar o risco de ataque cardíaco em 400%[47].

Ironicamente, algumas das coisas que os médicos prescrevem para prevenir problemas cardiovasculares podem tornar as partículas do LDL menores e mais perigosas. Por exemplo, medicações como os betabloqueadores e os diuréticos podem fazer com que as partículas de LDL se tornem pequenas, densas e perigosas.

• **Reconheça a síndrome metabólica com o VAP**

A síndrome metabólica é uma condição marcada por altos níveis de triglicérides, um baixo HDL (bom) colesterol e perigosamente pequenas e densas partículas de LDL (mau) colesterol. Lamentavelmente, os médicos tradicionais raramente diagnosticam esse perigoso conjunto de sintomas efetivamente.

O teste VAP prontamente identifica pacientes com síndrome metabólica porque verifica todos os fatores de risco com um simples exame de sangue. Pessoas com síndrome metabólica podem não ter ainda doença cardiovascular, mas estão caminhando para isso a menos que melhorem seus perfis de colesterol. (Outra vez: você pode diminuir seu colesterol naturalmente — não tem de usar remédios na maioria dos casos. Leia o capítulo 11 para descobrir como baixar o colesterol naturalmente.)

---

[47] Crouse A, et al. *American Journal of Cardiology*. 1995;23 Suppl B: 53B.

• **Frações lipídicas criam placas de colesterol nas artérias**

Quando lipídios (gorduras) de baixa densidade são quebrados, produzem partículas ou frações lipídicas, que contribuem diretamente para a formação de placas nas artérias. Os testes tradicionais de colesterol não medem os níveis das partículas lipídicas, e os especialistas consideram-nas um fator de risco para o desenvolvimento de doença cardíaca. Afortunadamente, o VAP inclui a medição deste fator de risco.

Medir o nível total de colesterol dá a você apenas um retrato parcial. Como diz o Dr. Michael Hennigan, um especialista em testes lipídicos: "Precisamos saber que existem múltiplas variáveis e lidar com elas simultaneamente, para sermos bem-sucedidos[48]". Quando isso se refere à doença do coração, quanto mais você souber, melhor.

O VAP IDENTIFICA 90% DAS ANORMALIDADES COM O COLESTEROL

A tabela seguinte compara as medições tradicionais com as utilizadas no novo método VAP

Perfil	Teste tradicional	Teste VAP
Colesterol total	+	+
HDL	+	+
LDL (medido diretamente)	+	+
Triglicérides	+	+
Colesterol não-HDL	–	+
Síndrome metabólica	–	+
Lp(a)	–	+
Tamanho padrão do LDL	–	+
Frações lipídicas	–	+

---

[48] Quote from Michael Hennigan, M.D. Expanded Lipid Testing for the Diagnosis and Treatment of Coronary Artery Disease, *Atherotech*:2002;p.17.

Como a tabela mostra, os exames tradicionais de colesterol freqüentemente passam por cima de riscos quando os níveis de colesterol aparentam-se normais. De fato, os velhos testes detectam apenas 45% de anormalidades com o colesterol enquanto que o VAP detecta 90% delas.

O VAP é mais crucial agora com as novas diretrizes para o controle do colesterol estabelecidas pelo Programa Nacional de Educação do Colesterol. As diretrizes tratam de um papel mais agressivo em diagnosticar e tratar os altos níveis de colesterol. O uso do VAP pode ser útil para a detecção precoce de doença do coração, mas as novas diretrizes podem não ser. Médicos seguindo as novas diretrizes prescreverão as perigosas drogas para reduzir o colesterol para mais alguns milhões de americanos sem lhes dizer a respeito das alternativas seguras dos remédios. Existem opções de tratamento menos perigosas e mais efetivas. Muitas prescrições de drogas seriam mais bem reservadas para situações temporárias ou de emergência.

Seu médico pode pedir cada um desses testes de sangue quando do seu *check-up* anual. Se você tem problemas cardiovasculares, pode repetir os testes duas vezes por ano para monitorar sua condição. Quanto mais depressa você medir a saúde do seu coração, mais depressa poderá tomar medidas para melhorar problemas potenciais.

- **Níveis de manutenção.** Os dados do VAP teste de colesterol não são um simples número, mas vêm com duas a três páginas de explicação dos resultados do teste.

OS RESULTADOS DO SEU LABORATÓRIO SÃO PRECISOS?

Todo mundo comete erros, mesmo técnicos de laboratório lidando com exames. Alguns erros são fáceis de descobrir. Por exemplo, quando um laboratório reporta um nível de testosterona numa paciente menopáusica como o de um jovem homem viril, lógico que a gente suspeita de alguma coisa errada com o laboratório. A repetição do exame mostrou um resultado bem mais razoável. Infelizmente, profissionais de saúde freqüentemente falham em detectar esses erros.

Muitos erros envolvem erros de transcrição. Um funcionário de laboratório pode cometer um erro transferindo informação. Para a maioria, procedimentos de controle de qualidade asseguram que as medições do laboratório sejam precisas e confiáveis a maior parte do tempo.

Existem medidas que você pode tomar para proteger-se:

- Questione resultados que não pareçam usuais. Peça a seu médico para repetir o exame.
- Compare seus resultados com outros resultados feitos na mesma época. Na maior parte do tempo seu médico pede vários exames de uma vez. Se um dos resultados parece estranho, peça um exame de confirmação.
- Não tome decisões médicas importantes por causa de um simples resultado anormal de exames.

Acautele-se com médicos que se recusam a repetir exames com alterações atípicas, anormais ou dramáticas.

Existe outra maneira de conferir seus resultados de exame. Quando tiver seus resultados de exames, peça também um teste comum de laboratório chamado hemograma completo. Ele é um painel de cerca de 25 mensurações de células em seu sangue. Muitas dessas medidas envolvem uma análise detalhada de tamanho, formato, densidade e variabilidade das células vermelhas do sangue. Esses parâmetros fornecem um marcador praticamente único de seu sangue e não mudam muito através do tempo. Se o seu médico pede esse teste com seus outros exames, pode assegurar-se de que a amostra testada com o seu nome realmente pertence a você.

Detecte doença do coração precocemente com a tomografia computadorizada

A tomografia computadorizada permite aos médicos tirar um retrato dos órgãos dos pacientes sem precisar olhar dentro deles. A última geração dessas máquinas usa tomografia por emissão de elétrons, uma máquina que emite um simples elétron radiante a uma velocidade 10 vezes mais rápida que os raios X usados nas tomografias tradicionais. De fato, o elétron radiante é tão rápido que pode capturar imagens do coração humano enquanto ele bate. Este exame não-invasivo é capaz de produzir imagens mostrando depósitos de cálcio e bloqueios nas artérias.

Os médicos podem usar esse exame para detectar a doença do coração precocemente. É indolor e o procedimento todo dura somente cerca de 10 minutos. O processo é similar a um raio X do corpo. Um radiologista interpreta as imagens congeladas para determinar a quantidade de placas nas artérias.

O exame tem uma limitação: ele detecta somente placas calcificadas e não as placas não-calcificadas ou as chamadas placas macias. O alto índice de cálcio no exame prediz a ocorrência de eventos cardíacos. Em muitos casos, um índice suspeito indica a necessidade de outros testes.

Embora os marcadores de sangue e outras medições tradicionais discutidas neste capítulo forneçam uma excelente indicação de doença cardíaca, uma tomografia como essa pode valer a pena em pacientes que queiram verificar a presença real de um bloqueio arterial.

Cheque também esta importante medida de saúde

Além dos exames de sangue acima, você pode avaliar uma importante medida de saúde por si mesmo: sua composição corporal.

Seu médico pode também coletar essas avaliações de saúde como parte de seu exame de rotina a cada ano.

Três maneiras de medir a composição corporal

De acordo com as mensurações usadas pela maior parte dos médicos, o Índice de Massa Corporal, Arnold Schwarzenegger e Samy Sosa seriam obesos e Brad Pitt e Michael Jordan seriam gordos. Não faz sentido, faz?

Como você pode ver, o largamente utilizado Índice de Massa Corporal (IMC) pode ser grosseiramente enganador. O problema é que o IMC usa simples tabela de relação peso/altura que não diferencia entre músculo e gordura. E, desde que músculos pesam mais que gordura, uma pessoa musculosa teria um IMC mais alto. Seu peso pode estar de acordo com as tabelas peso/altura, mas você pode ser gordo se não tiver músculo suficiente. Ou, por outro lado, se você tem um monte de músculos, pode cair na categoria dos gordos, mesmo se você for magro e rijo.

Para medições significativas, você precisa determinar a taxa de gordura nos tecidos magros. É claro que se pode dar uma olhada num espelho e ter uma boa idéia se precisa ou não perder peso, mas pode ser útil ainda obter uma medida objetiva. Você pode usar essa medida para acompanhar seus progressos.

Você pode medir a composição corporal de várias maneiras. As três mais populares são:

- **O teste da dobra de pele.** Esse teste envolve medir a espessura da pele e da gordura em alguns pontos-chave do seu corpo usando um equipamento chamado calibrador. É simples, rápido e fornece uma medida acurada da gordura corporal. Você poderá obter calibradores em lojas de equipamentos para exercícios ou através da Internet.

- **Medida de circunferência.** Essa nos dá uma grosseira mas útil aproximação da composição corporal baseada nas medidas da sua cintura e dos seus quadris. Tudo que você precisa fazer é medir a sua cintura (no ponto mais estreito) e seus quadris (no ponto mais largo) usando uma fita métrica. Sua cintura deve medir menos de 2,5 cm que seus quadris.
- **Impedância Elétrica.** Esta técnica calcula a gordura corporal baseada em quão bem seu corpo conduz eletricidade. (Tecidos com base em água são bons condutores de energia enquanto que tecidos gordurosos são isolantes.) Esse exame não é sempre muito preciso, mas pode ajudar você a avaliar as alterações na composição do seu corpo através do tempo. Se você se pesar e medir sua gordura corporal na mesma hora do dia, pode ter uma idéia razoável de como a sua composição corporal vai mudando.

Não meça sua composição corporal mais do que uma vez a cada duas semanas. Uma variação saudável de gordura corporal em homens é de 10% a 20%; para mulheres de 15% a 25%. Para a maior parte das pessoas quanto mais magro, melhor.

A RELAÇÃO CINTURA/QUADRIL INDICA O RISCO DE ATAQUE DO CORAÇÃO

A medida da sua cintura pode ajudar a predizer se você está em risco de ter um ataque cardíaco. Um estudo no *American Journal of Clinical Nutrition* descobriu que o risco começa a aumentar quando sua cintura é maior que 90 cm se você é mulher e 99 cm se você é homem.

Onde seu corpo armazena os centímetros extras também é importante. "Maçãs" — pessoas que têm maiores medidas de gordura abdominal — têm um risco maior que "Pêras" —, aqueles que têm quadris e coxas mais pesados. De fato, estudos mostram que a circunferência da cintura e a relação cintura/quadril são fatores de risco independentes para a doença do coração. Por quê? Porque a gordura abdominal se quebra mais facilmente em ácidos graxos que entram na corrente sangüínea e aumentam perigosamente os níveis de triglicérides.

Se você não tem certeza se é uma maçã ou uma pêra, pegue numa fita métrica e meça sua cintura e seus quadris. Divida a medida da sua cintura pela medida dos seus quadris. Por exemplo, se os seus quadris tem 94 cm e sua cintura 71 cm, sua relação cintura/quadril é de 0,75, que é normal (você é uma pêra). Por outro lado, se seus quadris tem 91 cm e sua cintura tem 94 cm, sua relação cintura/quadril é de 1,03 (você é uma maçã.) Uma relação saudável cintura/quadril para mulheres é menor que 0,8 e para homens menor que 0,95.

Use a pulsação para monitorar sua resposta cardíaca

Seu batimento cardíaco fornece uma medida importante de sua saúde cardiovascular. Você pode medir sua taxa cardíaca em qualquer lugar onde possa sentir seu pulso. Os dois lugares mais fáceis são a parte interna do punho e a artéria carótida no pescoço. Usando um cronômetro, conte sua pulsação por 10 segundos, então multiplique esse número por seis para obter o número de batidas por minuto.

Para medir a taxa de recuperação cardíaca. Desafie você mesmo fazendo alguns exercícios aeróbicos (pedalando ou usando uma esteira elétrica, por exemplo) por cinco minutos. Sem descansar, conte sua pulsação por 10 segundos. Multiplique este número por 6 para calcular seu batimento por minuto. Espere 2 minutos e então tome o pulso novamente. Subtraia este segundo número do primeiro e veja quanto baixou seu batimento.

As pessoas em geral baixam uns 55 batimentos (por exemplo, de 180 batimentos durante o pico do exercício para 125 dois minutos depois). As pessoas em melhores condições podem experimentar uma recuperação de 70 batimentos ou mais. Em termos gerais, quanto mais rápido você se recuperar dos exercícios (ou quanto maior o número de batidas diminuir), melhor o seu condicionamento físico e mais baixo seu risco de doença cardíaca.

Encontre o médico certo

Você deve isso a si mesmo, encontrar um médico que tenha uma abordagem compreensiva de prevenção e tratamento de doença cardíaca. Fuja de médicos que automaticamente prescrevem drogas para diminuir o colesterol. Procure por médicos que trabalhem com pacientes para desenvolver programas de exercício e que façam exames para avaliar sua saúde cardiovascular.

Pergunte a amigos e parentes sobre médicos que eles recomendem. Se você está se mudando para uma nova comunidade, peça a seu médico para indicar algum no seu novo domicílio. Cheque a lista de médicos do seu plano de saúde.

Associações médicas locais freqüentemente têm serviços de referências médicas. Alguns hospitais também fornecem nomes de médicos. Cheque as páginas amarelas de sua lista telefônica.

Faça estas perguntas para encontrar o médico que quer

É recomendável fazer algumas perguntas antes de escolher a pessoa que vai cuidar da sua saúde. Ligue e marque uma consulta para decidir se está confortável com o médico, o pessoal de apoio e as facilidades. Faça esse trabalho antes de tornar-se doente e necessitado de cuidados urgentes. Pense sobre as perguntas que quer fazer e escreva-as antes de ir. Você pode não se recordar de todas elas se confiar apenas em sua memória. Considere as seguintes questões:

- Você está aceitando novos pacientes?
- Você aceita meu plano de saúde?
- Há quanto tempo pratica a medicina?
- Trabalha sozinho ou é parte de uma equipe?
- Qual é a sua opinião sobre medicina preventiva?
- Qual a sua opinião sobre medicina alternativa?
- Você recomenda o uso de vitaminas e suplementos nutricionais?
- Poderia dar nomes de alguns dos seus pacientes para referências?

Perceba como você se sente enquanto conversa com um médico em perspectiva. Você sente que pode confiar nele? Ele ou ela responde satisfatoriamente a todas as suas perguntas? Você se sente à vontade? O médico tem um jeito de falar tranqüilo? O médico e o pessoal de apoio tratam você com cortesia? Você pode também querer perguntar sobre médicos a pessoas que você conheça e que tenham problemas cardiovasculares.

Cultive um bom relacionamento com seu médico. Uma comunicação aberta é essencial para um bom cuidado médico. Embora você possa obter informações de várias fontes, é uma boa idéia escolher um médico como a fonte principal. Este será o médico com que você se sentirá mais confortável para levar suas preocupações.

Não se acanhe em tomar notas para ajudá-lo a lembrar-se de tudo. Você pode também pedir a seu médico se pode gravar a conversa entre vocês para ouvi-la mais tarde. Se não entender um termo que seu médico mencione, peça uma explicação. Se não entender a explicação da primeira vez, pergunte de novo e se assegure de sentir-se confortável com a resposta.

PASSO 2

SEU PLANO PARA A SAÚDE DO CORAÇÃO

6

DESFRUTANDO COMIDA DE VERDADE OUTRA VEZ

Se quiser viver uma vida mais longa, saudável e feliz, coma todas as comidas naturais de que você gosta, incluindo bife, omeletes, salmão e lagosta. Sim, você pode tornar-se magro e saudável — melhorar seu perfil de colesterol, baixar sua pressão e reverter seu diabetes diminuindo o risco de um ataque cardíaco — comendo essas comidas fabulosas.

A filosofia básica do *Doutor* sobre comida é: coma a comida que aprecia em sua forma natural e não adulterada. Você pode comer carne vermelha, peixe, frango, laticínios, ovos, vegetais, frutas e nozes. Para um coração mais saudável, evite comida fabricada, como salgadinhos, batatas fritas, requeijões processados, carnes processadas e pão de fôrma. Simples assim. Quando você terminar de ler este capítulo, terá identificado uma larga variedade de comidas naturais que pode incluir na sua dieta do coração saudável.

Comece com os grupos de comida verdadeira

Você se lembra dos quatro grupos básicos de alimentos que aprendeu na escola? Se você esqueceu, não se preocupe. Eles não dizem nada sobre a sua dieta natural. Foram a tentativa dos nutricionistas de tornar sensata uma dieta inventada baseada em grãos e outras comidas processadas.

É mais simples e mais produtivo pensar no seu alimento de acordo com os macronutrientes que ele contém. Um macronutriente é um nutriente que você queima para obter energia. Existem três tipos básicos: proteínas, gorduras e carboidratos. Isso é verdadeiro se você estiver falando sobre a dieta moderna americana, a dos velhos moradores das cavernas ou da nutrição de astronautas numa estação espacial. Os macronutrientes são diferentes química e estruturalmente e cada um tem uma função e uma resposta hormonal. O tipo de macronutrientes que você come afeta seu metabolismo, *não importa o número de calorias que você consuma.*

Quando você come proteínas, seu corpo produz hormônios do crescimento que constroem músculos. Quando come carboidrato, seu corpo secreta insulina para digeri-lo e produz gordura. (Comer gordura tem pouco efeito no equilíbrio hormonal.) Comer proteína e carboidrato tem um efeito combinado ao longo do tempo. O músculo ou a gordura que você produz em resposta às proteínas e aos carboidratos em sua dieta, então, afetam seu metabolismo. Por exemplo, músculos estimulam a testosterona e o gasto de energia, enquanto a gordura estimula o estrógeno e a conservação de energia.

Criar um físico magro ao mesmo tempo que supera a moderna epidemia de doença cardíaca é mais fácil do que você possa pensar. Você cria um corpo magro e um coração saudável escolhendo a quantidade e a qualidade certa de proteínas e carboidratos. Para aqueles de nós que comem a típica dieta americana, isso significa aumentar o consumo de proteína, diminuir o de carboidratos e trocar as gorduras ruins pelas gorduras saudáveis.

Simplesmente volte para a mistura desses macronutrientes em sua dieta natural. Esse método estabelecerá as fundações para você estabilizar o peso e saúde com que nasceu para desfrutar. Você também irá aumentar sua energia e sua força enquanto perde gordura corporal. Uma vez tendo experimentado esse jeito de comer, você vai concordar que é muito mais agradável e fácil de seguir que a dieta de baixa gordura recomendada pela Associação Americana do Coração.

Três princípios fáceis para comer saudável

Você não precisa contar calorias ou gramas de gordura para obter um peso ideal e manter uma ótima saúde cardiovascular. Tudo que tem a fazer é comer a mesma quantidade e qualidade de proteínas, gorduras e carboidratos que tivemos por gerações. Como você fará isso? Começando por recordar estes três princípios fáceis:

- Princípio 1: Coma proteína em todas as refeições.
- Princípio 2: Limite a ingestão de carboidratos.
- Princípio 3: Coma gorduras naturais.

Quanto mais seguir esses princípios básicos, mais rápido obterá a saúde e o peso que você quer.

CUIDE-SE OBTENDO ESTES SETE BENEFÍCIOS DE SAÚDE.

Siga as recomendações dietéticas do *Doutor* para desfrutar estes benefícios para você e para sua família:

(1) **Alcance um peso saudável.**
(2) **Melhore sua saúde cardíaca.**
(3) **Melhore seu perfil de colesterol.** Um estudo recente sobre carne magra e colesterol prova que as pessoas que introduzem carne magra em sua dieta reduzem os níveis de colesterol. Não importa no caso se é carne branca ou ver-

melha. A pesquisa mostra que isso reduz o mau colesterol LDL e aumenta o bom colesterol HDL[49].

(4) **Reduza seu risco de ataque cardíaco limitando o consumo de açúcar refinado.** Um estudo surpreendente publicado em *The Lancet* prova os efeitos danosos do açúcar refinado. O estudo mostra que pessoas que comem 112 g de açúcar diariamente têm cinco vezes mais chances de ter um ataque cardíaco que alguém que coma apenas 56 g. A média americana de consumo de açúcar é de 140 g diários[50].

(5) **Reduza seu risco de desenvolver diabetes.** Muitos estudos provam que a dieta de baixo carboidrato minimiza os efeitos do diabetes. Um importante estudo analisou pacientes diabéticos por 8 semanas. Alguns dos pacientes comeram uma dieta com 55% de calorias provenientes de carboidratos (muito similar à dieta média americana). O outro grupo seguiu uma dieta com 25% de calorias vindas de carboidratos. O grupo que comeu a dieta de 25% experimentou uma queda significativa nos níveis de açúcar no sangue, enquanto que o que comeu 55% de carboidrato experimentou um aumento no nível de açúcar no sangue. Pessoas com diabetes que comem mais carboidratos pioram seu diabetes[51].

---

[49] Hunninghake DB, Maki KC, Kwiterovich PO Jr, et al. Incorporation of lead red meat into a National Cholesterol Education Program Step I diet: a long-term randomized clinical trial in free-living persons with hypercholesterolemia. *Journal of the American College of Nutrition*. 2000 Jun; 19(3):351-360.

[50] Yudkin J. et al. Sugar Consumption and Myocardial Infarction. *Lancet* 1972: 296-297.

[51] Gutierrez M, Akhavan M. Jovanovic L and Peterson CM. Utility of a short-term 25% carbohydrate diet on improving glycemic control in type 2 diabetes mellitus. *Journal of the American College of Nutrition*. 1998 Dec; 17(6):595-600.

(6) **Fortaleça seu sistema imunológico com uma dieta de alta-proteína.** Um estudo alemão publicado no *Journal of Nutrition* prova a importância de comer mais comida protéica. Os pesquisadores descobriram que dietas com alta proteína aumentam os níveis de antioxidantes. Quanto mais proteína uma pessoa come, mais altos os níveis de antioxidantes. Um baixo consumo de proteína realmente parece causar danos oxidativos como efeito dos radicais livres[52].

(7) **Evite certos cânceres.** Um relatório alarmante da Universidade de Estocolmo aumentou a preocupação acerca dos carboidratos processados. O relatório, publicado através da Administração Nacional Sueca de Alimentos em abril de 2002, descobriu agentes cancerígenos em pães, arroz, batatas e cereais. O amido se transforma num componente chamado acrilamida quando aquecido. A Agência Norte-Americana de Proteção Ambiental reconhece a acrilamida como um mortal carcinógeno[53]. Comer uma dieta de alto carboidrato pode contribuir para o crescimento de certos cânceres.

Princípio 1: Coma proteína em todas as refeições

A proteína é um dos três macronutrientes de que seu corpo necessita diariamente. Proteína de alta qualidade é a chave da boa

---

[52] Deming DM, Boileau AC, Lee CM and Erdman JW Jr. Amount of dietary fat and type of soluble fiber independently modulate postabsorptive conversion of betacarotene to vitamin A in Mongolian gerbils. *Journal of Nutrition*. 2000 Nov; 130(11):2789-2796.

[53] "Swedish Scientists Find Cancer Agent in Staple Foods." Reuters News. April 23, 2002.

nutrição e da saúde. Comer mais proteína que seu corpo necessita encontrar em sua demanda diária envia um sinal "o caçador é bom", que faz o corpo queimar mais carboidrato para gerar energia. Quando seu corpo não obtém proteína adequada, o organismo recebe o sinal de "comida é escassa" e começa a estocar calorias como gordura corporal para usar quando os tempos estiverem difíceis.

Peixe, carnes magras, ovos, queijo, leite orgânico, feijões e nozes são boas fontes de proteína. Coma o mais possível desses alimentos. Você pode comer esses alimentos até sentir-se satisfeito, mas deve escolhê-los em suas formas naturais. Siga essas diretrizes para selecionar fontes naturais e não-adulteradas de proteína de qualidade.

- **Escolha carne de frango e de animais criados naturalmente.** Procure por carne, laticínios e ovos orgânicos. Carne orgânica é aquela criada no pasto do nascimento ao mercado. Gado criado desse jeito consome uma dieta natural de ervas e legumes de sua própria escolha.

  Os termos *free roaming* e livre de hormônios levam freqüentemente a mal-entendidos. "Livre de hormônios" e "livre de antibióticos" somente garantem que a carne e o frango produzidos tinham níveis indetectáveis de hormônios e antibióticos quando abatidos ou processados. Isso não significa que o criador nunca injetou ou alimentou o animal com hormônios ou antibióticos durante sua vida.

  O termo *free range* significa que um animal tem acesso ao pasto livre por um período determinado pelo criador. Produtores de alimentos podem usar esse rótulo se eles abrirem uma porta para o pasto por apenas uns poucos minutos por dia mesmo que o animal não tenha sequer saído dali.

  Muitos criadores comerciais engordam seu gado tão rápido quanto possível alimentando-o com grãos baratos e misturas. Essas misturas podem incluir uma combinação repugnante de grãos, pesticidas, hormônios, antibióticos, cimento, cana, estrume de animal, papelão, casca de ostras, penas e restos de carne[54]. Sem brincadeira.

Não surpreendentemente, estudos descobriram que quanto mais pasto o gado come, mais nutritiva se torna sua carne[55]. Se você não consegue encontrar essa carne em seu supermercado local, compre carne de um fazendeiro.

> ### PROTEJA-SE CONTRA A AMEAÇA DA DOENÇA DA VACA LOUCA
>
> A doença da Vaca Louca é incurável e 100% fatal, mas é prevenível. A moderna indústria frigorífica criou condições que permitiram a disseminação da Encefalopatia Espongiforme Bovina (EEB) mais conhecida como doença da Vaca Louca. Seres humanos contraem a doença quando comem carne infectada. A doença já matou 143 pessoas na Grã-Bretanha e mais 10 pessoas em outros lugares.
>
> Quando a doença da Vaca Louca se espalhou pela Europa, autoridades da saúde americana insistiram que ela não chegaria aos Estados Unidos. Quando a doença alcançou o Canadá em maio de 2003, a Food and Drug Administration novamente ofereceu palavras de confiança, mas o governo falhou em controlar e apoiar essa reivindicação de comida segura com políticas que oferecessem uma proteção realmente significativa.
>
> Na natureza, as vacas comem plantas, não carne. As vacas são infectadas com EEB quando comem ração processada com

---

[54] Robinson J. *Why Grassfed is Best*. Vashon Island Press: WA 2000, pg. 10.
[55] French P, Stanton C, Lawless F, et al. Fatty acid composition, including conjugated linoleic acid, of intramuscular fat from steers offered grazed grass, grass silage, or concentrate-based diets. *Journal of Animal Science*. 2000 Nov; 78(11):2849-2855.

uma mistura de carne de vacas mortas com ração animal. Leis proíbem atualmente a prática de alimentar vacas com carne de vaca. Embora repugnante e antinatural, é legal para os produtores alimentar bois com restos de galinhas, e então alimentar essas mesmas galinhas com restos de gado.

Proteja-se e desfrute os benefícios da carne bovina comprando apenas carne de gado alimentado com capim. Essa carne é uma excelente fonte de proteínas (a única comida considerada melhor fonte de proteína que esta é o ovo). Quando você come essa carne, também obtém mais vitaminas B, CoQ10 e um equilíbrio mais favorável entre ácidos graxos ômega-6 e ômega-3. Mais: a carne de gado criado em pastagem é completamente livre da doença da Vaca Louca.

Orgânico: o que este rótulo realmente significa

Escolha comida orgânica sempre que possa. Leia os rótulos e entenda o que os vários rótulos de produtos orgânicos do Departamento de Agricultura dos Estados Unidos realmente significam:

Orgânico. O rótulo orgânico, em carnes, frango, ovos e laticínios, significa que os produtores alimentam seus animais com comida orgânica e não lhes dão antibióticos nem hormônios do crescimento. Além disso, esses produtores não usam muitos pesticidas convencionais, produtos baseados em petróleo ou fertilizantes elaborados com esgotos, ingredientes geneticamente modificados ou irradiação.

Isso poderia ser claro, mas os anunciantes, incompreensivelmente, só querem fornecer os dados mais favoráveis sobre seus produtos. Um pequeno conhecimento de sua parte pode permitir a você ler através do que está escrito nos rótulos e conhecer de fato o que está comendo. Estas são as várias categorias do USDA para comida orgânica.

- **100% orgânico.** Este alimento contém somente ingredientes produzidos organicamente. O produto deve trazer as informações obrigatórias pelo agente certificador; devem trazer o selo de "USDA Organic".
- **Orgânico.** Estes alimentos são feitos com no mínimo 95% de ingredientes orgânicos (os 5% remanescentes devem constar de uma lista nacional de ingredientes aceitáveis). Os produtos devem listar as informações obrigatórias pelo agente certificador; eles podem também trazer o selo "USDA Organic".
- **Feito com ingredientes orgânicos.** Estes alimentos consistem em um mínimo de 70% de ingredientes orgânicos. Eles podem ou não trazer o selo "USDA Organic".
- Comida com menos de 70% de ingredientes orgânicos pode incluir somente alguns ingredientes orgânicos em sua lista de ingredientes. Essas embalagens não trazem o selo "USDA Organic" ou qualquer informação obrigatória pelo agente certificador.

Proteína em alimentos comuns

Carne de vaca	7 gramas em cada 28 gramas
Frango	7 gramas em cada 28 gramas
Peixe	7 gramas em cada 28 gramas
Ovo extra	7 gramas por ovo
Leite	8 gramas por xícara
Queijo	7 gramas em cada 28 gramas
Pão	4 gramas por fatia
Cereal	4 gramas em ½ xícara
Vegetais	2 gramas por ½ xícara
Soja (em grão)	10 gramas em cada 28 gramas
Amendoim	7 gramas em 28 gramas
Lentilhas	6,5 gramas em cada 28 gramas
Feijão	6 gramas em cada 28 gramas
Batata assada	9 gramas em cada 227 gramas
Castanha-de-caju	5 gramas em cada 28 gramas

- **Coma frutos do mar obtidos em ambiente natural.** Você pode ter recebido informações conflitantes sobre se os frutos do mar são alimentos seguros e se melhoram a saúde cardiovascular. A pesquisa continua produzindo respostas aparentemente diferentes para essa questão porque tudo depende do fruto do mar. Você sabe que muitos tipos de frutos do mar contêm mercúrio de poluentes industriais. E sabe que altos níveis de mercúrio são muito tóxicos aos sistemas nervoso e circulatório dos animais e seres humanos. Mas podemos demonstrar que os níveis de mercúrio nos seres humanos realmente afetam a saúde do coração? Num recente estudo do Hospital Johns Hopkins, pesquisadores analisaram aparas de unhas de 1.400 homens, metade dos quais havia tido um ataque cardíaco recentemente. O nível de mercúrio era 15%

mais alto nos homens que tinham tido ataque cardíaco, indicando que níveis mais altos de mercúrio estão associados ao aumento da taxa de ataques cardíacos. Frutos do mar, contudo, são uma fonte tão excelente de proteína de alta qualidade (a terceira melhor fonte depois dos ovos e da carne vermelha) e de outros nutrientes que vale a pena procurar por variedades seguras. Peixe é uma das melhores fontes de ácidos graxos ômega-3, e muitos estudos mostram que as gorduras ômega-3 mantêm o coração saudável. Que atitude tomar então? Embora os cientistas ainda estejam aprendendo mais sobre os efeitos do mercúrio no coração, mantenha-se longe de peixes com taxas maiores de mercúrio. Como regra geral, quanto maior o peixe, maior a cadeia alimentar da qual faz parte e maior a possibilidade de estar contaminado com mercúrio. Em outras palavras, fique com os peixes pequenos ao invés dos grandes e reserve os grandes para raras ocasiões. Quando revisar o seu menu, limite peixe-espada, tilápia, atum e cação, e opte por pollock, truta, solha e salmão ou peixes muito pequenos, como anchovas e sardinhas, que tendem a ter menor contaminação por mercúrio. Um dos melhores peixes é o salmão de águas frias, especialmente o salmão do Alasca. Ele tem níveis de mercúrio muito baixos e altos níveis de ômega-3 e é um dos poucos peixes que possui CoQ10, nutriente vital para o coração. Evite o salmão de criatórios ou o salmão pescado no Atlântico, que contém mais altos níveis de mercúrio e PCBs (pesticidas) que as variedades selvagens. Se você mesmo pesca seus peixes, deve checar com as associações de pesca locais. Também é importante preparar o peixe de forma a preservar suas saudáveis gorduras ômega-3. Um estudo recente no *Circulation* seguiu 4.000 participantes monitorando sua saúde cardíaca por 9 anos. Aqueles que comeram peixe frito não obtiveram qualquer benefício de proteção cardíaca normalmente associado ao consumo de peixe[56]. Isso se aplica aos hambúrgueres de peixe vendidos nas lanchonetes. Ao invés de fritar o peixe, prefira-o cozido, assado ou grelhado.

- **Se você é vegetariano, comece a pensar em voltar a comer carne.** Estudos descobriram que 78% de todos os vegetarianos em dietas sem qualquer tipo de proteína animal têm altas taxas de homocisteína e são deficientes em vitamina B12, colocando-se em risco de uma súbita morte cardíaca[57]. Pesquisadores compararam níveis de homocisteína em ovolactovegetarianos, vegetarianos e onívoros (os ovolactovegetarianos comem laticínios e ovos mas não carne, frango ou peixe; vegetarianos não comem nenhum produto de origem animal; onívoros comem de tudo). Comparados ao grupo dos onívoros, o grupo dos vegetarianos tinha índices de homocisteína 50% mais altos. Os ovolactovegetarianos tinham deficiências adicionais. Vegetarianos e ovolactovegetarianos não consomem quantidades adequadas de metionina, um aminoácido essencial, devido ao baixo teor de metionina contido na proteína vegetal *versus* proteína animal. Desde que a vitamina B12 não ocorre nos vegetais e é essencial à dieta humana, todos os vegetarianos que não tomam suplementos sofrem de baixos níveis de vitamina B12. Neste estudo, os níveis de vitamina B12 eram baixos o suficiente para ser considerados clinicamente deficientes em 78% dos vegetarianos, 26% dos ovolactovegetarianos, mas era suficiente em todos os onívoros. As notícias são piores ainda. Vegetarianos tendem a desenvolver deficiências graves

---

[56] Mozaffarin D, Lemaitre RN, Juller LH, et al. Cardiac benefits of fish consumption may depend on the type of fish meal consumed:the Cardiovascular Health Study. *Circulation*. 2003 Mar 18;107(10):1372-1377.

[57] Kanauchi M, Tsujimoto N and Hashimoto T. Advanced glycation end products in nondiabetic patients with coronary artery disease. *Diabetes Care*. 2001 Sep; 24(9):1620-1623.

de Coenzima Q10. A CoQ10 é provavelmente o mais importante ingrediente considerado sozinho para o seu coração, como você descobrirá no capítulo 8, *Energize seu coração: o milagre da Coenzima Q10*. Ela fornece alto desempenho energético para seu coração e cérebro, e os protege dos danos da oxidação. A melhor fonte é a carne vermelha, especialmente a carne de gamo selvagem e os miúdos. De todos os milhares de pacientes atendidos pelo Centro para Saúde e Bem-Estar, os vegetarianos tinham as mais baixas taxas de CoQ10.

- **Beba seu leite.** Existem os que acreditam que o consumo de laticínios causa uma crescente lista de males modernos, de pressão alta a artrite. Se você não consegue digerir a lactose, deve mesmo evitar laticínios. Mas para a maioria de nós, os laticínios podem fornecer proteína que pode compensar outros problemas. Um estudo de 10 anos da Escola Médica de Harvard mostrou que o consumo regular de laticínios diminui o risco de doença do coração e diabetes tipo II. Os pesquisadores concluíram: "Leite é uma boa fonte de proteína, e pode ajudar a prevenir sérios problemas de saúde[58]". Em outro estudo, cientistas compararam um grupo de homens que beberam leite com um grupo de homens que beberam uma bebida com uma quantidade equivalente de carboidratos. Ambos os grupos subiram de peso em 10 semanas. No final, o grupo do leite ganhou mais massa muscular[59]. Antes das bebidas formuladas para melhorar o desempenho nos esportes, não-lácteas, de baixa gordura, das batidas de leite de soja, nós tínhamos o velho leite. Mais uma vez, os pesquisadores

---

[58] Pereira MA, Jacobs Dr Jr, Van Horn L, et al. Dairy consumption, obesity, and the insulin resistance syndrome in young adults: the CARDIA Study. *Journal of the American Medical Association*. 2002 Apr 24; 287(16):2081-2089.

[59] Puglisi J., et al. Med Sci Sports Exercise, ASCM Conference, 2002, #2789.

descobriram que o natural é melhor. Quando você comprar leite e outros laticínios, procure pelo termo orgânico no rótulo. Danosos manejos animais comprometem a qualidade potencial do leite processado. Leite processado tende a estar contaminado com insalubres antibióticos e hormônios, e tem um equilíbrio errado de ômega-3 e ômega-6. Gaste uns poucos centavos a mais e compre laticínios orgânicos; sua saúde é um dos melhores investimentos que você pode fazer. Leite cru e sem pasteurização é mesmo melhor se você estiver perto de uma fazenda.

- **Coma nozes e castanhas.** Vários estudos mostram que aqueles que comem nozes e castanhas são menos suscetíveis a morrer de uma doença do coração do que os que não o fazem. Um estudo em Archives of Internal Medicine, por 17 anos com mais de 21.000 homens, mostra que comedores de nozes e castanhas tem 50% menos chance de morrer de problemas de ritmo cardíaco e 30% menos de morrer de doença cardíaca que os não-comedores. Homens que comeram cerca de 28 gramas desses alimentos duas vezes por semana mostraram os resultados mais favoráveis. O ômega-3 nas nozes e castanhas pode proteger o coração. A Food and Drug Administration agora permite às manufaturas de nozes e castanhas apregoar os seus benefícios à saúde em seus rótulos. Nozes, nozes-pecan, pistaches, amêndoas e avelãs ganharam o direito de se promover nas etiquetas de suas embalagens.

Não procure benefícios reais nos amendoins. Os amendoins não são nozes verdadeiras; eles não crescem em árvores. Amendoins são similares a batatas, ambos são tubérculos que crescem na terra. Além disso, amendoim não tem ômega-3. Evite as nozes que contenham ingredientes processados, como coberturas açucaradas, corantes artificiais e conservantes. Finalmente, cheque os rótulos sobre o tipo de óleo usado para processar as nozes. Muitos fabricantes torram nozes em óleo de amendoim que é inflamatório. Procure por nozes preparadas com óleo de cúrcuma, gergelim ou sem óleo totalmente.

> #### Proteína é bom para seus ossos
>
> Muitos têm atacado as dietas de alta proteína sob a noção errada de que elas diminuem a densidade dos ossos. Densidade óssea mais baixa é um "fator associado" a países desenvolvidos, mas não é causado pelo consumo de proteína. Essa crença falsa não esclarece o consumo de proteína muito grande e os ossos fortes e largos dos povos pré-históricos e dos modernos caçadores-coletores. Agora um novo estudo de três anos com 342 pessoas com idade acima de 65 anos descobriu que dietas de alta proteína na realidade previnem e revertem a perda óssea.
>
> De acordo com um estudo no *American Journal of Clinical Nutrition*, pessoas que tinham consumo adequado de cálcio e alto consumo de proteína tinham as maiores densidades ósseas.
>
> Os pesquisadores concluíram que a proteína ajuda o corpo a absorver o cálcio, o que por sua vez nega os efeitos adversos que a proteína poderia ter na perda de cálcio pelos ossos. Para ossos fortes e um coração saudável coma a sua proteína.

Princípio 2: Limite a ingestão de carboidratos

Carboidratos processados, especialmente os amidos, fazem você gordo e doente. Obtenha seus carboidratos de vegetais não processados que cresçam fora da terra e fuja dos cereais e das batatas.

- **Coma comida com baixa glicose.** O que torna uma comida "melhor" para você do que outra? Comidas diferentes possuem nutrientes diferentes, é claro, mas o corpo também lida com elas de forma diferente. Por exemplo, todos os carboidratos contêm quatro calorias por grama, mas têm efeitos muito diversos nos níveis de açúcar no sangue. A fotossíntese das plantas produz carboidratos. Existem várias formas:

- Açúcares simples (como o mel, a frutose e o açúcar branco)
- Amidos ou carboidratos complexos (incluindo vegetais, como cenouras, batatas e inhame; cereais integrais, como o arroz, o milho e o trigo)
- Fibras (celulose ou hemicelulose, a parte indigerível encontrada em carboidratos não processados contidas nos alimentos)

O corpo converte todos os carboidratos digeríveis em glicose ou açúcar no sangue. Então o pâncreas reage, produzindo insulina para transportar o açúcar do sangue para dentro das células para ser usado na produção de energia. O corpo armazena qualquer sobra como glicogênio no fígado, músculos ou como gordura corporal.

Estudos recentes descobriram uma relação entre os amidos processados e os ataques cardíacos. Todos os cereais devem ser processados antes que nós humanos possamos comê-los. Muitos estudos, incluindo um recente da Espanha, relacionam amidos processados com ataques cardíacos[60]. Esses amidos processados podem vir na lasanha, pão, bolinhos, espaguete, pizza, batatinhas chips e cereais. Esses alimentos causam um aumento súbito antinatural de açúcar no sangue. Seu corpo responde secretando insulina excessiva até que o açúcar no sangue volte ao normal. E porque existe também muita glicose adicionada a esses amidos, seu corpo secreta mais insulina por mais tempo

---

[60] Serra-Majem L, Ribas L, Tresserras R, et al. How could changes in diet explain changes in coronary heart disease? The Spanish paradox. *American Journal of Clinical Nutrition*. 1995 Jun; 61 (6 Suppl): 1351S-1359S.

do que quando você come de fontes de açúcares simples, como as frutas. Essa prolongada e excessiva produção de insulina nos torna gordos e causa doença cardíaca.

Os carboidratos variam em quanto e quão rápido fazem subir a taxa de açúcar no sangue. Quanto mais alto o açúcar no sangue e quanto mais rápido ele sobe, mais alto é o seu índice glicêmico. Pesquisadores calculam o índice glicêmico alimentando com 100 g da comida em questão a um voluntário e medindo o seu nível de açúcar no sangue após meia hora. Então eles comparam esse número com o açúcar no sangue produzido pela ingestão da mesma quantidade de solução de glicose (água com açúcar). Por exemplo, um pêssego tem um índice glicêmico de 40. Isso significa que ele produz um nível de açúcar no sangue da ordem de 40% do produzido ao se tomar a mesma quantidade de água com açúcar. Quanto menor o seu índice glicêmico, menor o impacto que aquele alimento terá no seu açúcar no sangue. Você pode usar o "índice glicêmico" para ajudá-lo a fazer mais sábias escolhas de alimentos.

- **O Índice Glicêmico.** A tabela seguinte atribui índice glicêmico para os carboidratos mais comuns baseado em quanto esse alimento pontua os níveis de açúcar no sangue. A lista é uma amostra de alimentos testados num experimento clínico.

O Índice Glicêmico

ALIMENTO	IG	ALIMENTO	IG
Massas		Uva-passa	64
Pão de milho	110	Abricó (em calda light)	64
Pão francês	95	Mamão-papaia	60
Donuts	76	Pêssegos (em calda)	58
Waffles	76	Kiwi	58
Bolacha cream cracker	74	Pêssegos (em calda light)	52
Pão branco	70	Banana	51
Tortilla de milho	70	Manga	51
Pão integral	70	Tâmaras secas	50
Tacos	68	Laranja	48
Croissant	67	Pêra (em lata em suco de pêra)	44
Pão integral de centeio	65	Uvas	43
Pão sírio integral	57	Maçã	40
Cookie de aveia	55	Morangos frescos	40
Bebidas		Pêra	34
Gatorade	78	Abricó seco	32
Coca-Cola	63	Ameixa seca	29
Suco de laranja	57	Pêssegos frescos	28
Chocolate em pó	51	Grapefruit	25
Suco de grapefruit	48	Ameixa fresca	24
Suco de abacaxi	46	Cerejas	22
Leite de soja (integral)	44	**Produtos de apoio nutricional**	
Leite de soja (light)	44	Ensure	50
Suco de maçã	41	**Cereais**	
Suco de tomate	38	Corn flakes Kellogs	92
Frutas		Crispis Kellogs	87
Melancia	72	Kellogs rice krispies	82
Abacaxi	66	Aveia em flocos Quaker	66
Melão cantalupo	65	Mingau de aveia instantâneo	65

ALIMENTO	IG	ALIMENTO	IG
Laticínios		Espinafre	0
Sorvete (com gordura reduzida)	47	Abóbora	0
Pudim	44	**Legumes**	
Leite integral	40	Feijão cozido	48
Sorvete	38	Grão-de-bico cozido	31
Iogurte integral	36	Lentilhas	28
Vegetais		Soja em grão cozida	20
Batata	104	Amendoim	13
Nabo	97	**Carne/Proteína**	
Cenoura	92	Carne de vaca	0
Milho verde	60	Queijo	0
Beterrabas (em lata)	64	Frango	0
Batata doce	54	Ovos	0
Inhame	51	Peixe	0
Ervilhas	48	Cordeiro	0
Tomate	38	Carne suína	0
Alcachofras	0	Carne de veado	0
Feijão (de corda ou verde)	0	**Frutos secos**	
Brócolis	0	Amêndoas	0
Repolho	0	Castanha-do-pará	0
Couve-flor	0	Avelãs	0
Aipo	0	Macadâmia	0
Berinjela	0	Noz-pecan	0
Cogumelos	0	Nozes	0
Pimentão	0	Castanha-de-caju	0

Fonte: Miller, J. et al. The New Glucose Revolution: Marlow & Company, New York, 1996. The Glycemic Index at www.glycemicindex.com. Diabetes Mall at http://www.diabetesnet.com.

Olhando para os grupos de alimentos juntos e comparando seus índices glicêmicos, você pode fazer descobertas surpreendentes. Note que o índice glicêmico tem pouco a ver com doçura. Cerejas muito doces têm um baixo índice de 22 que é um terço menor que o índice do pão integral! Note que todos os alimentos com os mais altos índices glicêmicos são produtos feitos com grãos ou tubérculos (que crescem embaixo da terra). Os mais ricos em amido de todos os alimentos, pão de milho e batatas, têm índices glicêmicos maiores que 100, o que significa que seu nível de açúcar no sangue subirá mais comendo esses alimentos que bebendo uma quantidade equivalente de água açucarada. Pense em índice glicêmico como uma medida de amido e não de doçura. Uma descoberta mais interessante: a gordura na comida baixa seu índice glicêmico. Desde que a tendência de um alimento para fazer você engordar é o seu índice glicêmico combinado com quanto dele você come, essas descobertas são reais revelações para explicar a dificuldade de se reduzir a gordura corporal com uma dieta de baixa gordura.

Essa história de índice glicêmico pode parecer complicada, mas tudo se resume a algumas diretrizes simples:

- Evite os cereais, incluindo os cereais integrais. Cereais não são mais naturais para sua dieta que a caixa onde são vendidos.
- Evite batatas e outros tubérculos que crescem embaixo da terra.
- Coma vegetais que crescem acima da terra.
- Não coma milho. Ele é um cereal.
- Não opte por comida processada *light*.
- Não coma alimentos com açúcares adicionados.
- Escolha comida com muita fibra. As fibras desaceleram a digestão, então o açúcar em comidas ricas em fibra tende a atingir sua corrente sangüínea vagarosamente.

Princípio 3: Coma gorduras naturais

Gordura não aumenta seu açúcar no sangue ou sua insulina. Gorduras naturais são parte saudável de uma dieta balanceada. Obtenha suas gorduras de carne de animais criados no pasto, ovos, castanhas e óleos vegetais não-processados. Estas são algumas das comidas mais saudáveis que você pode comer, e não riscos para a saúde. Os benefícios para a saúde das gorduras naturais provêm do seu equilíbrio entre ômega-3 e ômega-6. O ômega-3 é um tipo de gordura polinsaturada que tem um efeito favorável sobre o coração. Estudos mostram que o ômega-3 previne as irregularidades do batimento cardíaco, reduz a placa arterial, afina o sangue, diminui a pressão arterial e minimiza a inflamação. O ômega-6 — encontrado em muitos alimentos processados — interfere com o funcionamento do ômega-3.

Como freqüentemente é verdadeiro na natureza, equilíbrio é essencial. Nosso corpo necessita de ambos, do ômega-3 e do ômega-6, mas precisamos deles nas taxas corretas. Pela maior parte do tempo em que os seres humanos viveram sobre a Terra, comemos alimentos contendo ômega-6 e ômega-3 numa proporção de 2:1. Contudo, nos últimos 75 anos na América do Norte, o ômega-6 na dieta tem-se elevado e agora a proporção está em 20:1. O americano médio come dez vezes mais ômega-6 do que seria saudável. A principal fonte são os óleos vegetais, a comida processada e a carne obtida de animais alimentados com cereais.

Este foi outro ponto onde os gurus da saúde cometeram mais um grande erro na década de 1980. Eles culparam a carne vermelha pela doença do coração porque o gado do ocidente tem uma proporção não saudável de ômega-6/ômega-3 de 20:1. Eles nunca se deram ao trabalho de explicar por que os povos nativos, que obtêm 85% de suas calorias através da carne vermelha selvagem, não apresentam nossos índices modernos de doença do coração.

Se você medir os ácidos graxos ômega-6 e o ômega-3 no gado selvagem, ou seja, alimentado com capim, obtém uma proporção drasticamente inversa e saudável de 0,16 para 1. Dizendo de outra maneira, a culpada não é a gordura natural da carne vermelha; é a gordura na carne produzida modernamente nas fazendas de criação. A natureza combinou a melhor fonte de proteína de qualidade com a melhor fonte de gordura ômega-3 saudável para o coração — ao menos quando aos animais é permitido comer sua dieta natural selvagem. Se você comer carne orgânica e evitar comida processada, pode restaurar um equilíbrio mais saudável de ácidos graxos.

- Evite as gorduras *trans*. Uma geração atrás, os fabricantes de comida obtinham gordura *trans* através de um processo chamado hidrogenação. A gordura *trans* aumenta a vida do produto na prateleira e estabiliza os alimentos. Mas este processo também modifica a função biológica dos ácidos graxos essenciais.

A gordura *trans* esconde-se na maioria dos alimentos processados nas prateleiras dos supermercados — de tentações como cookies com gotas de chocolate, *donuts* de creme, e queijo processado até em comidas presumivelmente saudáveis, como granola, barras de cereais, *musli, cookies light,* e cereais de alta fibra para o café da manhã. Pior ainda, muitos alimentos com gordura *trans* ostentam rótulos que apregoam um baixo colesterol ou baixas gorduras saturadas. Gorduras *trans* fazem verdadeiros estragos nas taxas de colesterol. Elas elevam o mau colesterol LDL e reduzem o bom colesterol HDL ao mesmo tempo que elevam os triglicérides. A gorduras *trans* também contribuem para a doença do coração. Em 2001, o jornal médico britânico *The Lancet* publicou um estudo compreensivo holandês sobre os efeitos de consumir ácidos graxos *trans*. Os pesquisadores descobriram que a ingestão dos ácidos graxos *trans* está diretamente associada a um aumento do risco de doença coronariana.

Gorduras *trans* não têm lugar em nossa dieta. Fabricantes de alimentos adicionam isso à nossa comida sem o nosso consentimento. Somos participantes involuntários num experimento com nosso suprimento de comida. Essas danosas gorduras *trans* desencadeiam a doença cardíaca e problemas de saúde adicionais.

A partir de 1° de janeiro de 2006, os rótulos de alimentos e suplementos dietéticos nos Estados Unidos deverão obrigatoriamente mencionar a quantidade de gordura *trans* no produto. Embora alguns fabricantes de alimentos já tenham começado a incluir essa informação em seus rótulos, não existe ainda a obrigatoriedade de fazê-lo. Gorduras *trans* são encontradas na maior parte das margarinas (mas não em todas), biscoitos, *cookies*, produtos de pastifício, salgadinhos, comida congelada, pães, alguns cereais, no óleo usado para fritar em restaurantes *fast-food* e outros alimentos. Evite alimentos que contenham gordura vegetal hidrogenada ou parcialmente hidrogenada ou óleo vegetal entre os ingredientes.

- Evite todas as comidas processadas *light*. Se a embalagem diz que é *light*, evite-a. É provavelmente má para seu coração. Fabricantes adicionam mais carboidratos para compensar a perda de sabor causada pela remoção da gordura. E os carboidratos adicionados são do pior tipo de carboidratos refinados e processados — a maior causa de doença do coração. Num estudo com 80.000 enfermeiras, pesquisadores de Harvard calculam que substituir por um número equivalente de calorias de carboidratos por gorduras polinsaturadas aumenta o risco de doença do coração em mais de 50%. Remover gorduras naturais e adicionar carboidratos é ruim para o seu coração[61].

---

[61] Stampfer MJ, Hu FB, Mansen JE, et al. Primary prevention of coronary heart disease in women through diet and lifestyle. *New England Journal of Medicine*. 2000 Jul 6; 343(1):16-22.

> ### O PROBLEMA COM O *FAST-FOOD*
>
> O real problema com o *fast-food* (comida rápida servida em lanchonetes) não é que ele tenha muito mais gordura. Os problemas reais são que contêm gorduras artificiais *trans*, é cheia de carboidratos processados, o peixe, o frango e as batatas são fritos em óleos processados; e a carne vermelha provém de gado alimentado com ração de cereal, animais artificialmente mantidos e engordados. O que você pode fazer?
>
> Se você acha que deve comer em uma rede de *fast-food*, aqui estão algumas escolhas:
>
> - Escolha a carne vermelha mais magra.
> - Prefira peixe ou frango grelhados ao invés de fritos.
> - Fuja da gordura *trans* contida nos molhos de salada prontos.
> - Jogue o docinho no lixo.
> - Fuja das frituras em óleo vegetal.
> - Beba água com seu almoço.
>
> Se possível, pare num supermercado local ou num restaurante de frutos do mar. Você pode conseguir uma refeição muito mais saudável na mesma quantidade de tempo.

Diga não aos alimentos transgênicos

Alimentos geneticamente alterados não são mais matéria de ficção científica. Esses alimentos estão nas prateleiras do seu supermercado. De fato, pelas estimativas do Ministério da Agricultura dos Estados Unidos (USDA), um estonteante percentual de 70% das comidas processadas vendidas nos Estados Unidos contém organismos geneticamente modificados (GMO). Você provavelmente come esses alimentos todos os dias, mas pode não saber disso porque o USDA não requer que os fabricantes de alimentos lhe digam se há ou não GMO em sua comida. Surpreso? Você poderia ter pensado que o USDA requeira a informação no rótulo sobre alimentos geneticamente modificados e então você poderia escolher se quer comê-los. Não é assim ainda.

A FlavSavr foi o primeiro produtor de alimentos a introduzir alimentos geneticamente modificados quando produziram seu "novo e melhorado tomate em 1994". Uma companhia de biotecnologia inseriu um gene estranho de um peixe dentro do tomate para mantê-lo fresco por mais tempo. Bioengenharia se espalha por morangos, milho, soja, tabaco, trigo e arroz entre outros alimentos. E esses ingredientes estão dentro desde bebidas para esportes, misturas para bolo, comida para bebês, comida congelada, hambúrguer, cereal e em muitas outras comidas que você possa imaginar.

Não existem testes de segurança para comida GMO

Os Estados Unidos são um dos únicos países que trata organismos geneticamente alterados como alimento natural:

- Os Estados Unidos não têm testes obrigatórios de segurança pré-mercado para os GMOs.
- Os GMOs não precisam ser identificados nos rótulos de alimentos.
- A política oficial da Food and Drug Administration não faz distinção entre engenharia genética e criação.

N.T. A legislação brasileira proíbe o cultivo de alimentos transgênicos para a comercialização, de acordo com a Lei 8.674 que prevê a análise para cada caso pela Comissão Técnica Nacional de Biossegurança (CTNbio).

Aqui estão algumas atitudes que você pode tomar para recuperar algum poder de opção sobre a questão.

- Compre alimentos rotulados como "non GMO". Alguns fabricantes de produtos que não contêm ingredientes geneticamente modificados agora os rotulam como "non GMO".
- Chame os fabricantes de seus alimentos favoritos e pergunte-lhes se eles contêm GMOs. Deixe os fabricantes conhecerem sua posição sobre a questão.

Benefícios de beber moderadamente para a saúde do coração

Você provavelmente já ouviu que beber quantidades moderadas de vinho tinto aparenta beneficiar a saúde cardiovascular. Mas outras bebidas alcoólicas oferecem benefícios similares? Vamos olhar as evidências.

- **Vinho tinto.** A ciência percebeu polifenóis protetores no vinho tinto por vários anos. Nova evidência identifica benefícios adicionais à saúde no vinho tinto. Um estudo no número de 2001 da *Nature* explica que o vinho tinto bloqueia a formação de endotelina-1, substância que é vasoconstritora e aumenta o risco de um ataque cardíaco. Os antioxidantes no vinho também reduzem a formação da placa arterial. Mais estudos descobriram que o vinho dilata os vasos sangüíneos. Ainda outros sugerem que o vinho afina o sangue.

- **Cerveja.** Pesquisadores do Centro Médico do Sudoeste da Universidade do Texas descobriram que beber quantidades moderadas de cerveja diminui a chance de um ataque cardíaco de 30% a 40%. Outro estudo no *The New England Journal of*

Medicine em novembro de 1999 descobriu que beber pouco ou moderadamente cerveja diminui em 20% o risco de a pessoa ter um derrame. Pesquisas adicionais descobriram que o levedo de cerveja é rico em vitamina B6. Estudos relacionam a vitamina B6 com a saúde do coração. A cerveja aumenta a vitamina B6 no plasma sangüíneo em 30%.

- **Álcool em geral.** Outros estudos não discriminaram o tipo de bebidas alcoólicas que as pessoas bebem. Por exemplo, o Physician's Health Study descobriu que homens que bebem 5 a 6 drinques por semana têm 20% menos risco de morte do que aqueles que não bebem. Aqueles que consomem álcool diariamente têm uma redução de 40% no risco de doença cardiovascular. Mas sempre se pode abusar de uma coisa boa. O estudo também descobriu que homens que bebem mais de dois drinques por dia têm um risco de morte mais alto.

O Estudo de Saúde Cardiovascular encontrou uma relação similar entre o álcool e o derrame. O estudo, publicado no número de 2001 da *Stroke*, seguiu 3.660 pessoas com mais de 65 anos por dois anos. Pessoas que bebem entre um a seis drinques por semana têm uma incidência mais baixa de derrames e anormalidades cerebrais comparadas às que não bebem nada.

O álcool pode também reduzir seu risco de desenvolver diabetes. No número de 2001 do jornal médico americano *Diabetes*, pesquisadores relataram os resultados de um estudo de 12 anos com 47.000 homens com idades entre 40 e 75 anos que examinou a relação do álcool com o diabetes. A conclusão: homens que beberam 1,5 drinque por dia tiveram um risco 36% menor de desenvolver diabetes. A ingestão moderada de álcool pode melhorar a sensitividade para a insulina e baixar os níveis de açúcar no sangue.

Se você não costuma beber, não comece agora apenas para proteger seu coração. Existem medidas mais importantes que você pode tomar para beneficiar sua saúde cardiovascular. Se costuma beber, faça-o com moderação. Em praticamente todos os estudos sobre o uso de álcool, somente os bebedores moderados, os que consomem entre um e dois drinques por dia, tendem a beneficiar-se.

A verdade sobre beber água

Sem qualquer dúvida, água potável e limpa é vital para a boa saúde. A água responde por 60% do peso total do nosso corpo e por 75% do nosso tecido muscular. Ela transporta os nutrientes para as células e leva embora os resíduos[62]. A água é o nutriente mais essencial ao seu corpo.

Mas, engarrafar água também é um grande negócio. Uma geração atrás, ninguém sonhava que os americanos iriam gastar mais com água do que com gasolina, mas é isso que acontece. A indústria multibilionária da água engarrafada joga com o medo público de contaminação. Não compre ilusões. É possível obter água segura de sua própria torneira.

Primeiro, lembre-se de que a água não é naturalmente "pura". No ambiente natural, a água absorve ou dissolve minerais como os que flutuam nas correntes dos rios, os que ficam nos lagos ou se filtram através das camadas de rocha e solo nos campos. Muitas dessas substâncias, como o cálcio e o magnésio, fornecem nutrientes e melhoram o sabor[63].

Nossas estações de tratamento de água filtram muitas impurezas antes da água chegar à sua torneira. A agência de proteção ambiental

---

[62] Boyle MA. *Personal Nutrition,* fourth Ed., Wadsworth 2001; p.202.
[63] US Environmental Protection Agency, http://www.epa.gov/safewater/dwh/contams.htm.

americana monitora o suprimento municipal de água em mais que 80 possíveis contaminantes. Contudo, a APA testa as fontes de suprimento de água e não as casas das pessoas. A contaminação da água ainda é possível depois de deixar as estações de tratamento. Os maiores riscos de contaminação são para as pessoas que vivem a menos de 8 km de fazendas (devido ao risco de contaminação por pesticidas) e aquelas que vivem em casas construídas antes de 1986 (estas casas podem ter tubulações ou solda em sua junção que podem deixar resíduos na sua água)[64].

Não presuma que a água engarrafada seja sempre mais segura que a da torneira. A despeito das regulamentações federais, estaduais e municipais, os contaminantes algumas vezes se escondem dentro da água engarrafada. O Conselho de Defesa dos Recursos Naturais americano (NRDC) conduziu um estudo de quatro anos, testando mais de 1.000 garrafas de 103 marcas de água engarrafada. Um terço das águas testadas continha contaminantes de produtos químicos orgânicos sintéticos, bactérias e arsênico. Algumas amostras excediam os limites permitidos pelo padrão estadual da indústria de água engarrafada.

Você pode também esquecer o conselho de tomar água destilada. O uso prolongado de água destilada pode levar a deficiências minerais que podem causar irregularidades no batimento cardíaco e perda de cabelo[65]. Não cozinhe com água destilada tampouco; cozinhar nesta água esvaziada de seus minerais drenará muito dos nutrientes do seu alimento.

Evite plásticos

Em anos recentes, os especialistas questionaram a segurança da água vendida em garrafas plásticas. Evidências sugerem que o

---

[64] Natural Resources Defense Council, www.nrdc.org/water/drinking'nbw.asp.
[65] Day C. "Why I Say No to Distilled Water Only," Health and Beyond Weekly Newsletter, reprinted at http://www.mercola.com/article/Diet/water/distilled_water_2.htm.

policarbonato plástico é tóxico porque contém bisfenol-A (BPA)[66]. Um estudo relatado em *Current Biology* descobriu que a exposição ao BPA causa anormalidades congênitas em ratos. Embora os efeitos nos seres humanos sejam desconhecidos, ratos e humanos têm um programa de divisão celular da célula-ovo bastante similar. Até agora, não existem estudos conclusivos documentando a segurança ou a toxidade de muitos plásticos. Uma coisa contudo é clara: plásticos não existem na natureza. Para estar mais seguro, se vai comprar água, compre-a em garrafas de vidro.

Se você quer melhorar a segurança da água da sua torneira, tome as seguintes medidas:

- Peça um relatório sobre a qualidade da água que chega à sua torneira.
- Teste sua água. Estojos para teste de água estão disponíveis para detectar a presença de bactérias, chumbo, pesticidas, nitratos, nitritos, cloro, pH, dureza e arsênico. Estojos a preços razoáveis podem ser encontrados pela Internet.
- Deixe a água correr por alguns segundos antes de usá-la.
- Se a água de sua torneira precisa ser melhorada, considere o uso de um filtro com elemento filtrante tipo *carbon-block*. Procure por um filtro que remova partículas que são menores ou iguais a um mícron de diâmetro para proteção contra parasitas.

Se você quer beber água engarrafada:

- Escolha vasilhames de vidro.
- Evite vasilhames de policarbonatos, polietileno e polipropileno. Use plásticos somente quando necessário.

---

[66] Hunt PA, Hunt KE, Susiarjo M, et al. Bisphenol a exposure causes meiotic aneuploidy in the female mouse. *Current Biology* 2003 APR 1; 13(7):546-553.

- Armazene água engarrafada ao abrigo do sol e longe de produtos químicos de limpeza doméstica.
- Não reutilize garrafas. Evite reencher as garrafas para prevenir o crescimento de bactérias e contaminação.

Cozinhar saudável: não cozinhe demais!

Você tem feito sábias escolhas de alimentos. Têm aproveitado deliciosas e inspiradas receitas. Agora tudo que tem a fazer é preparar a sua comida apropriadamente. Você ainda pode arranjar problemas se seguir o conselho convencional!

Provavelmente você ouviu falar que a carne não é segura a menos que a cozinhe até ficar marrom. Mais uma vez, esse conselho é perigosamente errado. Cozinhar demais o alimento desnatura suas proteínas, destrói vitaminas e remove nutrientes. Pior ainda, cozinhar com altas temperaturas desencadeia uma reação química chamada glicação.

A glicação une as moléculas de proteína e glicose no corpo. Isso resulta num conjunto de proteína desfigurada ou uma glicotoxina. Como as glicotoxinas se acumulam em suas células, elas emitem sinais químicos que causam inflamação. Além disso, essas proteínas anormais não se regeneram, permanecem danificadas para sempre. Esse processo contribui para o envelhecimento e a enfermidade. Condições associadas a glicação e inflamação incluem envelhecimento, diabetes, câncer, artrite, doenças cardiovasculares e mal de Alzheimer.

Quando você cozinha demais o alimento, grandes quantidades de glicotoxinas se acumulam na comida. Um novo estudo demonstra que se você come dessa comida, as glicotoxinas se transferem para seus tecidos. Pesquisadores da Faculdade de Medicina Monte Sinai nos Estados Unidos avaliaram dois grupos de pessoas com diabetes. Um grupo comeu uma dieta de baixa glicotoxina e o outro grupo uma dieta de alta glicotoxina. Após somente duas semanas, o grupo de alta glicotoxina tinha 100% mais glicotoxina em seu sangue e urina que o grupo que comeu a dieta de baixa glicotoxina[67]. Claramente, a glicotoxina se transfere da sua comida para seu corpo.

Para tornar as coisas ainda piores, cozer demais desnatura muitos importantes nutrientes na comida. Um dos melhores exemplos é a CoQ10. Você precisa de CoQ10 para o funcionamento saudável dos órgãos mais importantes do seu corpo. Cozinhar demais a carne destrói a CoQ10.

Para evitar a glicação, tenha em mente essas dicas:

- Cozinhe em fogo brando. Menos calor não significa menos sabor. Use temperos e ervas frescas para melhorar o sabor da comida.
- Quando cozinhar, refogue, escalde, asse no forno ou grelha. Limite decididamente frituras ou carnes muito bem passadas a não mais que duas vezes por semana.
- Marine sua carne. Quando você grelha — e mesmo se você ocasionalmente passa a carne na chapa — a umidade do marinar diminui a velocidade do processo de glicação. (Coincidentemente, o alimento tem melhor sabor com esse tempero.) Alguns marinados favoritos incluem azeite de oliva, vinho, alho, vinagre, suco de laranja e tomates amassados em combinação.
- Tome um suprimento de carnosina. Pesquisadores descobriram que os suprimentos de carnosina ajudam a prevenir a glicação. Um recente estudo de laboratório mostra que o suplemento de carnosina tem um papel em eliminar as proteínas glicadas dos tecidos[68]. A dose recomendada é de 1.000 miligramas de carnosina diariamente para minimizar a glicação.

---

[67] Vlassara H, Cai W, Crandall J, et al. Inflammatory mediators are induced by dietary glycotoxins, a major risk factor for diabetic angiopathy. *Proceedings of the National Academy of Science USA.* 2002 Nov 26; 99(24)15596-15601.Erratum in 2003 Jan 21; 100(2):763.

[68] Yeargans G and Seidler NW. Carnosine promotes the heat denaturation of glycated protein, *Biochemical Biophysical Research Communications.* 2003 Jan 3; 300(1):75-80.

Comer bem no seu orçamento

Embora você possa gastar uma fortuna em carnes nobres e frutos do mar caros, não tem de fazê-lo — pode comer bem, dentro do seu orçamento.

- **Coma ovos.** Quando eu estava no colégio, comíamos ovos, o alimento perfeito. Mesmo se você comprar ovos orgânicos, estará gastando somente alguns centavos a mais por um ovo, um alimento muito completo da mais alta qualidade de proteínas.
- **Leve comida de casa.** Levar de casa seu almoço e comer comida feita em casa é muito mais econômico — e melhor para você — do que comer fora. Se você está comprando alimentos para preparar em casa, sabe com certeza o que está comendo.
- **Leve como lanche frutas, nozes e castanhas.** Evite lanches processados que são caros, cheios de calorias, amidos e gorduras *trans*. Castanhas e nozes fazem lanches satisfatórios e nutritivos e uma maçã, uma pêra ou um pêssego são alguns dos lanches mais baratos.
- **Fique atento aos preços.** Existem bons preços mesmo para alimentos orgânicos.
- **Compre um simples filtro de água com elemento filtrante tipo** *carvão ativo (carbon-block)* **para sua torneira da cozinha.** Se sua água de torneira é boa, você pode economizar dinheiro não precisando comprar água engarrafada.

Comer bem lhe dá energia para viver uma vida de qualidade, ajuda-o a conseguir e restaurar sua saúde, e reduz as contas do médico. Enriqueça sua vida; invista em boa saúde.

VIRE DE PONTA-CABEÇA A PIRÂMIDE DE COMIDA DA USDA

A pirâmide da comida do Departamento de Agricultura dos Estados Unidos é a fórmula para um desastre dietético. Ela recomenda que os americanos comam 6 a 11 porções de cereais por dia. Cereais, como descrito no começo desse capítulo, contribuem para a obesidade e a doença do coração. Não é surpresa que de acordo com o Centro Nacional de Estatísticas sobre Saúde, 61% dos americanos estão agora acima do peso. A Faculdade de Medicina de Harvard tentou melhorar a pirâmide recomendando somente cereais integrais. Essa mudança é mais saudável por outras razões, mas cereais integrais realmente elevam o açúcar no sangue tanto quanto o pão branco. *The International Journal of Obesity* relatou um estudo comparando amidos e peso. Participantes que comeram uma dieta de baixo amido engordaram marcadamente menos que aqueles com uma dieta de alto amido[69].

Além do excesso de cereais, ambas as pirâmides não fornecem quantidades efetivas de proteínas saudáveis. A proteína é imperativa para obter-se um peso ótimo e evitar-se a obesidade. Um artigo recente publicado em *Arteriosclerosis, Thrombosis, and Vascular Biology* relatou que uma dieta de alta proteína diminui o risco de obesidade. Esse estudo também identificou o mecanismo que relaciona a proteína e a produção de gordura. Os pesquisadores descobriram que a dieta de alta-proteína aumenta uma substância chamada PAI-1 no sangue. Os cientistas acreditam que a PAI-1 inibe diretamente a produção de gordura[70].

Por essas razões, considere virar de ponta-cabeça a pirâmide da comida da USDA. Olhe para esta versão de pirâmide de comida:

---

[69] Rabast U, Schonborn J and Kasper H. Dietetic treatment of obesity with low and high carbohydrate diets: comparative studies and clinical results. *International Journal of Obesity.* 1979; 3(3):201-211.

[70] Lijnen R, Marquoi E, Morange P, et al. Nutritionally induced obesity is attenuated

Desfrutando comida de verdade outra vez

```
                    Cereais
(menos de 1       e tubérculos
porção diária)
                    Laticínios
                (1 a 2 porções diárias)

                Nozes, oleaginosas
              castanhas e plantas e frutas
                  1 a 2 porções diárias

              Vegetais que crescem sobre a terra
                    (3 a 5 porções diárias)

  Proteína de alta-qualidade — carne vermelha, peixe, frango, ovos
                    (a base de todas as refeições)
```

in transgenic mice overexpressing plasminogen activator inhibitor-1. *Arteriosclerosis, Thrombosis and Vascular Biology*. 2003 Jan 1; 23 (1): 78-84.

PLANO DE AÇÃO

- **Coma proteína de qualidade.**
    - Coma proteína em todas as refeições.
    - Prefira carne de frango e de animais alimentados com capim.
    - Beba leite orgânico.
- **Coma carboidratos de qualidade.**
    - Coma alimentos de baixa glicemia. Todas as verduras e todos os legumes são permitidos. Nota: batatas (tubérculos) e milho (cereal) não se incluem nesta categoria.
    - **Evite alimentos com alta glicemia.** Não coma cereais.
- **Coma gordura de qualidade.**
    - Aumente o consumo de gorduras ômega-3. Boas fontes de ômega-3 incluem carne vermelha de gado criado no pasto, peixe, azeitonas, ovos, nozes e castanhas e abacate. Nota: amendoim não se inclui na categoria das nozes e castanhas.
    - Diminua o consumo de gorduras ômega-6.
    - Evite todas as gorduras *trans*.
- **Evite os problemas criados pela moderna indústria alimentícia.**
    - Evite alimentos geneticamente modificados.
    - Evite os chamados alimentos *light*.
    - Não cozinhe demais seus alimentos.

7

GANHANDO UM CORAÇÃO FORTE: CONSIGA MAIS COM MENOS

É tempo de recondicionar seu coração e pulmões. Primeiro você precisa esquecer a maior parte do que ouviu sobre exercícios cardiovasculares. Muitos especialistas acreditam falsamente que para fortalecer seu coração você precisa gastar horas na ginástica toda semana, correr quilômetros de esteira ou pedalar sua bicicleta ergométrica. Essa clássica prescrição de exercícios cardiovasculares não funciona para fortalecer o coração e causa outros problemas de saúde.

Você pode transformar sua saúde cardíaca seguindo um outro caminho que tomará menos de 10 minutos por dia. A razão por trás dessa abordagem diferente sobre exercícios é explicada no capítulo 2, *Desmistificando o exercício cardiovascular*. Este capítulo fornece a você um plano passo a passo para pôr em ação seu programa de exercícios.

Centenas de pacientes no Centro para Saúde e Bem-Estar ajudaram a desenvolver este programa único e efetivo de condicionamento enquanto aumentaram a capacidade e a força funcional de seus corações. Se eles puderam fazer isso, você também pode. E em poucas semanas, você começará a ver e a sentir os resultados.

PACE ™ para o condicionamento cardiovascular

Progressively Accelerating Cardiopulmonary Exertion™ (Esforço Cardiopulmonar de Aceleração Progressiva) ou PACE™ — vai desafiando gradualmente seu coração, pulmões e vasos sangüíneos a construir sua força. Para realizar isso, você fará uma série de períodos curtos e rápidos de exercícios, alternando-os com períodos de repouso. Enquanto se acostuma a esses breves desafios gradualmente vai aumentando a sua intensidade.

Aqui vão alguns conceitos-chave para ter-se em mente enquanto você avança:

Progressivo

Progressivo significa fazer um pouco mais nessa semana do que fez na semana passada. Trabalhar um pouco mais duro em cada sessão de exercício faz seu potencial de condicionamento melhorar ao longo do tempo. Você pode acrescentar resistência ou aumentar o ritmo. Aumentar gradualmente a magnitude do desafio (ao invés da sua duração) treinará seu corpo a obter uma capacidade maior do coração e dos pulmões para facear desafios inesperados que você possa encontrar.

Aceleração

Aceleração refere-se a treinar seu corpo a responder ao exercício mais depressa. Quando você está fora de forma, demora alguns minutos para suas taxas respiratória e cardíaca voltarem ao normal. Quando sua condição física melhora, seu corpo se aquece para o exercício mais facilmente. Quando seu corpo está mais adaptado, você explora essa capacidade de aquecimento mais rápido aumentando o desafio.

Você treinará seu corpo a responder mais depressa ao aumento do ritmo do exercício mais cedo em cada treino progressivo.

Não comece à toda, mas ao longo do tempo, treine seu corpo a responder à carga de exercício mais prontamente. Seu corpo se adapta para aumentar a velocidade das demandas de seus exercícios pelo melhoramento da velocidade de resposta.

Por que faz isso? Esta é a condição natural do exercício. Como predador ou presa, as criaturas selvagens precisam ser capazes de acelerar a 100% de capacidade numa simples batida do coração. Seres humanos perderam esta habilidade para acelerar, de algum modo recentemente. Mais especificamente, esta é também a melhor maneira de se preparar e evitar os desastres causados pelo súbito aumento da demanda cardíaca que causa ataques do coração.

Intensidade

Intensidade simplesmente se refere a quão duro você se exercita. Intensidade é o que deve ser monitorado e modificado quando se vai tornando condicionado. Lembre-se: para qualquer programa de exercícios continuar funcionando ao longo do tempo, você deve sempre mudar alguma coisa. Se faz sempre o mesmo exercício do mesmo jeito por mais de duas semanas, seu corpo já se adaptou a esse aumento de demanda. Você vai parar de fazer progressos a menos que continue desafiando seu corpo.

Na crença de que estão construindo um coração mais forte, muitas pessoas aumentam a duração do exercício quando se tornam mais capazes de se exercitar longamente. Mas pense sobre isto! Seu coração já tem o desafio supremo da resistência — ele deve bater o tempo todo ao longo de uma vida inteira, mesmo quando você está dormindo. Ao invés de se exercitar mais prolongadamente, esforce-se por fazer seu coração aprender a bombear sangue mais rápido e mais intensamente por um curto período de tempo.

Você pode usar esse princípio seguramente enquanto aumenta a intensidade de um jeito controlado e gradual. Quando sua capacidade cardíaca aumenta, você pode fazer mais trabalho sem sentir cansaço adicional. Se caminha ou corre numa esteira, uma vez por semana, aumente o ritmo um pouco ou aumente um pouco a inclinação. Se você está pedalando numa bicicleta ergométrica, pedale um pouco mais rápido ou adicione um pouco mais de resistência.

Duração

Você também pode aumentar o desafio mudando a duração do seu exercício, mas de modo oposto ao que faz a maioria. Aumentando seu nível de condicionamento, você precisa *diminuir* a duração do seu treino. Em outras palavras, cubra a mesma distância em tempos cada vez mais curtos. Você descobrirá que, diminuir gradualmente seus breves períodos de exercício, torna mais fácil aumentar a intensidade de cada sessão e aumentar a intensidade continuará a melhorar a sua capacidade.

Durante os períodos de repouso, não pare inteiramente mas continue a se mover num ritmo suave enquanto se recupera. Atividades leves mantém seu sangue circulando para reabastecer a energia esvaziada armazenada nos seus músculos e a remover restos acumulados de ácidos lácticos. Estudos mostram que seus músculos se recuperam mais rápido com atividade leve do que com uma completa imobilidade. Por isso, se você escolher correr durante seu período de exercício, deve manter-se movendo a passo ou andando mais devagar durante o período de descanso. Você tem uma inclinação natural para fazer isso. Se ouvir seu corpo, você quererá, depois de um corrida, continuar andando.

Quando começar seu Programa PACE™, exercite-se durante 10 a 20 minutos apenas, diariamente. Se está fazendo 20 minutos de exercícios, quererá dividir seu treino de 20 minutos em dois períodos de 10 minutos com um intervalo. Quando estiver em melhor forma, corte suas sessões de exercício para nove minutos, descanse por três e então se exercite por mais nove minutos. Depois, passe para três períodos de seis minutos de exercício com dois minutos de intervalo entre eles. Novamente, o princípio é cortar a duração do exercício gradualmente enquanto vai aumentando o desafio. Para ter uma idéia de quão progressivamente aumentar a intensidade enquanto diminui a duração do exercício ao longo do tempo, dê uma olhada na tabela **Plano PACE™ de 8 semanas** na página 163.

Use seu batimento cardíaco para medir a intensidade

Você pode usar seu batimento cardíaco, ou o número de batimentos cardíacos por minuto, como seu velocímetro cardíaco. Ele dirá a você quão rápido está indo e se precisa aumentar a velocidade ou diminuí-la para se exercitar dentro de sua zona ótima de condicionamento.

VARIAÇÃO ÓTIMA DE PULSO

Idade	Taxa de batimento máximo	Variação ótima de pulso
25	195	137-166
30	190	133-162
35	185	130-157
40	180	126-153
45	175	122-149
50	170	119-145
55	165	115-140
60	160	112-136
65	155	109-132
70	150	105-128
75	145	102-123
80	140	98-119
85	135	95-115
90	130	91-110

Você pode efetivamente desafiar seu coração treinando-o para bater num ritmo que seja de 70% a 85% de sua taxa máxima segura. Calcule sua taxa máxima subtraindo a sua idade de 220 aproximadamente.

Meça seu batimento cardíaco em algum lugar do seu corpo em que possa sentir seu pulso. Dois lugares fáceis são na face interna do pulso e a artéria carótida no seu pescoço. Usando um cronômetro, conte seu pulso por 10 segundos e então multiplique o número obtido por 6 para saber o número de batimentos por minuto. Vamos dizer que contou um pulso de 15 em 10 segundos. Multiplique 15 por 6 e obterá uma taxa de batimento cardíaco de 90 batidas por minuto. Você pode também usar um monitor cardíaco de exercício que fará esse cálculo para você, à venda através da Internet e em muitas lojas de aparelhos para condicionamento físico. Você pode mesmo encontrar relógios de pulso com monitor cardíaco com grandes descontos em lojas de departamentos.

Durante o exercício, se seu pulso é menor que a sua variação ótima de pulso, aumente a velocidade ou se exercite mais duramente. Se seu pulso é maior que sua variação ótima de pulso, diminua o ritmo. Por exemplo, vamos supor que você tenha 35 anos de idade correndo numa esteira e seu coração esteja batendo a 120 por minuto. Para fazer seu coração bater dentro da sua variação ótima de pulso de 130-157, aumente o ritmo ou a resistência da esteira. Suponha que mais tarde, durante o exercício, seu pulso seja de 180. Para manter seu batimento cardíaco dentro da variação ótima de pulso de 130-157, diminua o ritmo ou a resistência da esteira.

> ### CUIDADOS AO SE EXERCITAR
>
> Consulte seu médico antes de começar um programa de exercícios se qualquer das alternativas abaixo se aplica a você:
>
> - Não fez um *check-up* médico nos últimos dois anos.
> - Tem mais de 50 anos.
> - Tem mais de 11 kg de excesso de peso.
> - Tem pressão alta.
> - Teve um ataque cardíaco, palpitações ou dor no peito depois de exercícios.
> - Toma medicação cardíaca.
> - Seu médico lhe disse que você tem angina, fibrilação, taquicardia, um eletrocardiograma anormal, um sopro cardíaco, uma doença reumática do coração ou outros problemas cardíacos.
> - Você tem um parente consangüíneo que morreu de um ataque cardíaco antes dos 60 anos.
> - Você tem asma, enfisema ou outro problema pulmonar.

Descubra seu PACE™

Monte seu programa de exercícios sobre uma atividade que exercite seu coração e pulmões. Nadar, pedalar, subir escadas, correr e máquinas elípticas são todos bons exercícios para o coração e pulmões. A forma de exercício que você escolher dependerá de suas preferências e do seu condicionamento. Você pode querer alternar vários tipos de exercícios para tornar sua rotina divertida e diminuir as chances de lesões por uso excessivo. Você persevera mais facilmente no seu programa quando escolhe exercícios de que gosta.

Aqui está um esboço de um plano PACE™ semana a semana:

Semanas 1 e 2

Comece desenvolvendo uma rotina de exercícios baseada em atividades que goste. Seu objetivo é fazer exercícios por 20 minutos de uma vez com baixa intensidade. Se não consegue se exercitar por 20 minutos sem parar, descanse quando necessário. Anote diariamente o que consegue fazer. Isso é útil para determinar seu atual condicionamento de modo a utilizá-lo como base para acompanhar seu progresso.

Na segunda semana, comece a experimentar com o ritmo. Force você um pouco mais intensamente e então diminua um pouco. Varie seu ritmo tanto quanto ainda se sinta confortável.

Enquanto brinca com o ritmo, comece a desenvolver uma escala interna de quão intensamente se exercita. Crie uma escala de 1 a 10, onde 1 e 2 são ritmos suaves, aumentando de intensidade até 9 ou 10 que será equivalente ao máximo que você consegue.

Semana 1
- Exercite-se por 20 minutos numa intensidade confortável de 2 ou 3.

Semana 2
- Exercite-se por 20 minutos numa intensidade variável prestando atenção no seu ritmo e como se sente com cada um.

Semanas 3 e 4

Nas semanas 3 e 4, aumente a quantidade de exercício que faz no mesmo período de tempo. Se você se exercita numa esteira ou numa bicicleta ergométrica, cubra uma distância maior na mesma quantidade de tempo. Seu treino agora consiste em dois períodos com um intervalo de descanso entre eles. Durante o período de descanso, você não tem de ficar completamente inativo. Você fará melhor mantendo uma movimentação de baixa intensidade enquanto se recupera.

Semana 3
- Exercite-se por 9 minutos na intensidade 3.
- Descanse por 2 minutos.
- Exercite-se por mais 9 minutos na intensidade 4.

Semana 4
- Exercite-se por 8 minutos na intensidade 4.
- Descanse por 4 minutos.
- Exercite-se por mais 8 minutos na intensidade 5.

SEMANAS 5 E 6
Nas semanas 5 e 6, exercite-se mais intensamente durante três períodos mais curtos.

Semana 5
- Exercite-se por 6 minutos na intensidade 3.
- Descanse por 2 minutos.
- Exercite-se por mais 6 minutos na intensidade 5.
- Descanse por 2 minutos.
- Exercite-se por mais 6 minutos na intensidade 4.

Semana 6
Diminua cada período de exercício para 5 minutos enquanto aumenta a intensidade em um ponto. Desde que você estará trabalhando mais duramente, permita-se 3 minutos de descanso num ritmo suave entre os módulos de exercício.

SEMANAS 7 E 8
É tempo de dar uma acelerada em seu programa PACE™. Seu objetivo é gastar cada vez menos tempo para alcançar o ponto do seu máximo esforço. O resultado é que você completa mais módulos de exercício durante o mesmo período de tempo e vai aumentando a

velocidade. Quanto mais curtos seus módulos de máxima intensidade, mais rápido você condiciona seu corpo para sua máxima capacidade.

Semana 7
- Exercite-se por 4 minutos na intensidade 4.
- Descanse por 2 minutos.
- Exercite-se por 3 minutos na intensidade 6.
- Descanse por 2 minutos.
- Exercite-se por 2 minutos na intensidade 7.
- Descanse por 3 minutos.
- Exercite-se por 3 minutos na intensidade 5.

Semana 8
Agora você reduz um pouco o tempo do seu primeiro módulo e aumenta um pouco a intensidade do seu segundo módulo. Você está acelerando seu desafio com seu maior esforço acontecendo mais cedo.

- Exercite-se por 3 minutos na intensidade 4.
- Descanse por 2 minutos.
- Exercite-se por 3 minutos na intensidade 7.
- Descanse por 2 minutos.
- Exercite-se por 3 minutos na intensidade 7.
- Descanse por 2 minutos.
- Exercite-se por 3 minutos na intensidade 5.

Ganhando um coração forte: consiga mais com menos

Plano PACE™ de 8 semanas

Atividade	Semana 1	Semana 2	Semana 3	Semana 4
Exercitar	Exercitar 20 min.	Exercitar 20 min.	Exercitar 9 min.	Exercitar 8 min.
Nível de intensidade	Nível 3 ou 4	Variado	Nível 3	Nível 4
Descanso			2 min.	4 min.
Exercitar			Exercitar 9 min.	Exercitar 8 min.
Nível de intensidade			Nível 4	Nível 5

Atividade	Semana 5	Semana 6	Semana 7	Semana 8
Exercitar	Exercitar 6 min.	Exercitar 5 min.	Exercitar 4 min.	Exercitar 3 min.
Nível de intensidade	Nível 3	Nível 4	Nível 4	Nível 4
Descanso	Descanse 2 min.	Descanse 2 min.	Descanse 2 min.	Descanse 2 min.
Exercitar	Exercite 6 min.	Exercitar 5 min.	Exercitar 3 min.	Exercitar 3 min.
Nível de intensidade	Nível 5	Nível 6	Nível 6	Nível 7
Descanso	Descanse 2 min.	Descanse 3 min.	Descanse 2 min.	Descanse 2 min.
Exercitar	Exercitar 6 min.	Exercitar 5 min.	Exercitar 2 min.	Exercitar 3 min.
Nível de intensidade	Nível 4	Nível 5	Nível 7	Nível 7
Descanso			Descanse 3 min.	Descanse 2 min.
Exercitar			Exercitar 3 min.	Exercitar 3 min.
Nível de intensidade			Nível 5	Nível 5

Implemente o programa com força total

Continuando com seu programa PACE™, aumente a intensidade de seus treinos e o número de módulos de exercício. Ao mesmo tempo, diminua a duração dos módulos. Você pode estar fazendo três módulos de 5 minutos com dois intervalos de descanso de 3 minutos. Conforme vai progredindo, encurte a duração dos seus módulos de exercício para 4, 3, 2 e então 1 minuto. Trabalhe um pouco mais duro durante essas sessões mais curtas. Quando estiver acostumado a usar o PACE™ e usá-lo plenamente, suas sessões de exercício serão menores que 14 minutos!

Aqui está uma amostra de plano de exercício PACE™ avançada para quando tiver se condicionado para o desafio. Tomará apenas 10 minutos:

SESSÕES DE TREINAMENTO

Sessão 1   • Exercite-se por 1 minuto na intensidade 5   • Descanse 1 minuto na intensidade 3
Sessão 2   • Exercite-se por 1 minuto na intensidade 6   • Descanse 1 minuto na intensidade 4
Sessão 3   • Exercite-se por 45 segundos na intensidade 7   • Descanse 1 minuto na intensidade 4
Sessão 4   • Exercite-se por 45 segundos na intensidade 8   • Descanse 1 minuto na intensidade 3
Sessão 5   • Exercite-se 30 segundos na intensidade 9   • Descanse 2 minutos na intensidade 2

Quando você estiver condicionado o bastante para fazer isso, exercitar-se por apenas 30 segundos numa intensidade de 9 ou 10 parecerá surpreendentemente um longo tempo. De fato, seu corpo não pode manter-se exercitando nesse nível muito mais do que isso porque seus músculos precisam de mais oxigênio que seu corpo pode fornecer. Mas isso é exatamente o motivo por que funciona! Esta taxa de exercício estará treinando seu coração e vasos sangüíneos a fornecer mais oxigênio mais rápido.

Ganhando um coração forte: consiga mais com menos

Não faça a coisa difícil

O erro mais comum que os principiantes cometem é achar que devem se exercitar num nível desconfortável de esforço para obter resultados. Essa é uma interpretação compreensível quando você focalizar sua atenção em intensidade dos exercícios, mas não é necessária.

O certo é começar com o que seja um plano de esforço confortável. Ao melhorar seu condicionamento, este ritmo se tornará mais fácil para você. Então você faz uso dessa capacidade adicional para aumentar o seu módulo de exercícios. Isso treinará seu corpo a aumentar ainda mais sua capacidade de exercício. Com esse passo a passo semanal de progressão gradual para seu treino, de acordo com as respostas do seu corpo, você não sente um esforço desconfortável e doloroso.

Homens e ciclismo

Existem estudos que relacionam o ciclismo de longa distância à impotência. A palavra-chave aqui é longa distância. A maior parte dos pesquisadores estudou homens que pedalaram por várias horas todos os dias. Afortunadamente, não existe evidência de risco se você pedalar por curta duração.

Quando um homem senta num selim de bicicleta, suas virilhas suportam o peso inteiro do seu corpo. Isso exerce uma intensa pressão na área próxima aos genitais, que contém nervos e artérias que transmitem sensações e sangue para esses órgãos. Pressionamento prolongado pode causar entorpecimento genital e mesmo uma impotência temporária.

Você pode criar uma capacidade de reserva no seu coração, pulmões e músculos em menos de 10 minutos por dia. Não há necessidade de se sentar numa bicicleta por um longo período de tempo. Limite seu ciclismo a menos de três horas por semana.

> Se gosta de pedalar e ainda está preocupado, varie suas atividades. Pedale umas poucas vezes por semana e faça outras formas de exercício de que goste durante o resto da semana. Também, cheque com as indústrias de bicicletas que recentemente comercializaram novos selins especificamente para diminuir a pressão sobre os genitais.

Fortalecendo sua musculatura

Vamos deixar clara uma coisa que freqüentemente causa confusão. O tamanho do músculo e a sua força não significam a mesma coisa. Sim, é claro, os dois estão relacionados, mas os modernos praticantes de musculação criam tanta hipertrofia muscular que têm dificuldades até para executar tarefas rotineiras.

Em contraste, você pode estar precisando aumentar o tamanho dos seus músculos. Perda muscular tem conseqüências no envelhecimento. Nesse caso, treinar resistência pode ser seu melhor caminho. É uma maneira científica de aplicar uma sobrecarga em músculos isolados. Desde que você possa manipular facilmente a resistência aumentando o peso que suporta, pode perpetuar o estímulo para o crescimento muscular.

Você pode usar as medidas de composição corporal do capítulo 5, *Avaliando a sua saúde cardíaca*, para determinar se precisa construir ou restaurar massa muscular. Se sua massa muscular é baixa, você encontrará um programa para um ganho rápido e efetivo de musculatura no capítulo 11, *Personalize sua cura do coração*.

Mas em anos de aplicação prática, uma clara limitação do treinamento com pesos ficou evidente: você não está realmente treinando coisa alguma. Está mais é *destreinando* seus músculos; ensinando-os a ficarem tensos. Isso tende a criar padrões de movimentos antinaturais, predispondo-o a lesões, e não é a melhor maneira de construir uma força prática que você possa usar.

Exercícios que levam seu corpo através de um padrão natural e funcional de movimento treinam seu circuito inteiro, do pensamento à ação. Essa educação neuromuscular é essencial se você quer que os novos músculos sejam capazes de fazer alguma coisa. Quando você exige seus músculos na vida real, eles se movem contra a resistência de seu próprio peso corporal. Antes que os exercícios com pesos se tornassem regra, nós chamávamos esses exercícios de peso corporal de exercícios calistênicos. Eles ainda são a melhor maneira de se ganhar força funcional.

Nossos ancestrais pré-históricos tinham de correr, pular, subir e lutar em sua perseguição diária por comida e segurança. Você pode desenvolver a extraordinária força funcional dos animais selvagens usando seu próprio peso corporal.

Praticantes de musculação podem desenvolver músculos fortes através de treinamento intenso de resistência, mas ginastas, acrobatas, nadadores, corredores e atletas de muitas modalidades desenvolvem melhor a capacidade funcional. Eles têm uma maior força prática em resposta às demandas de seus corpos em movimento. Lembre-se: seu sistema cardiovascular tem músculos também. Esses ótimos exercícios para fazer crescer sua força muscular também ajudarão a fortalecer os músculos do seu coração, o tecido muscular liso presente nas paredes de seus vasos sangüíneos e os músculos expansores dos seus pulmões.

Calistênicos com bom senso

Na vida diária, seus músculos trabalham contra a resistência de seu próprio peso corporal. A despeito dos fantásticos equipamentos de ginástica, os exercícios calistênicos continuam sendo a melhor maneira de ganhar força que você possa usar. Os exercícios calistênicos são também muito mais efetivos para fortalecer ligamentos e tendões[71]. Para construir força que você possa usar, trabalhe contra seu próprio peso corporal.

---

[71] La Stayo P, Ewy GA, Pierotti DD, et al. The positive effects of negative work: increased muscle strength and decreased fall risk in a frail elderly population. *Journal of Gerontology and Biological Science and Medical Science.* 2003 May; 58(5):M419-424.

Fortalecendo suas fundações: exercite suas pernas e a parte de baixo do seu corpo

Vamos começar de baixo para cima. A parte de baixo do seu corpo é mais importante para a força funcional que a parte de cima. Para ambos, homens e mulheres, aparenta ser de pouco benefício ganhar músculos maiores nos braços, peito e ombros, e ter um desequilíbrio muscular entre a porção superior e inferior do corpo que pode danificar as articulações (especialmente ombros e pescoço) e a postura mais tarde na vida[72].

Seus maiores músculos são seus quadríceps na frente das suas coxas, seguidos por seus ísquios-tibiais na parte de trás de suas coxas e os músculos glúteos em suas nádegas, significando que seus três maiores músculos trabalham todos para flexionar e estender seu quadril. Se você quer maximizar o efeito de seus exercícios na sua força corporal total, vá para os músculos que a natureza determinou sejam os mais fortes e comece por eles.

- **Faça mergulhos alternados.** Fique ereto com as mãos nos quadris e os pés juntos. Dê um grande passo à frente com a perna esquerda e dobre o joelho direito encostando-o no chão. Levante rapidamente a perna dobrada e dê um passo à frente com seu pé direito, retornando à posição ereta com os pés juntos. Repita e alterne as pernas enquanto anda por um corredor ou através da sala.
- **Agache-se.** Com os pés separados na largura entre seus ombros e apontando levemente para fora, agache-se como se fosse sentar-se num tamborete baixo até que suas coxas estejam

---

[72] Brose A, Parise G and Ternoppoisy, MA. Creatine supplementation enhances isometric strength and body composition improvements following strength exercise training in older adults. *Journal of Gerontology and Biological Science and Medical Science.* 2003 Jan;58(1):11-19.

em paralelo com o chão. Embora você possa manter suas costas retas para uma boa postura, não há necessidade de mantê-las super-retas e perpendiculares ao chão. É natural e necessário ao bom equilíbrio, e mais confortável, se você se inclinar deixando a parte superior do corpo mais para a frente enquanto empurra a parte inferior para trás e para baixo. Mantenha os calcanhares pousados no chão.
- **Faça saltos agachado.** Fique ereto com as mãos nos quadris e os pés separados na direção dos seus ombros. Agache-se até suas pernas fazerem ângulos quase retos. Agora pule direto tão alto quanto possa como um foguete sendo lançado.

Fortalecendo seu tronco: exercite seu abdômen e suas costas

Agora vamos nos concentrar em sua barriga. Músculos abdominais fortes ajudam a prevenir dores e lesões nas costas. Lembre-se: esses exercícios sozinhos não eliminam os pneus na cintura. Você precisará melhorar sua dieta para ir adiante com o novo programa de exercícios. Construir os poderosos grupos de músculos do tronco suportará a força funcional do corpo. Esses músculos melhoram sua respiração, postura e mecanismos de locomoção.

- **Tremor abdominal.** Deite-se de costas. Estenda os braços ao longo do corpo com as palmas das mãos voltadas para baixo e mova-as para baixo de suas nádegas pressionando as costas firmemente contra o chão. Lentamente, erga a cabeça e os pés ligeiramente acima do chão. Mantenha a posição por um segundo e baixe lentamente. Repita. Você pode variar os músculos usados para levantar mais alto suas pernas, cruzando uma perna sobre a outra na altura dos joelhos ou levantando só a cabeça.

- **Elevador de pernas.** Deitado sobre suas costas, comece levantando as pernas 15 cm acima do chão. Depois as levante mais 30 cm e leve-as para baixo de volta à posição inicial. Repita.

- **Pontapé.** Deitado sobre as costas, alterne levantando cada perna cerca de 60 a 90 cm do chão. Repita.

- **Tesoura.** Deite de costas e erga suas pernas uns poucos centímetros do chão. Agora estique suas pernas para os lados e faça com elas movimentos como os de uma tesoura abrindo e fechando.

Fortalecendo a parte superior do corpo

Use o próprio peso corporal para desenvolver a parte superior do seu corpo. Engajar-se numa ampla gama de atividades motoras construirá uma força prática. Seus músculos se tornarão úteis e aumentarão sua habilidade para as atividades diárias como levantar um pacote pesado ou mover um sofá.

Quando trabalha a parte de cima do corpo, fique atento mais às suas costas que ao seu peito e braços. Isso faz mais para prevenir lesões do que gastar tempo com suas extremidades.

- **Flexões.** Flexões trabalham a parte superior inteira do corpo, fortalecendo os músculos peitorais, os deltóides dos ombros, os tríceps dos braços e os músculos das costas. Deite-se com o rosto virado para o chão, erga seu corpo apoiado em suas mãos espalmadas no chão um pouco além da linha dos ombros. Junte seus pés e estique suas costas. Abaixe-se até quase tocar o chão. Se tiver dificuldade no começo, tente fazer isso com seus joelhos no chão e seus pés no ar. Quando dominar a versão tradicional, brinque de bater palmas entre cada flexão.

- **Alongamento de braços.** Deite-se sobre seu estômago e estique os braços para a frente. Levante braços e pernas do chão. Então mova seus braços em arco até suas coxas, como se estivesse nadando. Termine voltando seus braços à posição inicial.
- **Barras.** Com os tradicionais levantamentos, erga e baixe seu corpo sobre uma barra. Você pode variar a distância entre suas mãos na barra; quanto maior a distância, mais seus músculos das costas se fortalecerão. Quando seus dedos estão virados para fora no levantamento tradicional são trabalhados os músculos no meio das costas. Se você segura a barra com os dedos voltados para você, estará necessariamente levantando o queixo, o que trabalha as costas e também seus bíceps.
- **Mergulhos.** Você pode fazer esses exercícios entre duas cadeiras ou duas escrivaninhas, ou entre duas barras paralelas. Enquanto coloca uma mão em cada objeto, levante os pés do chão e então lentamente abaixe-se até seus cotovelos estarem num ângulo reto. Fique assim por alguns momentos e volte à posição inicial. Este exercício é excelente para o peito, o meio das costas e o tríceps.

CRIE UM PLANO DE EXERCÍCIOS

Você pode combinar estes exercícios de muitas maneiras. Por exemplo, pode alternar exercícios pelos grupos principais de músculos, trabalhando um grupo diferente a cada dia e fazendo três conjuntos de 10 repetições para cada exercício que escolheu para aquele dia.

Você pode encontrar exercícios na Internet ou na biblioteca. Decida-se por alguns favoritos e então crie seu próprio programa. Lembre-se de incluir o PACE™ na sua rotina também.

Um plano excelente de exercícios

Dia 1	PACE™
Dia 2	Pernas e abdominais
Dia 3	PACE™
Dia 4	Descanso
Dia 5	PACE™
Dia 6	Costas, peito e braços
Dia 7	PACE™

Plano para o sucesso

É útil manter um diário de seu programa de saúde. Não existe um indicativo melhor se você será ou não bem-sucedido em alcançar seus objetivos do que estar disposto ou não a fazer um registro diário. Se quer alcançar seus objetivos de condicionamento, escreva como planeja fazer isso — e então anote o que realmente está fazendo. Um relatório escrito de seus treinos o auxilia a medir seu progresso.

Seu plano de ação

- Exercite a capacidade do seu coração, pulmões e vasos sanguíneos seguindo o programa PACE™.
- Ganhe força funcional com exercícios de peso corporal (calistênicos).

8

ENERGIZE SEU CORAÇÃO: O MILAGRE DA COQ10

O corpo humano requer níveis adequados de coenzima Q10 (CoQ10) para sobreviver. Não é segredo que esse antioxidante essencial é importante para manter um coração saudável. Mas existe um segredinho sujo sobre a CoQ10 que os fabricantes de medicamentos não querem que você saiba: as estatinas, drogas anticolesterol, derrubam os níveis de CoQ10 no corpo.

Enquanto esses remédios reduzem a produção de colesterol pelo fígado, também diminuem a produção de CoQ10. De fato, estudos descobriram que as estatinas baixam os níveis de CoQ10 em mais de 40%[73].

As companhias farmacêuticas sabem sobre esse perigoso efeito colateral. Uma delas inclusive desenvolveu uma combinação de estatina e CoQ10 para compensar a perda de CoQ10 pelo corpo, mas decidiu segurar a patente sem liberar essa combinação com o nutriente ao público. Claramente elas reconhecem que suas drogas drenam o de CoQ10 do corpo, e não fazem nada para educar os médicos e pacientes

---

[73] Ghirlanda G, Oradei A, Manto A, et al. Evidence of plasma CoQ10-lowering effect of HMG-COA reductase inhibitors: a double blind, placebo-controlled study. *Journal of Clinical Pharmacology*. 1993 Mar; 33(3):226-229.

sobre esse perigo verdadeiramente real de se tomar estatinas. Ao invés disso, ignoram o fato na esperança de que as notícias sobre efeitos colaterais não interfiram com a venda de seus remédios.

Infelizmente, muitos médicos não sabem o suficiente sobre a relação das estatinas com a CoQ10 para recomendar a seus pacientes que tomem suplementos. Alguns médicos mal-informados desencorajam mesmo o uso da CoQ10 e outros suprimentos nutricionais.

Recentemente, uma dançarina de Chorus Line aposentada da cidade de Nova York veio ao Centro para Saúde e Bem-Estar pela primeira vez com hipertensão, mesmo tomando duas medicações para a pressão alta e uma estatina. Queixou-se de que se sentia constantemente fatigada e tinha crescentes problemas de memória. Quando seu nível de CoQ10 foi mensurado, era menor que o de 95% da população. Depois de tomar 200 mg de um suplemento de CoQ10 diariamente por dois meses, ela foi capaz de parar com as medicações hipertensivas e agora mantém uma pressão sangüínea normal. Também relatou que se sentia energizada e tinha recuperado sua memória.

Ela voltou ao cardiologista para dar-lhe as boas novas. Mostrou a ele que o notável nutriente normalizava sua pressão melhor que os remédios. Ao invés de se regozijar com o sucesso dela, ele ficou irado, disse a ela que a CoQ10 não podia ajudá-la a baixar a pressão e atirou no lixo sua CoQ10. Incrivelmente, esta não é a única história desse tipo. Juntas, essas histórias revelam um duplo padrão problemático. Muitos médicos são bem-informados dos usos e benefícios dos remédios mas mal-informados e suspeitosos das soluções nutricionais. Embora mais de 100 estudos mostram os benefícios da CoQ10 para o coração.

Neste capítulo, você descobrirá como e por que a CoQ10 funciona para fortalecer o coração. Como é difícil obter níveis ótimos desta substância através da típica dieta moderna americana, e você também descobrirá como usar suplementos na sua rotina de coração saudável.

Descubra os notáveis benefícios da CoQ10

No Centro para Saúde e Bem-Estar, mais da metade dos pacientes que tomavam drogas para baixar a pressão foram capazes de parar com a medicação quando começaram a usar CoQ10. A CoQ10 é nada menos que um miraculoso energizador cardíaco.

A CoQ10 é um cofator essencial que seu corpo utiliza para extrair energia. Você não pode sobreviver sem ele. A CoQ10 é um poderoso antioxidante presente em todas as células do seu corpo. Por causa de sua onipresença (está em toda parte!), você pode ver que ela influi sobre tudo.

A CoQ10 é essencial para a função normal de todos os seus órgãos principais. É especialmente importante para os órgãos mais necessitados de energia, como seu coração, cérebro, rins e fígado. A CoQ10 alimenta seu corpo com combustível de primeira. E fornece ao seu corpo mais cinco benefícios vitais! A CoQ10:

1. Destrói os radicais livres antes que eles possam danificar as membranas celulares.
2. Previne a arteriosclerose reduzindo o acúmulo de gordura oxidada em seus vasos sangüíneos.
3. Melhora doença cardíaca, pressão alta e colesterol elevado.
4. Reduz a dor no peito e melhora a tolerância ao exercício em pacientes com angina crônica estabelecida.
5. Regula o ritmo cardíaco.

Turbine sua mitocôndria

A CoQ10 funciona como mágica na mitocôndria. A mitocôndria é uma estrutura em suas células que fabrica energia. Praticamente, todas as células do corpo têm sua própria mitocôndria produtora de energia desenhada para atender as necessidades individuais de cada célula. (Não existem mitocôndrias nas células vermelhas do sangue ou no cristalino do olho.) Muitas células contêm entre 500 a 2.000 mitocôndrias; a mais alta concentração de mitocôndrias está nas células mais solicitadas, incluindo as do cérebro, coração, rins e outros órgãos que trabalham duramente.

A produção de energia nas células começa quando o corpo transforma o alimento que comemos em nutrientes (glicose, aminoácidos e ácidos graxos), que a mitocôndria pode usar para produzir energia. Dentro da célula, a mitocôndria — através de um processo de muitos passos que os cientistas chamam de Ciclo de Krebs — produz a trifosfato de adenosina (ATP). A ATP é literalmente a fonte da energia corporal. A ATP é o combustível que as células queimam para executar suas tarefas.

Para gerar energia, a mitocôndria usa grande quantidade de CoQ10, que ajuda nas reações químicas necessárias à sua produção. Isso é essencial para manter a casa de força das células — a mitocôndria — trabalhando eficientemente. De fato, a CoQ10 é uma virtual Fonte da Juventude para as células.

Quando as células se esvaziam de CoQ10, a mitocôndria simplesmente não pode produzir energia suficiente para atender às demandas corporais. Quando o corpo está bem estocado de CoQ10, pode operar eficientemente. Quando os estoques de CoQ10 diminuem, a mitocôndria é menos eficiente e acaba produzindo difosfato de adenosina (ADP), que é um combustível menos potente. Ao longo do tempo, seu corpo operando com um combustível barato vai cobrar seu preço, danificando a mitocôndria e contribuindo para uma crescente sensação de cansaço.

Quando nosso corpo é jovem, nossas mitocôndrias trabalham incansavelmente para produzir a energia abundante associada à juventude. Com o passar dos anos, contudo, as mitocôndrias envelhecem e mostram sinais de desgaste, como faz o resto do nosso corpo. A mitocôndria pode tornar-se endurecida e menos eficiente para produzir ATP.

Quando as mitocôndrias entram em colapso, produzem menos energia. Se isso acontece por tempo suficiente, você sente uma fadiga crônica. Isso torna o coração fraco e ineficiente. Essa crise no sistema de energia pode comprometer o sistema imunológico como um todo, tornando-nos mais vulneráveis ao ataque de bactérias, vírus e outros patógenos.

Alguns estudos descobriram que pessoas que sofrem de doenças associadas ao envelhecimento — incluindo doença cardiovascular, doença de Parkinson e mal de Alzheimer — tendem a ter níveis baixos de CoQ10 e altos níveis de insuficiência mitocondrial. O Centro para Saúde e Bem-Estar tem mensurado os níveis de CoQ10 em centenas de pacientes com alguns resultados surpreendentes.

- Pessoas jovens (nos seus vinte anos ou menos) quase sempre têm níveis adequados de CoQ10.
- Deficiências em CoQ10 são comuns em pessoas de 40 anos em diante.
- Pessoas que fazem exercícios de resistência de longa duração tendem a ter níveis mais baixos de CoQ10.
- Deficiências de CoQ10 são muito comuns em pacientes com doença do coração, pressão alta, diabetes e baixo colesterol HDL (bom).
- Níveis de CoQ10 são freqüentemente baixos naqueles que evitam carne vermelha e são estritamente vegetarianos.

Se você está numa dessas categorias, como centenas de pacientes descobriram, suplementos de CoQ10 podem fazer uma grande diferença em seu potencial de energia e de saúde cardiovascular.

A descoberta da CoQ10

O Dr. Frederick Crane, o chamado pai da pesquisa da CoQ10, descobriu a CoQ10 na Universidade de Wisconsin em 1953. Crane inicialmente supôs que a substância estava relacionada com a vitamina A, porém mais tarde percebeu que era alguma coisa completamente diferente. Continuou a conduzir a pesquisa sobre a substância e em 1957 descobriu-a na mitocôndria do músculo cardíaco da vaca.

Em 1958, o bioquímico Karl Folkers, Ph.D., diretor do Instituto de Pesquisa Biomédica da Universidade do Texas em Austin, e pesquisadores de uma indústria farmacêutica identificaram a estrutura química da CoQ10, e logo desenvolveram um modo de sintetizá-la. Nessa época, os cientistas não compreenderam a importância de sua descoberta. Uma vez que a CoQ10 era uma substância natural, não podia ser patenteada e era cara de produzir. A companhia farmacêutica vendeu a tecnologia de produção da CoQ10 a pesquisadores japoneses.

No final dos anos 1950 e nos anos 1960, pesquisadores japoneses fizeram experiências com a CoQ10 e o seu papel no corpo. Logo descobriram que a CoQ10 era efetiva no tratamento da insuficiência cardíaca congestiva, uma condição que não responde bem aos tratamentos convencionais. Pesquisadores ocidentais prestaram pouca atenção a este feito da CoQ10. Eles acreditavam que a resposta à doença cardíaca estava na cirurgia de coração aberto e outras soluções cirúrgicas, ao invés de num simples suplemento nutricional.

Pesquisadores também descobriram que a CoQ10 era um poderoso antioxidante. Antioxidantes ajudam o corpo a neutralizar radicais livres nas células. Os radicais livres contribuem para um espectro de doenças e problemas médicos, incluindo a doença do coração, câncer, mal de Alzheimer, artrite e outros problemas associados ao envelhecimento. Os radicais livres são subprodutos metabólicos da produção de energia nas células. A CoQ10 aparenta proteger as células e a mitocôndria limpando delas estes radicais livres antes que eles possam danificá-las. Agora, mesmo os pesquisadores ocidentais reconhecem a importância da CoQ10 na produção de energia e na manutenção da saúde das células.

Pesquisa com a CoQ10

Estudos descobrem que a CoQ10 protege e fortalece o coração, protege o cérebro e revitaliza o sistema imunológico. Existem mais de 100 estudos das principais universidades e hospitais relacionando a deficiência em CoQ10 às doenças cardíacas. Estudos adicionais mostram que tomar CoQ10 revitaliza a função cardíaca e pode aliviar grandemente os sintomas de doença do coração. Considere a evidência.

Cure seu coração com CoQ10

Alguns dos mais impressionantes estudos com a CoQ10 pesquisaram o papel do suplemento no tratamento da doença cardiovascular. Num estudo importante, o Dr. Folkers e seus colegas descobriram deficiência em CoQ10 na maioria das pessoas com doença cardíaca. Os pesquisadores mediram os níveis de CoQ10 em biópsias de tecido cardíaco. E acharam baixos níveis de CoQ10 em 50% a 75% dos pacientes com vários tipos de doença do coração[74].

A rodada de estudos seguinte procurou saber se tomar suplementos de CoQ10 podia prevenir ou reverter a doença cardíaca. Desde os anos 1970, mais de 50 estudos demonstraram a efetividade da CoQ10 no tratamento de pessoas com doença do coração. O Dr. Folkers e o Dr. Peter Langsjoen, um cardiologista de Tyler, Texas, conduziram um notável estudo entre 1985 e 1993. Observaram 424

---

[74] Folkers K, Wolaniuk J, Simonsen R, et al. Biochemical rationale and the cardiac response of patients with muscle disease to theraphy with coenzyme Q10. *Proceedings of the National Acaddemy of Science*. 1985 Jul;82(13):4513-4516.

pessoas que receberam CoQ10 e o tratamento médico convencional para doença cardíaca. Os médicos então avaliaram o progresso dos pacientes de acordo com a escala funcional da Associação do Coração de Nova York. A escala varia de I (para lesões menos sérias) a IV (para as mais sérias). Depois de tomar CoQ10, 58% dos pacientes melhoraram uma categoria, 28% melhoraram duas categorias e 1,2% melhoraram três categorias! Além disso, 43% dos pacientes diminuíram ou eliminaram sua medicação cardíaca.

A CoQ10 também ajuda a diminuir a pressão do sangue. Um estudo duplo-cego com placebo no *Journal of Human Hypertension* seguiu dois grupos de pessoas com hipertensão. Um grupo tomou CoQ10 por 8 semanas enquanto o outro tomou um placebo. O grupo da CoQ10 mostrou uma significativa redução na pressão arterial[75]. *Molecular Aspects of Medicine* relatou outro estudo fascinante com pacientes tomando CoQ10 e drogas prescritas para baixar a pressão. Os pesquisadores descobriram que mais da metade de todos os pacientes que tomavam medicamentos para a pressão foram capazes de eliminar as medicações quando começaram a tomar suplementos de CoQ10. Num estudo da Universidade do Texas, pessoas com pressão alta tomaram suplementos orais de CoQ10. Dentro de um mês, experimentaram marcadas melhoras na pressão sangüínea. Acima de tudo, 51% delas foi capaz de descontinuar suas medicações hipertensivas[76].

A CoQ10 oferece resultados com um risco mínimo de efeitos colaterais indesejados. Muitas medicações para doença cardiovascular têm desagradáveis efeitos colaterais, incluindo cansaço, náusea e tontura. A CoQ10 oferece muitos dos mesmos benefícios à saúde que as drogas — sem seus danosos efeitos colaterais.

---

[75] Singh RB, Niaz MA, Rostogi SS, et al. Effect of hydrosoluble coenzyme Q10 on blood pressure in hypertensive patients with coronary artery disease. *Journal of Human Hypertension*. 1999 Mar; 13(3):203-208.

[76] Langsjoen P, Langsjoen P, Willis R and Folkers K. Treatment of essential hypertension with coenzyme Q10. *Molecular Aspects of Medicine.* 1994; 15 Suppl:S265-272.

Reverta a insuficiência cardíaca congestiva

O melhor tratamento para a insuficiência cardíaca congestiva é uma dose diária de CoQ10. Funciona melhor que qualquer outra medicação prescrita. Muitos casos de doença cardiovascular se resolvem completamente quando os pacientes começam a tomar CoQ10.

Prive o seu coração de CoQ10 e a energia disponível dele declina, levando à diminuição do volume de sangue que pode bombear. Se seu coração bombeia menos sangue do que recebe, retém fluidos e começa a inchar como um balão. Chamamos isso de insuficiência cardíaca congestiva.

A insuficiência cardíaca congestiva pode afetar o lado direito ou esquerdo do coração. O lado esquerdo bombeia sangue rico em oxigênio vindo dos pulmões para o resto do corpo. O lado direito bombeia o sangue empobrecido de oxigênio que vem do corpo de volta para os pulmões para se reabastecer de oxigênio. Quando o lado esquerdo do coração é danificado, o sangue retorna para os pulmões causando um chiado no peito e uma respiração curta (mesmo durante o repouso), cansaço, distúrbios do sono e uma tosse seca, entrecortada e não produtiva, quando deitado. Quando o lado direito do coração é danificado, o sangue se acumula nas pernas e no fígado, causando pés e tornozelos inchados, dilatação das veias do pescoço, dor abaixo das costelas, fadiga e letargia. Pessoas com insuficiência cardíaca congestiva tendem a ter níveis anormais de CoQ10. Elas também têm muitos problemas e anormalidades na mitocôndria das células, provavelmente causadas pelos baixos níveis de CoQ10.

A CoQ10 é importante no tratamento da insuficiência cardíaca congestiva, uma doença que freqüentemente é fatal. Enquanto algumas medicações tradicionais podem melhorar temporariamente a função cardíaca, freqüentemente retardam a morte por não mais que meses ou anos quando muito. A taxa de sobrevivência de cinco anos em pessoas com insuficiência cardíaca congestiva é de 50%, e muitas pessoas com o problema sofrem de graves deficiências funcionais.

A CoQ10 oferece esperança para pessoas com insuficiência cardíaca congestiva. A CoQ10 altera o funcionamento e a força das células do coração. Pacientes com insuficiência cardíaca congestiva podem prolongar maravilhosamente suas vidas tomando CoQ10. Num estudo, tomar CoQ10 diminuiu a média de mortes anuais de pacientes com insuficiência cardíaca congestiva em 26% a 59%[77]. Muitos pacientes reverteram sua insuficiência cardíaca congestiva tomando doses regulares de CoQ10.

Melhorando a angina pectoris

Cerca de três milhões de americanos sofrem de angina, um ataque doloroso que ocorre quando o músculo cardíaco não obtém suficiente oxigênio. (O termo médico para isso é isquemia miocardial.) Esforço físico, aborrecimentos, excessiva excitação ou mesmo a digestão de comida pesada pode desencadear um ataque de angina em pessoas cujos corações estão prejudicados por uma alta pressão sangüínea e por doença coronariana. O ataque de angina freqüentemente serve como uma dolorosa advertência de que o coração se encontra lesionado e que um ataque cardíaco pode seguir-se, a menos que medidas sejam tomadas para recuperar o coração doente. As boas notícias são que você pode curá-lo.

A CoQ10 ajuda pessoas com angina *pectoris*. Como parte de um estudo duplo-cego (nos quais nem o médico nem o paciente sabem quem está tomando o medicamento ou o placebo), 12 pessoas com angina *pectoris* tomaram 150 mg de CoQ10 diariamente por quatro semanas. Os pacientes tomando CoQ10 experimentaram 53% de redução na freqüência de seus ataques de angina comparados aos que tomaram o placebo. Além disso, aquelas pessoas que tomaram a CoQ10 puderam se exercitar numa esteira muito mais longamente que tinham podido fazer antes de começar a tomar CoQ10[78].

---

[77] Langsjoen P.H. et al. Long-term efficacy and safety of coenzyme Q10 therapy for idiopathic dilated cardiomyopathy. *American Journal of Cardiology*. 1990; 65:521-523.

[78] Kamikawa T, Kobayashi A, Yamashita T, et al. Effects of coenzyme Q10 on exercise

Recuperando-se de uma cirurgia cardíaca

A CoQ10 produz impressionantes resultados durante a recuperação de cirurgia cardíaca. Uma série de fascinantes estudos australianos demonstrou que a CoQ10 pode criar um desempenho jovem em corações mais velhos[79]. No primeiro estudo, pesquisadores colocaram corações retirados de ratos velhos e jovens num equipamento para mantê-los batendo artificialmente. Então submeteram os corações a um estresse excessivo. O estresse excessivo acelerou a taxa de batimento cardíaco para mais de 500 batidas por minuto em duas horas. No final do teste, os corações jovens recuperaram 45% de sua função inicial enquanto os corações velhos recuperaram apenas 17% de sua função. Durante a segunda fase, um segundo grupo de ratos recebeu CoQ10 por seis semanas enquanto o outro grupo recebeu um placebo. Os pesquisadores então sacrificaram os ratos e duplicaram a maratona de batimentos cardíacos. Os corações de ratos jovens reagiram da mesma forma, tivessem ou não recebido CoQ10. Os ratos velhos que receberam CoQ10, por outro lado, tiveram a mesma taxa de recuperação dos ratos jovens. Em outras palavras, os corações dos ratos velhos que receberam CoQ10 reagiram tão bem quanto os corações jovens.

Como essa descoberta se aplica aos corações humanos? Sabemos que os mais idosos geralmente não toleram bem a cirurgia cardíaca. Essa opção é freqüentemente vedada a pessoas com mais de 70 anos. Acreditamos que o problema provenha da chamada "lesão de reperfusão". Esse dano ocorre porque durante a cirurgia de coração aberto, a equipe cirúrgica precisa parar o coração para operá-lo e então

---

tolerance in chronic stable angina pectoris. *American Journal of Cardiology*. 1995 Aug 1; 56(4): 247-251.

[79] Rosenfeldt FL, Pepe S, Linnane A, et al. Coenzyme Q10 protects the aging heart against stress: Studies in rats, human tissues, and patients. *Annals of New York Academy of Science*. 2002 Apr; 959:355-359.

fazê-lo bater novamente quando acaba a cirurgia. A máquina coração-pulmão continua a fazer circular o sangue para o corpo durante a operação. Durante a cirurgia, o coração fica com falta de sangue e de oxigênio, exatamente como durante um ataque cardíaco. Quando a circulação é restabelecida, o corpo experimenta uma arremetida de oxigênio que causa extremos danos de radicais livres no tecido cardíaco. Os radicais livres são células instáveis que tendem a "roubar" elétrons das células vizinhas. Nós sabemos que a CoQ10 ajuda a neutralizar esses radicais livres. Poderia ela prevenir os danos causados pelo parar e reiniciar o coração durante a cirurgia de coração aberto?

Para testar a teoria, cardiologistas banharam tecido cardíaco numa solução que forneceu a ele oxigênio e glicose. Em seguida, fizeram passar através da solução uma corrente elétrica para induzir o tecido do coração ao "batimento". Os pesquisadores então mediram a força de contração do músculo cardíaco.

Então privaram o tecido cardíaco de oxigênio e glicose por uma hora para simular a experiência da cirurgia de coração aberto. Depois restauraram o oxigênio e a glicose causando a formação de radicais livres. Nessa situação os tecidos cardíacos mais jovens recuperam 70% de sua força enquanto os corações velhos recuperam apenas 49%.

Para testar o impacto da CoQ10 no coração, os pesquisadores administraram CoQ10 ao tecido cardíaco por 30 minutos antes de repetir a experiência de privação de oxigênio e glicose. Como no experimento com o coração de ratos, os corações velhos mostraram uma marcada melhoria. De fato, os tecidos de coração velho pré-tratados com CoQ10 realmente recuperaram assombrosos 72% de sua força de contração, um pouco melhor que a taxa de recuperação dos corações jovens[80].

---

[80] Jeejeebhoy F, Keith M, Freeman M, et al. Nutritional supplementation with MyoVive repletes essential cardiac myocyte nutrients and reduces left ventricular size in patients with left ventricular dysfunction. *American Heart Journal*. 2002 Jun; 143(6):1092-1100.

Nesses experimentos, a CoQ10 ajudou corações velhos a se recuperarem tão bem quanto corações jovens. Mas não pense que a CoQ10 é efetiva somente para os corações velhos. A pesquisa sugere que existem outros benefícios, tanto para os jovens como para os velhos corações. A CoQ10 pode em primeiro lugar ajudar a prevenir os radicais livres de danificar o coração. Outros estudos mostraram que a CoQ10 pode reduzir a oxidação de colesterol e diminuir a incidência de ataques cardíacos.

A combinação de CoQ10 com carnitina oferece melhores benefícios. Juntas, ajudam o corpo a manter níveis saudáveis de colesterol e outros lipídios corporais. A CoQ10 baixa os níveis totais de colesterol enquanto que a carnitina baixa os níveis de triglicérides e eleva o HDL (a forma protetora de colesterol).

Proteja seu cérebro com a CoQ10

A CoQ10 está em altas concentrações no cérebro onde auxilia a gerar muita energia necessária. Os níveis no cérebro começam a declinar na idade de 20 anos e são os mais baixos em pessoas que sofreram derrames e naquelas com outras doenças neurodegenerativas. Há crescente evidência de que a CoQ10 é neuroprotetiva e pode evitar os difíceis problemas de perda de memória associados à idade.

Pesquisa recente concentrou-se sobre os efeitos da CoQ10 nas doenças neurológicas degenerativas, como a doença de Huntington e a doença de Lou Gehrig (também conhecida como esclerose lateral amiotrófica, ou ELA). Na maioria das vezes, os médicos podem oferecer pouca esperança a pessoas sofrendo dessas condições, mas a CoQ10 pode conter algumas promessas de cura.

Pesquisa do Hospital Geral de Massachusetts em Boston pesquisou o papel da CoQ10 na prevenção de desordens neurológicas. Primeiro, os pesquisadores administraram um veneno cerebral a animais mais velhos para causar-lhes um estado similar à doença de Huntington ou a ELA em seres humanos. Animais que tomaram suplementos de CoQ10 experimentaram muito menos danos causados pelo veneno comparados aos animais que não a receberam. Testes clínicos com seres humanos estão em andamento para examinar se a CoQ10 pode prevenir ou deter o curso dessas doenças em pessoas.

Fortaleça seu sistema imunológico com a CoQ10

Alguns estudos mostram que a CoQ10 ajuda a fortalecer a resposta imunológica, especialmente em pessoas cujos sistemas imunológicos estão enfraquecidos. Como a CoQ10 funciona na imunidade? A pesquisa sugere que o poder antioxidante da CoQ10 pode proteger diretamente as células imunes contra danos dos radicais livres. Ela pode regular os genes que controlam a atividade celular e pode ajudar facilitando a comunicação entre as células do sistema imune. Isso torna essas células capazes de oferecer uma resposta pronta e poderosa para qualquer ameaça potencial.

A CoQ10 pode ajudar a combater o câncer fortalecendo o sistema imune. Em 2000, pesquisadores descobriram que pessoas sofrendo de câncer tinham mais baixos níveis de CoQ10 no sangue que as pessoas saudáveis[81]. Outras pesquisas descobriram que a CoQ10 torna as células imunes — como as células T — mais eficientes. As células T rastreiam e destroem as células cancerosas no corpo[82].

---

[81] Portakal O, Ozkaya O, Erden Inal M, et al. Coenzyme concentrations and antioxidant status in tissues of breast cancer patients. *Clinical Biochemistry*. 2000 Jun; 33(4):279-284.

[82] Folkers K, Morita M and McRee J Jr. The activities of coenzyme Q10 and vitamin B6 for immune responses. *Biochemical and Biophysical Research Communications*. 1993 May 28; 193(1):88-92.

Obtendo CoQ10

Seu corpo tem várias maneiras de obter CoQ10 para atender às demandas físicas. Somente pessoas muito jovens e vigorosamente saudáveis parecem produzi-la o suficiente. Quanto mais envelhecemos, mais rapidamente nos tornamos dependentes de fontes dietéticas. Seu intestino pode absorvê-la da comida que você come, mas tem-se tornado difícil obter níveis ótimos de CoQ10 da típica dieta moderna.

Os miúdos de animais são a fonte primária de CoQ10. Você se lembra da última vez em que comeu rins, miolos ou coração de vaca, carneiro ou porco? Mesmo se lembra, os órgãos de animais selvagens ou alimentados com capim contém 10 vezes mais CoQ10 que os órgãos de animais alimentados com grãos. A menos que se consuma carne de gamo selvagem ou órgãos internos de animais criados somente com capim, é difícil manter bons níveis de CoQ10 somente através de fontes dietéticas. Essa contingência moderna é o argumento mais forte para se fazer suplementação. Aqui está um guia simples para que seu corpo possa obter uma dose razoável de CoQ10 para produzir energia para seus órgãos e proteger seu coração de deficiências comuns.

- Se você tem mais de 30 anos, tome 30 mg de CoQ10 por dia.
- Se você tem mais de 60 anos, aumente sua dose para 60 mg.
- Se você tem pressão alta, doença do coração, gengivite, perda de memória, fadiga crônica ou é vegetariano, aumente sua dose para 100 mg ao dia.
- Se você toma remédios à base de estatina para baixar o colesterol, como o Mevacor, Zocor e Lipitor, tome pelo menos 100 mg por dia. Lembre-se de que essas drogas bloqueiam a produção corporal de CoQ10.

Você pode adquirir CoQ10 em forma de tabletes, mastigáveis ou cápsulas de gel. Cápsulas de pó não são bem absorvidas. As cápsulas de gel ou a forma mastigável são mais bem absorvidas. Quando você morde uma cápsula gel pode sentir o líquido dentro dela. E porque a CoQ10 é lipossolúvel, tome-a com gordura para uma ótima absorção.

Você pode tomá-la quando estiver comendo laticínios, ovos, peixe ou carne. Você pode mesmo tomá-la com uma colher de chá de azeite de oliva ou óleo de peixe. Carne vermelha de animais alimentados com capim, ovos e óleo de fígado de bacalhau são as melhores escolhas de gordura para tomar com a sua CoQ10 porque contêm CoQ10 naturalmente.

A CoQ10 não é tóxica mesmo em altas doses em animais ou seres humanos. Alguns efeitos adversos são mínimos e raros, geralmente nada além de uma ligeira náusea. Isso pode ocorrer em pessoas tomando qualquer medicamento, mesmo uma cápsula vazia de gelatina. Você minimiza este efeito tomando CoQ10 nas refeições ou quando está com o estômago cheio.

Se você toma CoQ10, avise seu médico para que ele possa monitorar os benefícios favoráveis de saúde como a redução de uma pressão sangüínea normalmente alta. Se você toma remédios para o coração, pergunte a seu médico se pode reduzir sua dependência dessas medicações. Para evitar os perigosos efeitos de uma abrupta parada de certos remédios, modifique sua medicação somente sob supervisão médica.

CoQ10 PODE AJUDAR COM A DOENÇA DE PARKINSON

Um novo estudo em *Arquives of Neurology* mostra que tomar suplementos de CoQ10 ajuda pacientes com doença de Parkinson a manter a função mental. Num estudo com 80 pacientes por 16 meses, aqueles que tomaram a mais alta dose de CoQ10 tiveram uma perda menor de função mental. Aqueles que tomaram 1.200 mg tiveram um declínio 44% menor em suas funções diárias normais (Shuts, *Arch Neurol*, 2002).

Pessoas com doença de Parkinson freqüentemente têm baixos níveis de CoQ10. Mais testes são necessários para sabermos se a suplementação de CoQ10 reduz o risco de se desenvolver a doença de Parkinson.

PLANO DE AÇÃO

- Tome 30 mg de CoQ10 diariamente se goza de boa saúde.
- Tome 100 mg de CoQ10 diariamente se tem doença do coração.
- Tome seu suplemento de CoQ10 com a comida ou uma colher de chá de creme de amêndoa, azeite de oliva ou óleo de peixe para maximizar a absorção.

9

DÊ AO SEU CORAÇÃO OS QUATRO NUTRIENTES DE QUE ELE NECESSITA

Na faculdade de medicina, os médicos recebem pouco treinamento em nutrição. A educação médica tradicional concentra-se na doença ao invés da saúde. Como resultado, muitos médicos permanecem incapazes de aconselhar sobre nutrição e suplementos nutricionais para ajudá-lo a curar seu coração e evitar doença cardiovascular.

Boa nutrição é essencial para um coração saudável. Seu coração nunca descansa. Até o momento da sua morte, regular e incansavelmente ele mantém o ritmo de sua vida. Seu coração só pode executar essa façanha desconcertante se tiver um suprimento adequado de nutrientes. Para manter seu coração batendo forte, alimente-o com os nutrientes de que ele precisa.

A pesquisa conduzida no Centro para Saúde e Bem-Estar e a minha experiência com milhares de pacientes mostra que a maior parte dos doentes do coração é deficiente em um ou mais de cinco nutrientes-chave: CoQ10, L-carnitina, L-arginina, tocoferol e vitamina C. O capítulo anterior descreveu o milagre da CoQ10; este capítulo explica a importância dos outros quatro supernutrientes para o seu coração.

Quem precisa de suplementos?

Vamos presumir que você seja o paciente ideal. Você come seus vegetais, não fuma, bebe moderadamente, evita alimentos inúteis, tipo salgadinhos e *fast food*, e se exercita todo dia. Será que você, um modelo de vida saudável, realmente precisa tomar vitaminas?

Numa palavra: sim. Suplementos nutricionais ajudam a complementar nutrientes de algumas comidas que não comemos — e ajudam a compensar por algumas comidas que comemos e que não são boas para nós. Estudos descobriram que pessoas que tomam um suplemento diário de multivitaminas têm sistemas imunológicos mais fortes e sofrem menos infecções que aquelas que não tomam suplementos[83]. Mas existem muito mais evidências convincentes:

- Um estudo de 1992 do Departamento de Agricultura dos Estados Unidos concluiu que somente 4% dos 22.000 americanos estudados ingeriam mesmo a dose mínima de vitaminas recomendada.
- Outro estudo mais recente do governo americano observou que nenhuma das 21.000 pessoas pesquisadas comia a quantidade diária mínima recomendada de todos os dez nutrientes básicos estudados[84].
- A cada dia, 91% dos americanos não consomem as quantidades recomendadas de frutas e vegetais, com 70% deles não consumindo nenhuma fruta rica em vitamina C e 80% não consumindo vegetais contendo caroteno.
- Hoje, os alimentos têm menos valor nutricional que a uma geração atrás devido aos modernos métodos de agricultura. Você precisaria comer 60 porções de espinafre para obter a mesma quantidade de ferro encontrada numa simples porção em 1948!

---

[83] Bendich A. Micronutrients in women's health and immune function. *Nutrition*. 2001 Oct; 17(10)858-867.
[84] Supplemental Data Tables, USDA Survey, 1994-1996.

Dê ao seu coração os quatro nutrientes de que ele necessita

- Para conseguir obter a Dose Diária Recomendada (DDR) de vitamina E hoje, você precisaria comer 25 xícaras de espinafre todos os dias. E isso poderia não ser o suficiente; vários estudos sugeriram que doses muito mais altas de vitamina E que as recomendadas (DDR) são necessárias para proteger seu coração.
- Dois terços dos americanos consomem dietas deficientes em zinco, que é vital para o bom funcionamento do sistema imunológico.
- Os americanos freqüentemente comem o mesmo pequeno número de alimentos todos os dias, sem muita variação.

A menos que você seja uma rara exceção, provavelmente não obtém sequer o mínimo requerido de todas as vitaminas importantes e sais minerais. E esses valores mínimos não refletem a quantidade real necessária para uma ótima saúde.

O prêmio Nobel Linus Pauling disse: "A DDR somente fornece níveis de vitaminas e sais minerais que previnem a morte ou uma grave deficiência da vitamina. Para obter reais benefícios para a saúde através das vitaminas você precisa de mais que a quantidade mínima recomendada".

Muitas pessoas têm tomado vitaminas por anos. Os fabricantes de vitaminas agora têm fórmulas que incluem um largo espectro de antioxidantes, os quais podem simplificar sua rotina para o coração saudável.

Armazene suas multivitaminas na geladeira; os ingredientes ativos duram mais. Além disso, ver o vidro de vitaminas do lado da jarra de suco de laranja na prateleira do refrigerador lembra você diariamente de tomar suas pílulas.

Mais uma dica: a menos que tenha deficiência de ferro, escolha vitaminas sem ferro. Você provavelmente não precisa de ferro adicional. Ferro adicional pode interferir com a absorção de outros minerais, causar-lhe constipação e deixar um gosto horrível na sua boca.

Tome supernutrientes saudáveis para o coração

Embora uma boa multivitamina seja a base de um coração bem nutrido, você pode além disso protegê-lo com uns poucos nutrientes-chave adicionais: L-carnitina, L-arginina, tocoferol e doses antioxidantes de vitamina C.

Tome L-carnitina para mais energia

A L-carnitina tem um papel essencial no funcionamento saudável do corpo. Todas as formas de vida, do organismo unicelular mais simples ao inimaginavelmente complexo corpo humano, dependem da carnitina para a produção de energia no interior das células.

A carnitina transporta gordura (ou uma longa cadeia de ácidos graxos, para ser mais preciso) para dentro dos centros de energia ou mitocôndrias das células, onde a gordura pode ser queimada para produzir energia. Sem carnitina suficiente, as "fornalhas" celulares não podem funcionar em picos de eficiência e seu sistema de produção de energia anda mais devagar ou pára de vez. Quando o corpo tem suficiente reserva de carnitina, as células podem queimar mais gordura e gerar mais energia.

Além de gerar energia, queimar gordura tem mesmo mais benefícios para a saúde. Por exemplo, a queima de gordura impulsionada pela carnitina previne a acumulação de gordura no coração, fígado e músculos. Se deixada lá, esta gordura contribui para uma variedade de diferentes problemas de saúde, como doença do coração, diabetes e altos níveis de triglicérides. A carnitina está presente na sua maior concentração no coração, cérebro, músculos e testículos, todos órgãos que requerem muita energia.

A carnitina é freqüentemente referida como a "vitamina da energia", mas ela não é na verdade uma vitamina. Uma vitamina é uma substância que não pode ser produzida pelo corpo e deve ser obtida com a alimentação. Uma vez que o organismo pode sintetizar a carnitina dos aminoácidos lisina e metionina, a carnitina não é uma verdadeira vitamina. Outras pessoas classificam a carnitina como um aminoácido, mas ela tampouco é um aminoácido. Embora a carnitina tenha uma estrutura química similar a muitos aminoácidos, tecnicamente ela é um nitrogenado, um ácido carboxílico de cadeia curta. Em termos simples, a carnitina é um composto hidrossolúvel, similar às vitaminas do complexo B.

Mais de 10 estudos controlados por placebo relatam o papel da L-carnitina na proteção do seu coração[85]. A carnitina reduz a placa arterial, baixa o colesterol LDL e aumenta o HDL. Esses benefícios aparecem tanto em pessoas sadias quanto em pacientes com doença do coração.

Você obtém carnitina da carne vermelha e dos laticínios. De fato, quando os cientistas a isolaram primeiro do tecido muscular de diversos animais, a chamaram de carnitina, usando o radical latino *carn*, que significa carne. A menos que coma uma dieta com boa quantidade de carne vermelha e laticínios, pode ser difícil obter quantidades ótimas de carnitina apenas de fontes dietéticas.

- Tome 500 miligramas de L-carnitina como suplemento diariamente. É importante que você escolha L-carnitina natural e não a sintética DL-carnitina. A forma D interfere com a ação natural da L-carnitina.

Tome L-arginina para recuperar coração e músculos

A L-arginina, um aminoácido natural, é o precursor do óxido nítrico. A L-arginina melhora o fluxo sangüíneo porque na corrente

---

[85] Borum RP and Bennett SG. Carnitine as an essential nutrient. *Journal of American College of Nutrition*. 1986; 5(2):177-182.

sangüínea se quebra em óxido nítrico, que ajuda a dilatar os vasos sangüíneos no coração.

Sem óxido nítrico, seus vasos sangüíneos se estreitam. As placas arteriais tornam os vasos rígidos e restringem o fluxo de sangue. Estudos recentes mostram que a suplementação de arginina efetivamente aumenta a elasticidade dos vasos sangüíneos, fornecendo uma alternativa muito mais segura que a prescrição de drogas[86].

A L-arginina também atua na produção muscular (lembre-se: o coração é um músculo). Um estudo duplo-cego mediu a alteração em força e massa muscular magra em homens tomando L-arginina. Os homens no estudo tomaram L-arginina ou um placebo enquanto participavam de um programa de treinamento de força muscular. Aqueles que tomaram L-arginina mostraram um significativo aumento em força e massa muscular magra depois de apenas cinco semanas[87].

Suplementos de L-arginina têm sido usados por atletas por mais de 20 anos, mas se tornaram mais populares em anos recentes. Por quê? Por causa da popularidade do dispendioso Viagra. Como a arginina, o Viagra melhora o fluxo sangüíneo pelo aumento do nível de óxido nítrico.

Boas fontes de L-arginina incluem carne vermelha, peixe, frango, feijões, chocolate, uvas-passas, nozes, sementes de gergelim e de girassol. Você também pode encontrá-la em forma de suplementos na maioria das lojas de vitaminas.

- Tome 500 miligramas de L-arginina diariamente com a comida para apoiar o crescimento dos músculos e para a saúde do coração. Como no caso da carnitina, compre somente a forma L deste aminoácido.

---

[86] *Antioxidant-Amino Acid Mix Shields Blood Vessels*, Reuters Health, 1/22/03.
[87] Elam R, Hardin DH, Sutton RA, and Hagen L. Effects of arginine and ornithine on strength, lean body mass and urinary hydroxyproline in adult males. *Journal of Sports Medicine and Physical Fitness*, 1989 Mar; 29(1): 52-56.

Dê ao seu coração os quatro nutrientes de que ele necessita

Tome tocoferóis e tocotrienóis para diminuir riscos

Você pode já estar sabendo que a vitamina E ajuda a proteger o coração. Vários estudos mostram uma ligação entre a vitamina E e o risco menor de doença do coração. Dois estudos importantes no *New England Journal of Medicine* relatam a proteção do coração através da vitamina E sozinha. Um estudo de oito anos acompanhou mais de 87.000 enfermeiras registradas[88]. Um estudo relacionado seguiu perto de 40.000 homens trabalhadores nos serviços de saúde[89]. Pessoas que tomaram suplementos de vitamina E (100 UI ou mais) por um mínimo de dois anos tiveram um risco cerca de 40% menor (41% entre as mulheres e 37% entre os homens) de desenvolver doença do coração. Eles também encontraram uma diminuição percentual de 29% no risco de derrame e 13% de redução nas taxas de morte globais.

Essa conclusão continua a ser apoiada pelo volume de evidência, mas alguns estudos encontraram resultados conflitantes porque a vitamina E em forma de suplemento é incompleta. Nova evidência mostra que uma formulação mais natural de vitamina E — como um composto — é mais efetiva.

Na natureza, a vitamina E existe como uma mistura de quatro tipos de tocoferóis e quatro tipos de tocotrienóis. A vitamina E que você encontra nas prateleiras das farmácias contém um tipo simples de tocoferol conhecido como alfatocoferol. Tomar muito de um tipo de tocoferol pode bloquear a absorção de outros tocoferóis. Por essa razão, tome uma mistura de tocoferóis e tocotrienóis, que estão muito mais perto do modo como esses nutrientes existem na natureza.

---

[88] Stampfer MJ, Hennekens CH, Manson JE, et al. Vitamin E consumption and the risk of coronary disease in women. *New England Journal of Medicine*. 1993 May 20; 328(20):1444-1449.

[89] Rimm EB, Stampfer MJ, Ascherio A, et al. Vitamin E consumption and the risk of coronary heart disease in men. *New England Journal of Medicine*. 1993 May 20; 328(20):1450-1456.

Tocoferóis e tocotrienóis têm muitos benefícios comprovados para a saúde. Os tocoferóis e os tocotrienóis combatem os radicais livres no corpo que causam inflamações (como a artrite reumatóide). Eles também baixam o seu risco de doença cardíaca aumentando a circulação do sangue e diminuem o risco de cânceres de próstata, cólon e mama.

Muitos pacientes foram capazes de suspender seus remédios para afinar o sangue depois que começaram a tomar suplementação de tocoferol. Existe evidência de que a suplementação diária de uma mistura de tocoferóis aumenta a elasticidade das artérias[90]. Esses nutrientes também baixam o risco de doença do coração aumentando a circulação sangüínea e diminuindo a viscosidade das plaquetas em seu sangue[91].

Você encontra tocoferóis e tocotrienóis em "comidas gordas", incluindo carne, peixe, nozes, óleos, vegetais folhosos verde-escuros, sementes e abacates. Contudo, é praticamente impossível consumir o bastante desses nutrientes com a dieta típica. Por exemplo, você teria de comer 900 g de sementes de girassol diariamente para consumir todo o tocoferol e o tocotrienol de que necessita.

- Tome 400 UI de vitamina E com no mínimo 5 miligramas de tocoferóis e tocotrienóis diariamente. A vitamina E e outros tocoferóis são lipossolúveis. Como a CoQ10, seu corpo só pode absorver esses nutrientes quando você come gordura suficiente. Tome-os com uma colher de chá de creme de amêndoa ou outra gordura ou óleo natural.

---

[90] Mottram P, Shige H, and Nestel P. Vitamin E improves arterial compliance in middle-aged men and women. *Atherosclerosis*. 1999 Aug; 145(2):399-404.

[91] Mabile L, Bruckdorfer KR and Rice-Evans C. Moderate supplementation with natural alpha-tocopherol decreases platelet aggregation and low-density lipoprotein oxidation. *Atherosclerosis*. 1999 Nov 1; 147(1):177-185.

Dê ao seu coração os quatro nutrientes de que ele necessita

Tome vitamina C para múltiplos benefícios

A vitamina C carrega a reputação de preventiva de resfriados desde sua descoberta mais de 70 anos atrás, mas tem muito mais para oferecer. A vitamina C é essencial a muitas funções vitais do corpo. Por exemplo, a vitamina C:

- combate os radicais livres;
- ajuda a formar o colágeno (uma proteína de apoio nos tecidos);
- apóia o sistema imunológico;
- ajuda na produção de aminoácidos que regulam o sistema nervoso; e
- ajuda a destruir as histaminas, que são os elementos inflamatórios das reações alérgicas, entre muitas outras funções.

Quando se vai para o campo das doenças cardiovasculares, estudos encontram uma relação entre baixos níveis de vitamina C e o risco de derrame. Um estudo de 10 anos com mais de 2.400 homens de meia-idade estabeleceu a relação entre o consumo de vitamina C e a redução do risco de derrames[92]. Homens com os mais baixos níveis de vitamina C tinham um risco de derrame 2,4 vezes maior que os homens com as mais altas taxas de vitamina C. Os pesquisadores descobriram que tomar vitamina C tem mais impacto no risco de derrame do que estar gordo ou ter hipertensão.

Além disso, pesquisadores da Universidade da Califórnia analisaram o consumo de vitamina C e as taxas de morte em mais de 11.000 homens e mulheres[93]. O estudo mostrou um declínio drástico na morte por doença cardíaca entre os homens com a mais alta ingestão de

---

[92] Kurl S, Tuomainen TP, Laukkanen JA et al. Plasma vitamin C modifies the association between hypertension and risk of stroke. *Stroke*. 2002 Jun; 33(6): 1568-1573.
[93] Enstrom JE, Kanim LE and Kleim MA. Vitamin C intake and mortality among a sample of the United States population. *Epidemiology*. 1992 May; 3(3):194-202.

vitamina C, especialmente entre os que tomavam suplementos de vitamina C. Tomar somente a dose diária recomendada de vitamina C através da comida não parece oferecer proteção alguma contra a doença cardíaca.

O corpo humano não pode sintetizar ou produzir vitamina C. Podemos obter esse nutriente unicamente da dieta — ou dos suplementos. Infortunadamente, um quarto de todos os americanos não consome sequer a quantidade mínima de vitamina C (60 miligramas) que as células necessitam para executar suas funções biológicas básicas. Alimentos como laranjas, morangos, brócolis e pimentões, contêm quantidades substanciais de vitamina C. Mesmo assim, é difícil consumir quantidades terapêuticas de vitamina C através da dieta somente.

Algumas drogas, incluindo a aspirina, o álcool, analgésicos, antidepressivos, anticoagulantes, contraceptivos orais e esteróides, reduzem os níveis de vitamina C no sangue. Grandes doses de vitamina C podem causar resultados falso-negativos quando se pesquisa a presença de sangue nas fezes.

- Tome 500 miligramas de vitamina C duas vezes ao dia com a comida. Em altas doses por curtos períodos, a vitamina C fornece proteção contra os vírus. Se você está com uma doença viral (como um resfriado, por exemplo), tome 1.000 miligramas a cada duas horas com um copo cheio de água.

Tome antioxidantes extras

O oxigênio é essencial à vida, mas no lugar errado e na hora errada, pode danificar as células, causar câncer e contribuir para a doença cardiovascular e o envelhecimento através de um processo denominado oxidação. Enquanto o oxigênio faz seu caminho pelo corpo, muitas de suas moléculas perdem um elétron, tornando-se quimicamente instáveis. Esses íons ou radicais livres são altamente reativos. Eles lutam por estabilidade e finalmente "roubam" um elétron de outra molécula, deixando uma molécula danificada em sua passagem. Esse dano oxidativo pode causar alterações no DNA, levando à arteriosclerose, bem como ao câncer, cataratas, artrites e muitos outros problemas de saúde.

Os antioxidantes minimizam o dano causado pelos radicais livres através de uma livre doação de elétrons extras, neutralizando as moléculas de oxigênio antes que elas ataquem outras células do corpo. Os antioxidantes incluem as bem conhecidas vitaminas A, C e E, além das menos famosas co-enzima Q10 e luteína, entre outros. Os antioxidantes são encontrados em muitos alimentos bem como em suplementos nutricionais.

Lamentavelmente, a habilidade de seu corpo em combater radicais livres tende a declinar com a idade. Além disso, quanto mais ativo você é — ou quanto mais "intensamente" você vive — mais estará consumindo seu suprimento corporal de antioxidantes. Você não quer parar de viver intensamente. Ao invés disso, tome suplementos adicionais de antioxidantes. Depois de anos de pesquisas e testes, pesquisadores e médicos descobriram quais antioxidantes realmente funcionam. No começo deste capítulo, você descobriu sobre importantes antioxidantes que estão entre os supernutrientes para a saúde do seu coração — tocoferóis, tocotrienóis e vitamina C. Agora vamos falar sobre antioxidantes um pouco mais poderosos que são chaves para sua saúde.

Mais antioxidantes próprios para o coração

Além dos supernutrientes já descritos, muitos pacientes também tomam os seguintes suplementos próprios para o coração. Não é surpresa que muitos da lista sejam antioxidantes.

Lembre-se de que todos os antioxidantes (exceto a vitamina C) são lipossolúveis. Isso significa que o corpo somente pode absorvê-los quando estão na presença de gordura ou óleo. Tome estes antioxidantes em forma de cápsulas gel. Procure por um "suplemento antioxidante" que contenha tantos nutrientes quanto possível numa simples cápsula. Tome-os com uma colher de chá de óleo de linhaça ou creme de amêndoa para melhor absorção, ou tome-os durante a refeição com gordura.

Ácido alfalipóico para energia. O ácido alfalipóico (AAL) tem um papel vital na produção de energia nas células. Ele ganhou o nome de "antioxidante universal" por causa da sua habilidade em combater os radicais livres nas áreas de gordura e de água das células. Além disso, o AAL recicla e aumenta a vida útil de outros antioxidantes, como a vitamina C, a vitamina E e a CoQ10. O AAL diminui o risco de arteriosclerose combatendo os radicais livres específicos que contribuem para essa doença. A carne vermelha é a melhor fonte alimentar de AAL.

- Tome 100 miligramas de ácido alfalipóico diariamente.

Carnosina para sustentar os músculos. A carnosina é um importante agente antiglicação constituído de dois aminoácidos presentes naturalmente em suas células nervosas e musculares. Ela protege a integridade dos seus músculos e ajuda a assegurar que o novo tecido muscular seja saudável e duradouro.

- Tome 500 miligramas de carnosina duas vezes ao dia.

Carotenóides para os olhos e a imunidade. Os carotenóides são uma família de vitaminas lipossolúveis com benefícios muito importantes para a sua saúde global. Eles previnem a cegueira noturna e o dano dos radicais livres nos seus olhos, reduzindo o risco de se desenvolver degeneração macular, a causa mais comum de cegueira nos idosos. Os carotenóides também diminuem o risco de desenvolver câncer do pulmão e de mama. Eles ajudam a sustentar seu sistema imunológico. Os carotenóides são encontrados na carne, leite, ovos, fígado, cenouras e espinafre.

- Tome 2.500 UI de carotenóides diariamente.

Glutamina para mais hormônio do crescimento de músculos. As proteínas animais são os alimentos-chave como fonte do aminoácido glutamina. O cérebro humano contém altas concentrações usadas nas funções cerebrais mais importantes. A glutamina permite ao corpo aumentar seu nível de hormônios do crescimento, fazendo dela um importante suplemento construtor de músculos. Ajuda a estabilizar seus níveis de energia e ativa o hormônio do crescimento natural em seu corpo. O hormônio do crescimento diz a seu corpo para consumir gordura e ganhar músculo. A glutamina também ajuda a prevenir o dano muscular. Muitos médicos recomendam-na para pacientes com câncer para reduzir sua perda muscular. Um estudo recente mostrou que um coquetel de glutamina realmente ajudou pessoas com câncer a reverter sua perda muscular[94].

- Tome 5 gramas de glutamina em pó por dia. Você pode dissolvê-la em água ou adicioná-la ao seu *shake* de proteína.

Luteína para prevenir danos de radicais livres. A luteína é um membro da família dos carotenóides, e um nutriente crucial para a saúde dos olhos. É um dos vários carotenóides que dão pigmento aos vegetais e também contribui para pigmentar a sua retina. A luteína protege a visão neutralizando os radicais livres no cristalino e na reti-

---

[94] May PE, Barber A, D'Olimpio JT, et al. Reversal of cancer-wasting using oral supplementation with a combination of beta-hydroxy-beta-methylbutyrate, arginine and glutamine. *American Journal of Surgery.* 2002 April; 183(4):471-479.

na do olho. Age como óculos escuros protegendo o olho da luz perigosa do sol. Também baixa o risco de doença cardiovascular e de certos cânceres detendo os danos dos radicais livres que contribuem para essas doenças. A luteína está presente nas uvas vermelhas, gema de ovo, abóbora, ervilhas e laranjas.

• Tome 20 miligramas de luteína diariamente.

O licopeno ajuda o coração, os vasos sangüíneos e os olhos. E mais: o licopeno, pigmento encontrado nos tomates e em outros vegetais, também faz parte da família dos carotenóides. Ele ajuda a prevenir doença cardiovascular detendo a oxidação do LDL (mau) colesterol, retardando a formação de placas nas artérias. Pesquisadores recentemente mediram as concentrações de licopeno no tecido gorduroso e descobriram que pessoas com altos níveis de licopeno tinham menos riscos de um ataque cardíaco[95]. Ele também reduz o risco de cânceres de próstata e de pâncreas pelo combate aos danos feitos pelos radicais livres. O licopeno também auxilia a prevenir a degeneração macular pela neutralização dos radicais livres no olho. É encontrado no tomate, na goiaba, nas pimentas, melões e no grapefruit rosa.

• Tome 20 miligramas de licopeno diariamente.

Os ácidos graxos ômega-3 previnem a doença cardíaca e o câncer. Nos anos 1970, alguns cientistas observadores notaram que os esquimós comem um monte de gordura e têm taxas excepcionalmente baixas de doença do coração e câncer. Estudos subseqüentes descobriram que a gordura na dieta esquimó era primariamente sob a forma de

---

[95] Kohlmeier L, Lark JD, Gomez-Gracia E, et al. Lycopene and myocardial infarction risk in the EURAMIC Study. *American Journal of Epidemiology*. 1997 Oct 15; 148(2):618-626.

ácidos graxos ômega-3, encontrada nos peixes gordos[96]. Com o passar dos anos, mais estudos sustentaram a observação de que o ácido graxo ômega-3 ajuda a prevenir a doença cardíaca e o câncer[97].

O ômega-3 é um entre os vários ácidos graxos essenciais. A família do ômega-3 inclui os ácidos linoleico, o eicosapentaenóico (EPA) e o docosa-hexaenóico (DHA). O corpo não consegue fabricar esses ácidos; você deve obtê-los de sua dieta. Ácidos graxos essenciais são necessários para o crescimento e para a saúde geral dos vasos sangüíneos e dos nervos.

O ômega-3 tem um papel central na proteção do sistema cardiovascular. O ácido graxo ômega 3 pode acalmar as irregularidades do batimento cardíaco, diminuir a pressão sangüínea e os níveis de triglicérides[98]. Os pesquisadores descobriram que participantes que tomaram óleo de peixe tiveram um decréscimo em triglicérides que reduziu suas chances de um ataque cardíaco em 25%[99].

Os ácidos graxos ômega-3 também protegem contra derrames prevenindo a formação de coágulos sangüíneos pegajosos. Um estudo recente de Harvard mostra que quanto mais comemos alimentos ricos em ácidos graxos ômega-3, mais baixo é seu risco de ter-se um derrame[100].

Os ácidos graxos ômega-3 são encontrados em peixes de água fria, gamo selvagem, óleo de linhaça, nozes, vegetais de folhas verdes, ovos e abacates.

---

[96] Dyerberg J and Bang HO. Haemostatic function and platelet polyunsaturated fatty acids in Eskimos. *Lancet*. 1979 Sep 1;2(8140):433-435.

[97] Whelton SP, He J, Whelton PK and Muntner P. Meta-analysis of observational studies on fish intake and coronary heart disease. *American Journal of Cardiology*. 2004 May 1;93(9):1119-1123.

[98] Mata Lopez P, et al. Omega-3 fatty acids in the prevention and control of cardiovascular disease. *European Journal of Clinical Nutrition*. 2003 Sep; 57 (Suppl 1):S22-25.

[99] Chan DC, Watts GF, Mori TA, et al. Randomized controlled trial of the effect of n-3 fatty acid supplementation on the metabolism of apolipoprotein B-100 and chylomicron remnants in men with visceral obesity. *American Journal of Clinical Nutrition*. 2003 Feb; 77(2):300-307.

[100] He K, Rimm EB, Merchant A, et al. Fish consumption and risk of stroke in men. *Journal of the American Medical Association*, 2002 Dec 25; 288(24):3130-3136.

- Coma peixe fresco duas a três vezes por semana.
- Tome de 3 a 5 gramas de óleo de peixe com ômega-3 por dia.

Vitamina A para os olhos. E mais: a vitamina A é uma vitamina lipossolúvel da família dos carotenóides. A vitamina A e o betacaroteno são nutrientes estreitamente relacionados. A pré-vitamina A (chamada de retinol) é encontrada nos tecidos animais; o betacaroteno é um pigmento encontrado em alimentos vegetais (especialmente nos vegetais amarelos e alaranjados e nas frutas). E porque pode ser convertido em vitamina A no trato intestinal ou no fígado, o betacaroteno é algumas vezes chamado de pró-vitamina A.

VIVA MAIS INTENSAMENTE E VÁ MAIS LONGE

Um paciente de 88 anos que veio ao Centro para Saúde e Bem-Estar desafiava as probabilidades. A despeito de beber, fumar e comer o que ele bem queria, nunca passara um dia no hospital e não tomava remédios. Com sua vivacidade e seu passo rápido, poderia ser tomado por um homem bem mais jovem. Como podia este homem ser tão saudável quando seus hábitos de saúde eram tão maus?

Com seu consentimento, seu médico fez extensos exames de laboratório, e os resultados eram normais em toda linha, mas um era inesperado: ele tinha o mais alto nível de antioxidantes que eles já tinham visto. Desde esse tempo, outros pacientes com altos níveis de antioxidantes experimentam similares efeitos energizantes. Você pode experimentar o mesmo tipo de rejuvenescimento melhorando seus próprios níveis de antioxidantes.

A vitamina A age como um corvo sobre a carniça em cima dos radicais livres, tornando-se um poderoso antioxidante. Ela também previne a cegueira noturna e diminui os riscos de se desenvolver a degeneração macular controlando a ação dos radicais livres no olho.

A vitamina A diminui o risco de câncer de pulmão e de mama pela sustentação do sistema imunológico. É encontrada na carne, leite, ovos, fígado, cenoura e espinafre.
• Tome 2.500UI de vitamina A diariamente.

E as outras vitaminas?

Sua dieta inclui suficiente vitamina O? E vitamina U? Não se preocupe se esses nutrientes não estão em sua lista de suplementos; eles não existem. Isso enlouquece um monte de gente! Já é suficientemente duro lembrar todas as genuínas vitaminas e minerais.

Fabricantes e distribuidores de suplementos nutricionais contribuem para a confusão acerca de muitos produtos. Suplementos nutricionais geram 200 bilhões de dólares em vendas a cada ano, e os comerciantes freqüentemente tentam vender a você produtos de que não necessita. Eles usam da pseudociência e do jargão médico para tornar difícil distinguir fatos de crendices.

No Centro para Saúde e Bem-Estar, as perguntas mais comuns são acerca de suplementação nutricional. Muitos pacientes leram literatura promocional sobre vitaminas e suplementos e perguntam: "Essa coisa é real?".

Separar boa ciência de propaganda de vendas pode ser desencorajador. Medicina e nutrição é o trabalho da minha vida, mesmo sendo esse tipo de material ainda controverso. Muitos fabricantes confundem as pessoas com anúncios pseudocientíficos que não fazem sentido médico. Por exemplo, alguns vendedores na Internet empurraram a vitamina O, um suplemento que proclamava curar artrite, alergias, asma, infertilidade, diabetes, dores, resfriados, dificuldades respiratórias, obesidade, sistemas imunes enfraquecidos, tumores, lúpus e coágulos sangüíneos entre outras coisas. A vitamina O é uma fraude completa.

Definimos uma vitamina como um complexo, uma substância orgânica encontrada nos alimentos que é essencial para o funcionamento normal do corpo humano. Os fabricantes listam em seus produtos ingredientes "ativos" como oxigênio. Oxigênio não é um composto orgânico (não contém carbono) e não é uma vitamina. Uma leitura cuidadosa da lista de ingredientes — água destilada, cloreto de sódio (sal), traços minerais e moléculas de oxigênio — revela que esses produtos são basicamente água salgada! Nesse caso, a Comissão Federal de Comércio dos Estados Unidos manda os fabricantes para o tribunal, sob a alegação de propaganda enganosa. Eles são forçados a pagar centenas de milhares de dólares de multa[101].

Produtos como "vitamina O" fazem troça com o real papel nutricional na medicina. Suas reivindicações ultrajantes fornecem munição para os médicos tradicionais e companhias farmacêuticas continuarem insistindo em soluções baseadas em remédios para todos os problemas de saúde.

Lamentavelmente, a vitamina O não é a única fraude por aí. Recentemente, os fabricantes de suplementos empurraram uma tal de "vitamina T" (uma química baseada em sementes de gergelim, proclamada como efetiva em desordens sangüíneas) e uma tal de "vitamina U" (uma substância encontrada no repolho conhecida com S-metil-metionina, à qual se afirma tratar úlceras e tecidos lesionados). Uma vez mais, nem a vitamina T nem a vitamina U são vitaminas reais.

Sua melhor defesa contra essas embromações é conhecer as vitaminas verdadeiras. Não é difícil estar bem-informado sobre vitaminas como você possa pensar. Abaixo vai uma lista completa de todas as vitaminas reais com uma breve descrição do que elas fazem e das suas melhores fontes alimentícias.

- Conheça as vitaminas reais.
- Não acredite em qualquer coisa que soe boa demais para ser verdade.
- Procure por evidências científicas que apóiem as reivindicações anunciadas pelos propagandistas.

---
[101] Federal Trade Commission News Release, May 1, 2000.

Dê ao seu coração os quatro nutrientes de que ele necessita

Vitaminas verdadeiras	Função	Fontes
Vitaminas hidrossolúveis		
Vitamina B1 Tiamina	Circulação, formação do sangue e função cerebral.	Miúdos, levedo, ervilhas, porco e feijões.
Vitamina B2 Riboflavina	Formação das células do sangue, anticorpos e prevenção da catarata.	Carne, frango, peixe, nozes, rins, fígado, folhas verdes.
Vitamina B3 Niacina	Circulação, sistema nervoso, pele saudável	Carnes magras, nozes e castanhas, legumes, batatas.
Vitamina B5 Ácido pantotênico	Hormônios ad-renais, anticorpos, neurotransmissores, estamina	Ovos, carne de porco e de vaca, peixe, leite, a maior parte das frutas/vegetais.
Vitamina B6 Piridoxina	Cérebro/funções do sistema imune, imunidade ao câncer, leve diurético	Frango, peixe, rins, fígado, ovos, bananas, lima, feijões, nozes e castanhas.
Vitamina B7 Biotina	Crescimento celular, metabolismo dos carboidratos/gorduras/proteínas	Fígado, gema de ovo, nozes e castanhas. Couve-flor, leite e legumes.
Vitamina B8 Inositol	Crescimento capilar, redução do colesterol e da placa arterial	Coração, frutas, leite, nozes e castanhas, carne e vegetais.
Vitamina B9 Ácido Fólico	Alimento do cérebro, energia, células vermelhas do sangue, fortalecer a imunidade	Carne de vaca, carneiro, porco, fígado de galinha, ovos, folhas verdes, salmão.
Vitamina B12 Cianocobalamina	Previne anemia/danos nervosos, digestão, longevidade celular	Carne de carneiro, de vaca, arenque, cavala, fígado de porco, ostras, frango, moluscos, ovos.
Vitamina C	Crescimento e reparo de tecidos, função adrenal, combate câncer e infecção	Citros, pimentas, brócolis, espinafre, tomates, batatas, morangos.
Vitaminas lipossolúveis		
Vitamina A	Problemas dos olhos, desordens da pele, ossos e dentes saudáveis, antioxidanto	Fígado, óleo de peixe, gema de ovo, caranguejo, halibute, leite integral, cenoura, espinafre, brócolis, melão cantalupo.
Vitamina D	Absorção de cálcio, fósforo, dentes e ossos saudáveis	Óleo de fígado de peixe, ovos, manteiga, creme de leite, halibute, arenque, fígado, cavala, salmão, sardinhas, camarão.
Vitamina E	Previne câncer, doença do coração, catarata, reduz a pressão sangüínea	Óleos vegetais, germe de trigo, nozes e castanhas.
Vitamina K	(Produz protrombina para a coagulação do sangue) função saudável do fígado	Folhas verdes, laticínios, ovos, frutas e vegetais.

Plano de ação

- Tome uma multivitamina de alta qualidade diariamente.
- Tome 500 miligramas de L-carnitina (somente a forma L) com a comida uma vez ao dia.
- Tome 500 miligramas de L-arginina (somente a forma L) com a comida uma vez ao dia.
- Tome 500 UI de vitamina E com 5 miligramas de uma mistura de tocoferóis e tocotrienóis diariamente.
- Tome 500 miligramas de vitamina C duas vezes ao dia.

10

CONTROLE A INFLAMAÇÃO DO SEU CORAÇÃO

Você não pode sentir a arteriosclerose ou o "endurecimento das artérias" quando isso acontece. Esta doença surge vagarosa e furtivamente ao longo de anos em resposta aos danos ao interior das artérias.

Ironicamente, a resposta imune que mantém você vivo causa danos quando a lesão é nas artérias. Toda lesão no corpo — seja um corte na pele ou uma irritação nas artérias — desencadeia no sistema imunológico uma resposta inflamatória. Inicialmente, essa resposta acelera a cura da área ferida, mas as mesmas células brancas do sangue e a química inflamatória envolvida no processo de curar também podem lesar as paredes das artérias e contribuir para a doença cardíaca.

Uma ferida ocasional nas paredes arteriais se cura sem maiores conseqüências. Mas as feridas crônicas, ano após ano, resultam em artérias preenchidas com grandes remendos de placa acumulada, bem como vulneráveis placas menores preenchidas de compostos inflamatórios. Em algum ponto, esses depósitos de placas podem se soltar e levar a um ataque cardíaco.

Como é de se esperar, as companhias farmacêuticas trabalham duro tentando desenvolver remédios para controlar a inflamação e frustrar a doença do coração. Uma vez mais: as companhias farmacêuticas estão no caminho errado. A inflamação não é o inimigo; ela é o primeiro passo do processo de cura. Para evitar a doença do coração, você não precisa de remédios — apenas evite a fonte da irritação que causa a inflamação em primeiro lugar.

Neste capítulo, você descobrirá a ligação entre a inflamação e a doença do coração. Também aprenderá sobre o papel da homocisteína no controle da inflamação e o papel da proteína C-reativa em detectá-la (para informação sobre os exames de detecção de homocisteína e da proteína C-reativa, veja o capítulo 5, *Avaliando a sua saúde cardíaca*). Além disso, este capítulo aborda a ligação entre a doença da gengiva e a doença cardiovascular, incluindo informação de como prevenir tais problemas.

Da inflamação ao ataque cardíaco

Um monte de coisas danifica suas artérias:

- **Os hormônios do estresse.** Um súbito espasmo em uma artéria, combinado com uma onda de hormônios do estresse, pode causar a constrição das artérias, resultando numa minúscula lesão do endotélio, o revestimento das artérias.
- **Hipertensão.** Pessoas com hipertensão podem ter uma pressão do sangue forte o bastante para lesar as delicadas artérias.
- **Cirurgia.** Um corte mal cuidado ou incisão numa artéria durante uma angioplastia ou outro procedimento cardíaco pode danificar artérias.
- **Toxinas.** Uma causa muito comum de lesão arterial são as toxinas na corrente sangüínea. Essas irritantes toxinas — como a fumaça do cigarro, o excesso de glicose ou de insulina no sangue e as lipoproteínas oxidadas de baixa densidade — danificam o revestimento das artérias quando transitam pela corrente sangüínea.

Quando toxinas ou traumas lesam as artérias, o corpo desencadeia uma resposta imunológica. Esse processo é essencialmente o mesmo que acontece quando você se corta barbeando-se ou esfola seu joelho. A área se torna avermelhada, quente e ligeiramente inchada, todos os sinais de que uma resposta inflamatória está funcionando. Primeiro, as células brancas do sangue, o colágeno, os fatores de crescimento e outras químicas se reúnem para reparar os tecidos.

Nas artérias, as gorduras do sangue (especialmente o perigoso colesterol LDL) acorrem ao local, finalmente adicionando mais lesão à ferida. O colesterol LDL desencadeia um ciclo de danos por radicais livres. Ao mesmo tempo, as células brancas do sangue, conhecidas como monócitos, começam a escavar seu caminho dentro das camadas mais interiores das artérias até o local do ferimento. Uma vez tendo entrado seguramente nas paredes arteriais, as células brancas do sangue se transformam em macrófagos, ou células imunes destinadas a consumir microorganismos e toxinas estranhas.

Nesse ponto, o processo da arteriosclerose está a caminho. Quando os macrófagos *jantam* o colesterol LDL oxidado extraído da corrente sangüínea, transformam-se em células espumosas, que atraem mais colesterol ainda. As células do músculo liso em redor respondem recobrindo o revestimento das artérias com uma camada de colágeno e fibras de elastina. Isso deixa você com uma camada de placa arterial, feita com uma grosseira mistura de células espumosas mortas, células brancas do sangue, colesterol LDL e outras gorduras.

Esses depósitos de placas causam ataques cardíacos em uma de duas maneiras primárias. Algumas vezes as placas estreitam uma artéria num ponto que é grandemente bloqueado, então um coágulo sangüíneo se solta e se aloja numa dessas artérias restringidas. Outras vezes, rupturas em pequenas lesões da placa causam ataque cardíaco. Quando essas lesões se abrem — talvez em resposta a um súbito aumento de pressão sangüínea ou de batimento cardíaco —, derramam seu conteúdo dentro da artéria, imediatamente atraindo outra leva de fatores de coagulação e químicas inflamatórias. Se um trombo ou um coágulo sangüíneo bloqueia sua artéria coronária, você tem um ataque do coração.

Reduza facilmente a homocisteína

Em 1968, as mortes de um menino de oito anos de idade e de um bebê de dois meses de fulminantes derrames atraíram a atenção de um patologista de Boston chamado Kilmer McCully. Examinando os dois casos, McCully percebeu que ambas as crianças tinham um defeito genético na maneira como seus corpos lidavam com a homocisteína, um subproduto metabólico de se comer proteína e a principal causa de inflamação nos vasos sangüíneos. Como resultado desse problema herdado, as duas crianças tinham obstruções de colesterol e artérias lesionadas. McCully fez a ligação entre os altos níveis de homocisteína no sangue e a doença cardiovascular em crianças[102].

Por anos, médicos fizeram pouco caso de McCully, mas agora os especialistas reconhecem os altos níveis de homocisteína como um dos principais fatores de risco para a doença cardiovascular. De fato, de acordo com um estudo de 1997, "um nível aumentado de homocisteína no plasma confere um risco independente de doença vascular similar a fumar ou a hiperlipidimia (altos níveis de gordura no sangue)"[103]. Isso tudo significa que se você tem níveis elevados de homocisteína no seu sangue, tem três vezes mais possibilidades de ter um ataque cardíaco do que alguém que tenha níveis normais, independente de seu nível de colesterol.

---

[102] Mc Cully KS. Homocysteine, vitamins and prevention of vascular disease. *Military Medicine*. 2004 Apr; 169 (4):325-329.

[103] Graham IM, Daly LE, Refsum HM, et al. Plasma homocysteine as a risk factor for vascular disease: The European Concerted Action Project. *Journal of the American Medical Association*. 1997 Jun 22; 277(22):1775-1781.

Controle a inflamação do seu coração

A homocisteína é um aminoácido tóxico que irrita o revestimento dos vasos sangüíneos, causando inflamação e doença cardiovascular. Quando você tem muita homocisteína no seu sangue, seus vasos sangüíneos não podem dilatar-se adequadamente, o que causa problemas em momentos de estresse. Um fluxo de sangue inadequado para o coração pode causar ataques cardíacos; um fluxo inadequado para o cérebro pode causar derrames.

A relação entre os níveis de homocisteína e a doença cardiovascular é inegável. Ao todo, pelo menos 20 estudos mostraram fortes relações entre a homocisteína e devastadores eventos cardíacos, incluindo um relatório importante que acompanhou 15.000 médicos do sexo masculino no Physician's Health Study (ou Estudo sobre a Saúde dos Médicos)[104]. Esse estudo descobriu que participantes com altos níveis de homocisteína eram três vezes mais propensos a ter um ataque cardíaco, independente dos seus níveis de colesterol. Numa comparação, a pesquisa mostrou que os níveis de homocisteína prediziam eventos cardiovasculares melhor que os níveis de colesterol.

A despeito dessas descobertas, contudo, muitos pacientes nunca ouviram falar em homocisteína. Uma razão para que o público continue mal-informado sobre este fator de risco é que nenhuma grande companhia farmacêutica tem remédios para reduzir os níveis de homocisteína. Se a Pfizer desenvolvesse uma droga para tratar a homocisteína alta, esta se tornaria uma palavra conhecida.

Companhias farmacêuticas não tentam comercializar drogas para baixar a homocisteína porque você não precisa delas. As vitaminas B ajudam o corpo a destruir a homocisteína. Todos os pacientes do Centro para Saúde e Bem-Estar baixaram seus níveis elevados de homocisteína com nada mais que um suplemento de vitamina.

---

[104] Chasan-Taaber L, Shelhub J, Rosenberg IH, et al. A prospective study of folate and vitamin B6 and risk of myocardial infarction in US physicians. *Journal of the American College of Nutrition*. 1996 Apr; 15(2): 136-143.

Meça a inflamação com a proteína C-reativa

Vinte milhões de americanos estão em risco de sofrer um ataque cardíaco e não sabem disso. Será que você está entre eles? Descubra se está sob risco com um simples exame de sangue que testa a proteína C-reativa, ou CRP.

A proteína C-reativa (CRP) foi recentemente reconhecida como um excelente preditivo de doença cardíaca. Quando uma parte do seu corpo é lesada, envia sinais pedindo por ajuda. O sistema imunológico responde enviando células brancas do sangue e moléculas inflamatórias (incluindo a CRP) para a área danificada.

Essas células de defesa tentam reparar as áreas lesadas e combater qualquer intruso, mas essa resposta defensiva causa inflamação. A resposta inflamatória requer energia sob a forma de "fogo" oxidativo, que pode danificar os tecidos em redor. Inflamação nas células dos vasos sangüíneos é o principal processo que leva ao ataque cardíaco.

Níveis elevados de CRP indicam que existe uma inflamação no corpo. Usando essa medida, você pode detectar doença oculta do coração melhor que usando os níveis de colesterol. O *New England Journal of Medicine* recentemente publicou um estudo sobre a CRP que envolveu aproximadamente 28.000 participantes. Os pesquisadores tentaram predizer eventos cardíacos (ataques de coração e derrames) usando as taxas de colesterol LDL e os níveis de CRP no sangue. Eles descobriram que a CRP prediz eventos cardíacos melhor que o colesterol LDL[105].

O que você pode fazer para manter baixos seus níveis de CRP? A melhor maneira é o exercício. Descobrimos recentemente que mesmo uma atividade física moderada pode baixar os níveis de CRP.

---

[105] Ridker P, Rifai N, Rose L, et al. Comparison of C-reactive protein and low-density lipoprotein cholesterol levels in the predication of first cardiovascular events. *New England Journal of Medicine*. 2002 Nov 14; 347(20):1557-1565.

Pessoas que não se exercitavam de nenhuma maneira e que passaram a fazer um pouco de exercício cinco vezes por semana cortaram seus níveis de CRP em mais de 30%[106].

Vários suplementos também ajudam a deter a lesão celular e a irritação no revestimento cardíaco. E evitando dano em seu coração, você pode baixar seu nível de CRP e baixar o risco de um ataque cardíaco. Estes suplementos salvadores do coração incluem a L-arginina, o ácido fólico, a taurina, a vitamina E e a vitamina C. Você encontrará mais informação sobre como usá-los para melhorar sua saúde cardíaca neste capítulo. Você pode lembrar a informação sobre ter seus níveis de CRP testados relendo o capítulo 5, *Avaliando a sua saúde cardíaca*.

Prevenindo a doença cardíaca com um sorriso saudável

Uma boa higiene dental lhe dá mais que um belo sorriso e um hálito puro; lhe dá também um coração saudável. Estudos descobriram que pessoas com doenças de gengiva sofrem de ataques cardíacos mais freqüentemente que aquelas que têm dentes e gengivas saudáveis[107]. Um estudo importante do Departamento de Negócios dos Veteranos dos Estados Unidos descobriu que homens com grave perda óssea periodontal tinham 150% mais risco de doença do coração[108]. Um estudo ainda maior, conhecido como Estudo do Risco de Arteriosclerose nas Comunidades, descobriu que pessoas com doenças de gengiva tinham 1,5 vez mais doença do coração[109].

---

[106] Church T, Barlow CE, Earnest CP, et al. Association between cardiorespiratory fitness and C-reactive protein in men. Arteriosclerosis and Thrombosis: *Journal of Vascular Biology*. 2002 Nov 1; 22(11):1869-1879.

[107] Genco R. Periodontal disease and cardiovascular disease: epidemiology and possible mechanisms. *Journal of American Dental Association*. 2002 Jun; 133 Supple:14S-22S.

[108] Beck J, Garcia R, Heiss G, et al. Periodontal disease and Cardiovascular disease. *Journal of Periodontistry*. 1996 Oct; 67(10 Suppl):1123-1137.

[109] Kilgore C. Periodontitis and Independent Risk Factor for Coronary Heart Disease. *Family Practice News*, Aug. 01, 2000.

O problema começa quando se formam placas em seus dentes. As bactérias formam a placa dental, causando a queda dos dentes e criando inflamação e infecção nos tecidos adjacentes. A infecção destrói as fibras e ossos que seguram os dentes e as gengivas no lugar. Eventualmente, seus dentes saem do lugar ou mesmo caem e são perdidos.

Essa condição configura uma séria ameaça à sua saúde cardiovascular. As bactérias em sua boca podem esgueirar-se furtivamente da gengiva doente e entrar na corrente sangüínea, onde causam inflamação. Na corrente sangüínea, as bactérias viajam pelo corpo desencadeando uma resposta imunológica.

A infecção crônica ativa as células brancas do sangue que causam lesões arteriais e favorecem a formação das placas nas paredes das artérias. Esses depósitos de placa endurecem e estreitam as paredes das artérias. Isso diminui o fluxo sangüíneo para o coração e o cérebro, aumentando o risco de um ataque cardíaco e de derrames.

Pesquisadores da Universidade de Michigan descobriram bactérias periodontais em depósitos de gordura no revestimento dos vasos sangüíneos de pacientes com doença periodontal bem como doença cardiovascular[110].

Não surpreende que pessoas com gengivites também tenham níveis elevados de proteína C-reativa, colocando-as em risco de um ataque cardíaco. Um estudo conduzido em 1997 pela Universidade da Carolina do Norte em Chapel Hill relacionou primeiro os níveis altos de proteína C-reativa com pacientes com doenças de gengiva[111]. Mais estudos confirmaram esse achado. Pesquisadores da Universidade de Buffalo descobriram que pessoas com doenças de gengiva têm

---

[110] Clarkson BH. The Link Between Systemic Conditions and Diseases and Oral Health. University of Michigan — Ann Arbor. *Abstract of Presentation at AAAS Annual Meeting*: January 22, 1999.

[111] Williamson D. New Research Finds Between Gum Disease, Acute Heart Attacks. University of North Carolina at Chapel Hill, Nov 8, 2000.

níveis significativamente mais elevados de componentes bacterianos inflamatórios em sua corrente sangüínea[112]. Curiosamente, estudos adicionais mostram que os níveis de proteína C-reativa caem quando a doença de gengiva é tratada.

De acordo com a Academia Geral de Odontologia dos Estados Unidos, mais da metade dos homens americanos têm alguma forma de doença de gengiva. Muitos remédios podem realmente piorar problemas de gengiva. Por exemplo, os diuréticos usados para tratar a pressão alta podem reduzir a produção de saliva, o que aumenta a formação de placa bacteriana. Bloqueadores de canal de cálcio, como o Procardia e o Cardizem, podem aumentar suas gengivas, tornando mais difícil para você limpar seus dentes e gengivas efetivamente. Drogas estatinas para baixar o colesterol bloqueiam o melhor tratamento para doenças de gengiva, a coenzima Q10. Se você está tomando alguma dessas drogas, converse com seu médico sobre alternativas mais seguras.

Previna a doença de gengiva

Afortunadamente, pode-se prevenir ou reverter a doença de gengiva. Primeiro, você deve praticar uma boa higiene bucal.

Para ter seus dentes brilhando, comece escovando-os por três a quatro minutos ao menos duas vezes ao dia. Muitas pessoas escovam por menos que a metade desse tempo — e muitos sequer usam fio dental, embora esteja estabelecido que o fio dental ajuda a limpar entre os dentes. Assegure-se de limpar ao longo da gengiva. É ali que se esconde a danosa placa bacteriana. Passar fio dental uma vez ao dia alcança a placa que se forma entre os dentes e que a escova não pode alcançar.

---

[112] Genco RJ. UB Resarchers Indentify Specific Oral Bacteria Most Likely to Increase Risk of Heart Attack. University of Buffalo, Mar 12, 1999.

Faça uma limpeza profissional regularmente. Se seus dentes e gengivas são saudáveis, duas vezes por ano é suficiente. Se você tem problemas com placa bacteriana e depósitos de tártaro, pode precisar visitar o dentista mais vezes. Manter gengivas e dentes saudáveis não somente conserva seu sorriso, pode ajudar a salvar a sua vida.

A RESPOSTA ANTIOXIDANTE

Além da escovação e do fio dental regulares, uma dose diária de antioxidantes ajuda a proteger seu sorriso. Você leu sobre os benefícios de muitos desses antioxidantes para o coração. Aqui vão recomendações para ajudar sua gengiva também:

- Tome vitamina C: esse poderoso antioxidante ajuda a reduzir a inflamação associada a gengivites. Também repara os tecidos conjuntivos de suas gengivas. Tome 500 miligramas duas vezes ao dia.
- Tome CoQ10: esse potente antioxidante pode reverter a doença de gengiva e reduzir seu risco de um ataque cardíaco ao mesmo tempo. Para prevenir a doença de gengiva, tome 60 miligramas uma vez ao dia. Para tratar doença de gengiva estabelecida, tome 100 miligramas duas vezes ao dia.
- Tome ácido fólico: esse nutriente ajuda a regenerar o tecido danificado das gengivas. Gargarejos contendo ácido fólico podem ser efetivos no tratamento de doença de gengiva[113]. Você pode precisar contatar um dentista holístico em sua região.
- Tome vitamina E: tome 400 UI diariamente como parte de uma multivitamina de alta qualidade.
- Tome zinco: esse mineral ajuda a proteger e curar tecidos gengivais. Tome 30 miligramas diariamente.

---

[113] Pack AR. Folate mouthwash: effects on stablished gingivitis in periodontal patients. *Journal of Clinical Periodontology*. 1984 Oct; 11(9):619-628.

Plano de ação

Tome vitaminas B para diminuir os níveis de homocisteína.

Doses recomendadas:
- *25 miligramas de vitamina B2,*
- *25 miligramas de vitamina B6,*
- *500 microgramas de vitamina B12,*
- *800 microgramas de folatos.*

Visite seu dentista a cada seis meses. Escove os dentes duas vezes ao dia e passe fio dental uma vez ao dia.

Tome antioxidantes para melhorar a saúde de suas gengivas.

Doses recomendadas:
- *Vitamina C: 500 miligramas duas vezes ao dia.*
- *Co-enzima Q10: 100 miligramas duas vezes ao dia (se você tem doença de gengiva).*
- *Vitamina E: 400 UI diariamente.*
- *Zinco: 30 miligramas diariamente.*

11

PERSONALIZE SUA CURA DO CORAÇÃO

A doença do coração raramente ocorre de maneira espontânea. Ela em geral é deflagrada em resposta a outros problemas de saúde. Você poderia ter esses outros problemas por anos ou mesmo décadas antes que aparecesse a doença do coração. Para prevenir ou reverter doença do coração e promover a saúde geral, é importante tratar essas condições subjacentes.

Embora a essência do programa *Doutor* se aplique a todo mundo, este capítulo pode ajudar a adaptá-lo à sua situação individual. Especificamente, você encontrará métodos naturais para reverter pressão alta, diabetes, obesidade e perda crônica de músculos. Um ou mais desses problemas geralmente precedem ou coexistem com a doença cardíaca. Seu programa *Doutor* estará incompleto se não reverter também esses problemas.

Além disso, embora o colesterol não seja a principal causa de doença do coração, problemas de colesterol e doença cardíaca freqüentemente ocorrem juntos. Se você tem doença do coração e um perfil não saudável de colesterol, este capítulo o ajudará a criar um plano para melhorar seus níveis de colesterol sem fazer uso de perigosas drogas de farmácia. Neste capítulo, se tiver pouca massa muscular magra, também encontrará um programa testado para ganhar músculos onde eles são importantes.

Baixe sua pressão

Se você tem hipertensão, seu corpo está lhe dizendo alguma coisa. Hipertensão — ou pressão alta do sangue — é mais que um contratempo médico. É um sinal de alerta de que você pode enfrentar uma doença cardíaca com todas as suas conseqüências se não tomar medidas para controlar isso.

A pressão alta nos vasos sangüíneos pode danificar os tecidos delicados dos seus olhos, rins e cérebro. Ela freqüentemente leva a ataques cardíacos, derrames, perda de visão e insuficiência renal. De fato, pessoas com hipertensão têm um risco três vezes maior de um ataque cardíaco e um risco sete vezes maior de um derrame que as pessoas com pressão normal.

A hipertensão é muito comum. Cerca de um entre 10 americanos a tem e seu risco aumenta gradualmente com a idade. Mais da metade de todos os idosos americanos tem hipertensão. Você tem um risco maior se for negro, fumante ou tiver excesso de peso, ou se tiver histórico familiar de hipertensão. Por sorte, é muito possível que você possa baixar sua pressão fazendo algumas pequenas modificações em sua dieta e no seu estilo de vida.

PRESTE ATENÇÃO AOS SINAIS DE ALERTA

Chamamos a hipertensão de "assassino silencioso" porque ela surge sem alarme. Infelizmente, cerca de 20% dos americanos com pressão alta desconhecem sua condição e somente um terço faz alguma coisa sobre isso. Hipertensão avançada pode, algumas vezes, causar dor de cabeça (especialmente pela manhã), fadiga, tonturas, pulso rápido, respiração curta, sudorese, hemorragias nasais e problemas visuais. A única maneira de se assegurar de que sua pressão está sob controle é medi-la.

Siga estas simples e efetivas instruções para prevenir ou reverter sua alta pressão sangüínea:

- Não fume. A nicotina produz um efeito de droga diretamente sobre o coração e os vasos sangüíneos. Ela é um vasoconstritor e por isso eleva a pressão sangüínea e aumenta o trabalho realizado pelo coração. Se você tem pressão alta e também fuma, tem cinco vezes mais propensão a ter um ataque cardíaco e dezesseis vezes mais a ter um derrame do que se não fumasse.
- Perca peso, se necessário. Pessoas com excesso de peso tendem a ter pressão alta. Cerca da metade de todas as pessoas com hipertensão tem excesso de peso. Uma análise de cinco estudos envolvendo perda de peso e hipertensão descobriu que, em média, perder 9 quilos resulta num declínio de 6,3mmHg na pressão sistólica e 3,1 mmHg na pressão diastólica.
- Evite certos medicamentos desnecessários. Evite usar anti-histamínicos, descongestionantes, remédios para resfriado e moderadores de apetite porque essas medicações tendem a elevar a pressão sangüínea.
- Evite excessos de café e de bebidas cafeinadas, que podem elevar a pressão sangüínea. Limite o cafezinho a uma ou duas xícaras pela manhã.
- Limite o consumo de álcool. Embora beber moderadamente tenha benefícios para o coração, consumir mais de 30 mililitros de álcool por dia — uma quantidade equivalente aproximadamente a 30ml de uísque, 240ml de vinho ou 360 ml de cerveja — pode elevar sua pressão sangüínea.
- Aprenda técnicas para relaxar. O estresse leva à secreção excessiva de cortisol. Um aumento prolongado do cortisol leva a condições negativas de saúde incluindo a pressão alta.

Técnicas de meditação e relaxamento são boas maneiras de diminuir o estresse e melhorar a saúde.
- Use o programa PACE™ de exercícios num esquema regular para fortalecer sua capacidade cardiorespiratória como é descrito no capítulo 7. Esses exercícios também ajudam a reduzir sua pressão sangüínea em repouso.

Deixe sua comida ser o seu remédio

- **Use pimenta caiena.** A pimenta caiena contém um composto chamado capsaicina, um suave afinador do sangue que reduz a viscosidade das plaquetas. Geralmente, quanto mais ardida a pimenta, mais capsaicina ela contém. Além disso, a pimenta caiena contém vitamina E e vitamina C. Pesquisas mostram que a pimenta caiena pode ajudar a melhorar a circulação, combater a inflamação, diminuir a congestão, aumentar a imunidade e a perder peso.
  - Coma pimenta ardida a gosto.

- **Belisque um aipo.** Comer aipo (bem como consumir óleo de aipo ou suas sementes) ajuda a diminuir a pressão relaxando as células de músculo liso nos vasos sangüíneos. Mastigar uns quatro talos de aipo por dia fornece o suficiente do seu ingrediente ativo, um composto conhecido como 3-butilftalida, para reduzir a pressão.
  - Coma quatro talos de aipo diariamente.

- **Vá fundo no alho.** Alho é muito efetivo para diminuir a pressão. É um vasodilatador natural (dilata os vasos sangüíneos). Estudos descobriram que o alho diminui a pressão sistólica em impressionantes 20 a 30 mmHg e a diastólica em 10 a 20 mmHg. Um estudo alemão de 12 semanas mostrou que alho em pó ajuda significativamente a reduzir a pressão sangüínea. O estudo documentou outras descobertas: o alho produziu uma queda significativa no colesterol e nos triglicérides dos participantes[114].

- Se a sua pressão sangüínea é alta, experimente adicionar alho em todas as refeições. Não é difícil uma vez que você tenha adquirido o hábito. Você pode também descascar e comer um dente de alho cru diariamente. Se preferir usar um suplemento, procure por um produto que contenha ao menos 3.600 microgramas de alicina, o ingrediente ativo do alho, por dose.

- **Mantenha um nível ótimo de potássio para um coração saudável.** Um baixo nível de potássio pode causar doença do coração. Escolher as comidas certas é a melhor maneira de estar seguro de obter potássio suficiente, particularmente depois de exercícios. O uso difundido de diuréticos, prescritos para pressão alta, freqüentemente causa baixos níveis de potássio. Inibidores de ECA e betabloqueadores também prejudicam os níveis de potássio. Além disso, a moderna comida processada, com índices de sódio aumentados, pode derrubar seus níveis de potássio.

  O sintoma mais comum de baixa de potássio são as cãibras musculares e a fraqueza, acompanhados de sede e urinação freqüente. Dietas de baixo potássio freqüentemente precedem a pressão alta! A melhor maneira de obter potássio é através da comida e não de suplementos. Muitas nozes e castanhas e muitas frutas fornecem potássio. Procure pelas melhores fontes na tabela seguinte.

---

[114] Auer W, Eiber A, Hostkorn E, et al. Hypertension and hyperlipidaemia: Garlic helps in mild cases. *British Journal of Clinical Practical Supplements.* 1990 Aug; 69:3-6.

Alimento	Potássio
Figos secos (10 unidades)	1.352 mg
Abacate (um inteiro ou 1 xícara)	1.319 mg
Tomates secos (½ xícara)	1.272 mg
Pistache (1 xícara)	1.241 mg
Abricós (1 xícara)	1.222 mg
Abóbora menina (1 xícara, amassada)	1.070 mg
Amêndoas (1 xícara, sem sal)	1.039 mg
Abóbora americana tipo Kernels (½ xícara)	945 mg
Bananas (1 grande)	467 mg

- **Mantenha níveis ótimos de cálcio e magnésio para a saúde do coração.** Baixos níveis de cálcio e magnésio podem contribuir para a hipertensão. Por sorte, é fácil usar mudanças dietéticas ou suplementos para aumentar seu cálcio e seu magnésio. Fontes dietéticas ricas para ajudar a reverter essa condição incluem laticínios, peixes pequenos e nozes e castanhas.

Alimentos ricos em cálcio	Alimentos ricos em magnésio
Leite (1 xícara)	Amêndoas (1/3 xícara)
Iogurte (1 xícara)	Tofu (1/2 xícara)
Salmão (85g)	Castanha-de-caju (1 xícara)
Queijo (28g)	Raisin bran (1/3 xícara)

Use suplementos nutricionais para baixar sua pressão

- **Tome coenzima Q10.** Nossa Fundação para Pesquisa do Bem-Estar descobriu que muitas pessoas com pressão alta têm níveis de CoQ10 muito abaixo da variação considerada normal. Nós também descobrimos que praticamente todos os pacientes são bem-sucedidos em obter níveis terapêuticos da substância no sangue tomando suplementos orais de CoQ10. Mais importante: mais da metade dos pacientes que vêm ao Centro para Saúde e Bem-Estar com pressão alta, que já tomavam medicamentos prescritos por outro médico para baixar a pressão, foram capazes de dispensar essas drogas usando CoQ10.

- Tome 100 miligramas de CoQ10 diariamente e peça a seu médico para medir a CoQ10 em seu sangue.

- **Cálcio e magnésio.** Se você descobrir que não obtém suficiente cálcio e magnésio de sua dieta, então suplementos podem ser necessários.
    - Tome 500 miligramas de cálcio e 500 mg de magnésio diariamente.

- **Use vitamina C.** Um importante estudo de 10 anos mostrou que quanto mais baixos níveis de vitamina C, mais alta a pressão e o risco de um derrame[115]. Um estudo descobriu que tomar um mínimo de 250 mg de vitamina C diminui o risco de pressão alta para quase a metade[116].
    - Tome 1.000 miligramas de vitamina C diariamente.

Baixe a pressão com ervas medicinais

Outra vez: se sua pressão sangüínea não melhora só com alimentos ou suplementos, então use um ou mais dos remédios listados

---

[115] Kurl S, et al. Plasma Vitamin C modifies the association between hypertension and risk of stroke. *Journal of the American Medical Association*. 2002 Sep 18; 288 (11):1333.

[116] Associated Press, Vitamin C Can Lower Blood Pressure, December 21, 1999. www.intellihealth.com/IH

abaixo. Não use ervas no lugar de boa nutrição. Você pode encontrar essas ervas nas lojas especializadas.

- **Use astrágalo.** Herbalistas chineses e indianos usaram astrágalo para tratar de doenças cardíacas por séculos. Ele contém numerosos minerais, aminoácidos e flavonóides, alguns dos quais com poderes de baixar a pressão.
  - Tome 500 miligramas de raiz de astrágalo em pó em forma de cápsulas duas vezes ao dia. Se preferir a forma líquida do extrato, tome 5 mililitros (uma colher de chá) duas vezes ao dia.

- **Use dentes-de-leão.** A erva dentes-de-leão é um diurético natural e uma excelente alternativa aos diuréticos medicamentosos. Sim, essa erva daninha que invade seu gramado a cada verão produz um efeito suave de eliminação de água (mas não o bastante para causar desidratação). Folhas de dentes-de-leão também contém vitaminas e minerais, incluindo vitaminas A, C, D, potássio e cálcio.
  - Tome 250 miligramas de dentes-de-leão duas ou três vezes ao dia.

- **Use unha-de-gato.** Essa trepadeira originária da América do Sul é um diurético natural usado pelos índios amazônicos. Seu nome provém de seus espinhos em formato de unhas. Atletas freqüentemente usam-na para perder peso devido à retenção de água antes de uma competição. Seu efeito é brando.
  - Tome 500 miligramas de unha-de-gato duas vezes ao dia, até eliminar o excesso de líquidos.

- **Use pilriteiro.** Largamente utilizado na Europa, o pilriteiro baixa a pressão sangüínea, previne a formação de depósitos de colesterol nas paredes arteriais e ajuda a fortalecer o músculo cardíaco. Funciona como um betabloqueador natural, permitindo às artérias abrir o suficiente para que o sangue flua livremente. Num recente estudo de 10 semanas, o extrato de pilriteiro produziu uma redução significativa na pressão diastólica do sangue. O pilriteiro também reduziu a ansiedade melhor que o magnésio ou um placebo[117].

• Tome 500 miligramas de extrato de pilriteiro, com a comida, duas vezes ao dia.

PLANO DE AÇÃO
Se sua pressão ainda é alta, use ervas.
- Tome 500 mg de raiz de astrágalo duas vezes ao dia.
- Tome 250 mg de raiz de dentes-de-leão duas vezes ao dia.
- Tome 500 mg de unha-de-gato duas vezes ao dia.
- Tome 500 mg de extrato de pilriteiro duas vezes por dia.

PLANO DE AÇÃO
Para baixar sua pressão naturalmente.
- Siga o programa PACE™ de exercícios do capítulo 7.
- Perca gordura, se necessário.
- Evite medicações desnecessárias.
- Vá devagar com a cafeína e o álcool.
- Aprenda a relaxar.
- Coma aipo diariamente.
- Coma um dente de alho cru diariamente.
- Coma pimenta caiena.
- Coma alimentos ricos em potássio, magnésio e cálcio diariamente.
- Tome 100 mg de CoQ10 diariamente.
- Tome 500 mg de vitamina C duas vezes ao dia.

---

[117] Walker AF, Marakis G, Morris AP, and Robinson PA. Promising hypotensive effect of hawthorn extract: A randomized double-blind pilot study of mild, essential hypertension. *Phytotherapy Research*. 2002 Jan; 16(1):48-54.

Melhore seu perfil de colesterol

Lembra do teste de colesterol VAP do capítulo 5? Ele é mais efetivo em predizer ataques cardíacos ou derrames que os exames usuais de colesterol e identifica 90% dos problemas de colesterol. Não se contente com testes que somente dizem a você que seu colesterol total ou o LDL está alto. Com o colesterol, descobrir os detalhes pode guiá-lo para melhoras cruciais.

Você pode realmente não precisar baixar seu colesterol total, mas se é como a maioria dos americanos, pode precisar melhorar outros parâmetros de seu colesterol. O mais importante e o mais provável de precisar melhorar é o colesterol HDL. O HDL é o mais benéfico dos colesteróis e protege contra doença cardíaca. Exercício é de longe a ferramenta mais efetiva para aumentar seu colesterol HDL. Que tipo de exercício promove o HDL? Treinos intervalados.

Lembre do capítulo 2, que exercícios intervalados também o protegem da doença do coração, construindo uma capacidade de reserva para o coração e os pulmões. Um típico programa PACE™ toma somente cerca de 15 minutos ao dia. Esta, e não dieta, é a mais importante medida simples que você pode tomar para controlar seu colesterol. Você encontrará conselhos que pode seguir para construir seu próprio programa no capítulo 7, *Ganhando um coração forte: consiga mais com menos*. Nesta seção, você encontrará remédios naturais para usar com os exercícios intervalados para melhorar suas taxas de colesterol.

Escolha comida para melhorar seu colesterol

- **Faça da proteína uma prioridade.** No capítulo 6, você aprendeu sobre um plano para comer e desfrutar comida de verdade — uma dieta de boa gordura, boa proteína, boas frutas e vegetais. Cada um dos três tipos básicos de alimento

— proteína, gordura e carboidrato — induz uma resposta hormonal diferente. Quando você come proteína, seu corpo produz hormônios do crescimento que produzem músculos. Quando come carboidratos, seu corpo secreta insulina para digeri-los e então cria gordura. Comer gordura tem uma resposta hormonal neutra.

Lembre-se: ao longo do tempo, dietas de baixa gordura têm conseqüências ruins para a saúde. Quando você come uma dieta de baixa gordura, não somente come mais carboidrato como também, inadvertidamente, sacrifica o mais importante nutriente, a proteína. Seguindo um conselho de baixa gordura, perderá músculos vitais, inclusive músculo cardíaco — e sobrecarregará seu coração com gordura.

Por outro lado, comer bastante proteína e o tipo certo de gorduras mantém sua ingestão de carboidratos baixa. Isso permite a você perder gordura corporal, controlar a ânsia por comer carboidratos e manter níveis saudáveis de colesterol.

- **Coma azeitonas e use azeite de oliva.** Comer azeitona baixa seu colesterol, seu risco de doença do coração e pode ajudar a prevenir o câncer. As azeitonas têm uma alta proporção de aminoácidos essenciais e muita vitamina E, K e A. A vitamina E nas azeitonas previne o estresse oxidativo causado por coisas como poluição, luz solar e fumaça de cigarro.

  O Departamento de Agricultura dos Estados Unidos considera as azeitonas como a segunda melhor fonte de vitamina K, que nosso corpo necessita para uma formação óssea apropriada, a prevenção de coágulos sangüíneos e câncer[118].

---

[118] Blekas G, Vassilakis C, Harizanis C, et al. Biophenols in table olives. *Journal of Agriculture and Food Chemistry*. 2002 Jun 19; 50(13):3588-3692.

Tanto as azeitonas quanto o azeite de oliva contêm gorduras monoinsaturadas. Essas boas gorduras diminuem o LDL e aumentam os níveis de colesterol HDL. Também previnem a formação de placas nas paredes arteriais.

Azeitonas são excelentes para matar a fome sem que se precise consumir um monte de comida. Uma azeitona grande da Califórnia tem menos de sete calorias. A intensidade do sabor das azeitonas faz uma diferença nos pratos.

- Use azeite de oliva para cozinhar e nas saladas.
- Experimente azeitonas para dar sabor aos pratos e como lanche.

- **Coma fitoesteróis.** O número de julho de 2003 do *Journal of the American Medical Association* comparou as propriedades para reduzir o colesterol de três dietas. Nesse estudo, o primeiro grupo de pessoas comeu uma "dieta de controle" muito baixa em gorduras saturadas. O segundo grupo tomou estatinas, como a Lovastatina. O terceiro grupo comeu uma dieta rica em fitoesteróis, fibras e amêndoas. Aqueles do primeiro grupo que comeram a dieta de baixa gordura diminuíram seu colesterol em apenas 8% e os níveis de proteína C-reativa em 10%. Aqueles do segundo grupo, que tomaram drogas estatinas tiveram um decréscimo de 30% em seus níveis de colesterol e 33% nos de proteína C-reativa. O terceiro grupo de pessoas que comeu uma dieta rica em fitoesteróis diminuiu seu colesterol em 29% e sua proteína Creativa em 28%[119].

    As estatinas e os fitoesteróis funcionaram igualmente bem para aqueles dos segundo e terceiro grupos. Mas a dieta rica

---

[119] Jenkins DJ, Kendall CW, Marchie A, et al. Effects of a dietary portfolio of cholesterol-lowering foods vs. Lovastatin on serum lipids and C-reactive protein. *Journal of the American Medical Association.* 2003 Jul; 290(4):502-510.

em fitoesteróis forneceu benefícios cardiovasculares sem os perigosos efeitos colaterais associados à prescrição de drogas. Os efeitos colaterais associados à Lovastatina incluem toxidade hepática, fraqueza, fadiga, rompimento das fibras musculares, inibição da produção de CoQ10 e insuficiência renal. Não há efeitos colaterais negativos em seguir a dieta de fitoesteróis.

Você pode facilmente incluir fontes naturais de fitoesteróis em sua dieta comendo nozes e castanhas e vegetais[120]. Alimentos com fitoesteróis também têm gorduras que são boas para o coração. Inclua estes alimentos em sua dieta: amêndoas, berinjelas, ovos, linhaça, frutas frescas, quiabo, azeite de oliva, azeitonas e nozes.

- Coma uma dieta rica em fitoesteróis.

- **Use fibra.** Uma dieta rica em fibra ajuda a baixar os níveis de colesterol. A média de consumo americana é de apenas 11 gramas de fibra ao dia, muito menor que os 25 gramas recomendados. Se não gosta de comidas ricas em fibra, tome um suplemento à base de psyllium, seguindo as instruções da bula. Um estudo descobriu que pessoas que tomaram uma colher de sopa de suplemento de fibra solúvel duas vezes ao dia por oito semanas tiveram 7% de redução nos níveis de sua lipoproteína de baixa-densidade (LDL)[121].

  - Coma alimentos ricos em fibra. Se necessário, tome um suplemento de psyllium diariamente, seguindo as instruções da bula.

---

[120] Waladkhani AR and Clemens MR. Effect of dietary phytochemicals on cancer development (review). *International Journal of Molecular Medicine.* 1998 Apr; 1(4):747-753.

[121] Vega-Lopez S, Vidal-Quintanar RL and Fernandez ML. Sex and hormonal status influence plasma lipid responses to psyllium. *American Journal of Clinical Nutrition.* 2001 Oct; 74(4):435-441.

- **Coma alho.** O alho, um membro da família das cebolas e do alho-poró, baixa os níveis de colesterol, inibe a formação de coágulos sangüíneos, afina o sangue e dilata os vasos sangüíneos.
  - Coma de um a três dentes de alho diariamente.

- **Coma alimentos ricos em ácidos graxos ômega-3.** O ômega-3 tem um papel central na proteção do sistema cardiovascular. As membranas celulares das células cardíacas armazenam o ômega-3 do óleo de peixe. Essa reserva previne os ritmos irregulares, que podem levar à morte súbita cardíaca, responsável pela metade das mortes associadas ao coração nos Estados Unidos.
  - Óleo de peixe baixa os níveis de triglicérides em seu sangue relacionados à doença do coração. Pacientes tomando óleo de peixe têm um decréscimo em triglicérides que reduz suas chances de doença do coração em 25%[122]. Aumente seu consumo de ácidos graxos ômega-3 com óleo de peixe, abacate, nozes e castanhas, azeitonas e ovos.

Usando nutrientes para diminuir o colesterol

- **Policosanol.** Esse álcool orgânico, extraído de plantas, baixa o "mau" colesterol sem efeitos colaterais prejudiciais.
  - Tome 20 miligramas de policosanol diariamente.

- **Tome niacina.** Essa vitamina tem um papel ativo em mais de quinze reações metabólicas, muitas das quais fornecem a você energia dos carboidratos. A niacina baixa o colesterol (mau)

---

[122] Rogers S, et al. Triglyceride lowering effect of MaxEPA fish lipid concentrate: a multicentre, placebo-controlled, double-blind study. *Clinical Chimera Acta*. 1988 Dec 30; 178:251-259.

LDL e os triglicérides enquanto faz subir o HDL (bom) colesterol. Também melhora a circulação pela dilatação dos vasos sangüíneos.
- Tome 50 miligramas de niacina diariamente.

- **Tome vitamina C.** Essa vitamina é essencial ao metabolismo do colesterol. Ela é responsável pela excreção do excesso de colesterol do corpo.
  - Se você tem níveis pouco saudáveis de colesterol, aumente sua dose de vitamina C para 1.500 mg duas vezes ao dia.

- **Tome vitamina E.** Esse antioxidante ajuda a prevenir os danos causados pelos radicais livres, além de ajudar o corpo a manter o músculo cardíaco. Ela também previne a oxidação de uma forma particular de colesterol LDL e a formação de depósitos de placa nas artérias.
  - Tome 400 UI de vitamina E com tocoferóis e tocotrienóis mistos diariamente.

- **Carnitina.** A carnitina é necessária à queima de gordura e produção de energia em cada uma de suas células. Ela leva os ácidos graxos até a mitocôndria de suas células onde produzem energia. Seu músculo cardíaco tem a mais alta requisição de energia. Por isso ele é particularmente vulnerável à deficiência de carnitina. Os benefícios da carnitina também incluem a redução da placa arterial, a diminuição dos níveis de colesterol LDL e o aumento do HDL. Você pode obter carnitina da carne vermelha e dos laticínios. Mas é difícil obter o suficiente através da sua dieta diária. É importante que você escolha a carnitina que ocorre naturalmente, a L-carnitina e não a carnitina sintética D. A forma D interfere com a ação da L-carnitina.
  - Tome 500 mg de carnitina por dia.

- **CoQ10.** Mais uma vez: estudos mostram que esse nutriente energizante baixa efetiva e seguramente o colesterol. Ele fornece energia ao coração, baixa o colesterol e a pressão sangüínea. A CoQ10 é o mais importante nutriente cardíaco que você pode tomar.
  - Tome 100 miligramas de CoQ10 por dia e peça a seu médico para checar seu nível no sangue.

Use ervas para melhorar o colesterol

- **Use gengibre.** Essa raiz, nativa das regiões tropicais e semitropicais, baixa e detém a oxidação de colesterol. Ela também atua como um afinador do sangue. Um estudo no *Journal of Nutrition* provou que o gengibre diminui o colesterol. Ratos com altos níveis de colesterol tomaram extrato de gengibre por 10 semanas. Os ratos que tomaram o gengibre tiveram uma queda significativa no seu colesterol[123].
  - Tome 300 miligramas de gengibre duas vezes ao dia.

- **Use gugulipid.** A medicina hindu tem usado o gugulipid, um extrato da árvore Guggal, por séculos para baixar o colesterol. Em 1987, a Índia aprovou o gugulipid como um tratamento para a obesidade e desordens lipídicas. Pesquisa recente publicada no jornal *Annual Review of Nutrition* mostra que o gugulipid bloqueia os receptores que administram os níveis de colesterol, permitindo ao corpo remover mais colesterol da corrente sangüínea[124].
  - Tome 20 miligramas de gugulipid diariamente.

---

[123] Furman B, Rosenblat M, Hayek T, et al. Ginger extract consumption reduces plasma cholesterol, inhibitis LDL oxidation and attenuates development of atherosclerosis in atherosclerotic apolipoprotein E-deficient mice. *Journal of Nutrition*. 2000 May; 130(5):1124-1131.

[124] Urizar NL and Moore DD. Gugulipid: a natural cholesterol-lowering agent. *Annual Review of Nutrition*. 2003;23:303-313.

- **Use canela.** Comer ½ colher de chá de canela diariamente pode baixar o açúcar no sangue, os triglicérides, o colesterol LDL e o colesterol total. A canela contém uma química que ajuda as células a reconhecer e a responder à insulina.
  - Experimente adicionar uma pitada de canela à sua xícara de café matinal.

Plano de ação

Para melhorar o colesterol.
- Siga o programa PACE™ de exercícios.
- Coma uma dieta rica em proteínas e pobre em carboidratos.
- Obtenha ácidos graxos ômega-3 de sua comida.
- Use azeite de oliva e/ou coma azeitonas.
- Coma alimentos ricos em fibra.
- Coma uma dieta rica em fitoesteróis.
- Tome 100 mg de CoQ10 diariamente.
- Coma de um a três dentes de alho diariamente.
- Tome 300 mg de gengibre duas vezes ao dia.
- Tome 20 mg de gugulipid diariamente.
- Tome 20 mg de policosanol diariamente.
- Use canela no seu café e em outras comidas.
- Tome 50 mg de niacina diariamente.
- Tome mais de 3.000 mg de vitamina C diariamente em doses fracionadas.
- Tome 400 UI de vitamina E com tocoferóis e tocotrienóis mistos diariamente.

Reverta o diabetes

Há poucos anos um novo paciente, Will, um homem negro de meia-idade com diabetes e pressão alta veio ao Centro para Saúde e

Bem-Estar. Ele tomou vários tipos de medicamentos e injetou-se com insulina por anos. O médico de Will insistiu em que ele precisaria tomar injeções de insulina pelo resto de sua vida. Disse-lhe que seu diabetes era genético porque a mãe de Will também tinha diabetes.

Will era carteiro e exercitava-se num ginásio regularmente, então não era um sedentário. Ele disse: "Como saudavelmente e sigo todas as recomendações". Mas, como Will disse mais tarde, o conselho que recebera fora comer uma dieta pobre em gordura. Este é o conselho que muitos diabéticos recebem e é surpreendentemente o conselho da Associação Americana de Diabetes. Este é exatamente o conselho errado para um diabético. A gordura na dieta não causa diabetes, os amidos sim. O que é pior, quando você come comida *light*, comerá mais do culpado real — o amido. Will seguiu o conselho do seu médico e da Associação Americana de Diabetes evitando açúcar e gordura, mas não os amidos. De fato, comia amido em todas as refeições: cereais no café da manhã, macarrão no almoço, batata e pão no jantar.

Will ficou surpreso ao aprender que seu corpo convertia todo esse amido em açúcar, inundando sua corrente sangüínea com glicose. Will mudou para uma dieta de comidas de baixo índice glicêmico e aderiu a diversas ervas e suplementos nutricionais. Em poucos meses, não precisava mais de injeções de insulina; ele não toma insulina há vários anos agora e não há sinal de diabetes.

Como Will pôde superar sua herança genética? Quando restringiu seus carboidratos por um tempo, sua taxa de insulina diminuiu e seus receptores de insulina foram restaurados ao seu estado pré-diabético. O Centro para Saúde e Bem-Estar tratou centenas de pacientes como Will, e seguindo essa linha de ação essas pessoas foram capazes de vencer seus diabetes. Comece seguindo as recomendações dietéticas do capítulo 6. Então, se você tem diabetes, junte as dicas que se seguem neste capítulo.

Coma melhor para vencer o diabetes

Para reverter o diabetes, siga a dieta rica em proteínas e pobre em carboidratos descrita no capítulo 6 e faça os exercícios PACE™ do capítulo 7.

- **Bife orgânico.** O velho ditado "você é o que você come" é verdadeiro. A carne comercial tem menos valor nutricional que a carne de animais criados no pasto. Um estudo no número de novembro de 2000 do *Journal of Animal Science* descobriu que quanto mais capim come o gado, mais nutritiva é a carne que ele produz[125].
  Produtos obtidos desses animais têm três a cinco vezes mais ácidos linoleicos conjugados (ALC) que os produtos da criação comercial de gado[126]. O ALC é um importante nutriente que tem propriedades de prevenção de câncer. Animais de pasto têm também quatro vezes mais vitamina E em sua carne[127].

- **Use fibra.** Fibra solúvel ajuda a estabilizar o açúcar no sangue. Para ajudar a controlar os níveis de glicose, coma uma dieta rica em fibras solúveis. Suplementos de fibra solúvel também estão disponíveis em farmácias e lojas de suplementos.
  - Coma uma dieta rica em fibra solúvel.

---

[125] French P, et al. Fatty acid composition, including conjugated linoleic acid, of intramuscular fat from steers offered grazed grass, grass silage, or concentrate-based diets. *Journal of Animal Science*. 2000;78-2849-2855

[126] Dhiman T, et al. Conjugated linoleic acid from cows fed different diets. *Journal of Dairy Science*. 1999; 82(10):2146-2156

[127] Smith G. Dietary supplementation of Vitamin E to cattle to improve shelf life and case life of beef for domestic and international markets. Colorado State University

- **Use alho.** Esta erva ajuda a diminuir os níveis de açúcar no sangue.
  - Coma mais de três dentes de alho diariamente, ou use um produto comercialmente preparado.

- **Amêndoas.** Amêndoas têm-se mostrado úteis para pessoas perderem peso e reduzir os medicamentos no diabetes tipo 2. Mais de 96% dos pacientes de um recente estudo foram capazes de reduzir a necessidade de medicação[128].
  - Coma amêndoas como lanche sempre que quiser.

Use nutrição para reverter o diabetes

- **Use cromo.** Estudos descobriram que pessoas com diabetes tipo 2, o diabetes do adulto, podem diminuir sua necessidade de insulina tomando suplementos de cromo. O cromo torna a insulina cerca de dez vezes mais eficiente em processar o açúcar, então você precisa de menos insulina para isso. Infortunadamente, os níveis de cromo no corpo tendem a decrescer com a idade.
  - Tome 500 microgramas de cromo duas vezes ao dia.

- **Tome um multivitamínico.** Estudos mostram que pessoas com diabetes que tomam multivitaminas têm menos infecções (especificamente resfriados e infecção intestinal e respiratória). Num estudo com mais de 100 participantes de idade acima de 45 anos, os pesquisadores descobriram que somente 17 dos que tomavam multivitamínicos desenvolveram uma infecção,

---

[128] Wein Ma, Sabate JM, Ikle DN, et al. Almonds vs complex carbohydrates in a weight reduction program. *International Journal of Obesity and Related Metabolic Disorders.* 2003 Mar; 28(3) 1365-1372.

enquanto que 93% dos que usaram um placebo ficaram doentes. Essa descoberta aplica-se tanto a pessoas com diabetes como para aqueles que são obesos[129].

- **Use magnésio.** Muitas pessoas com diabetes têm uma deficiência em magnésio; suplementos (mesmo em baixas dosagens) tendem a minimizar as complicações relacionadas à doença.
    - Tome 300 miligramas de cloreto de magnésio diariamente.

Controle o diabetes com ervas

- **Gymnema-silvestre.** Essa erva pode ajudar a melhorar ou controlar o diabetes tipo 2. Em um estudo, 23% dos pacientes foram capazes de descontinuar com seus antidiabéticos orais e todos os pacientes foram capazes de diminuir sua dosagem de insulina. Pesquisadores sugerem que GS pode regenerar ou reparar as células betapancreáticas que produzem insulina[130].
    - Tome 100 miligramas duas vezes ao dia.

---

[129] Barringer TA, Kirk JK, Santaniello AC, et al. Effect of multivitamin and mineral supplement on infection and quality of life. A randomized double-blind, placebo-controlled trial. *Annals of Internal Medicine.* 2003 Mar 4; 138(5):365-371.

[130] Baskaran K, Kizar Ahamath B, et al. Antidiabetic effect of a leaf extract from Gymnema Silvestre in non-insulin-dependent diabetes mellitus patients. *Journal of Ethnopharmacology.* 1990 Oct; 30(3): 295-300.

> ## PLANO DE AÇÃO
> **Para o diabetes.**
> - Siga todos os conselhos dietéticos do capítulo 6.
> - Coma carne de animais alimentados com capim.
> - Aumente as fibras solúveis em sua dieta.
> - Coma amêndoas.
> - Coma mais de 3 dentes de alho diariamente.
> - Tome um multivitamínico diariamente.
> - Tome 500 microgramas de cromo duas vezes ao dia.
> - Tome 300 miligramas de cloreto de magnésio diariamente.
> - Tome 100 miligramas de CoQ10.
> - Tome Gymnema-silvestre, 100 mg duas vezes ao dia.

O diabetes freqüentemente ocorre porque outros problemas de saúde lhe são subjacentes e permanecem sem solução, como você viu com a doença do coração. A taxa de diabetes tipo 2 triplicou nos últimos 30 anos. Muito disso é devido ao aumento da obesidade. Pessoas com excesso de peso têm um risco cinco vezes maior de diabetes[131].

Você encontrará um programa para perder gordura corporal no final deste capítulo. Muitas pessoas com diabetes tipo 2 também sofrem de uma perda crônica de músculos. Refazer a musculatura é vital para restaurar um metabolismo jovem.

Ganhe músculo

Se você constatou uma queda em massa magra corporal nos testes indicados no capítulo 5, pode aumentar o tamanho dos seus músculos usando treinos de resistência. Uma vez que possa gradual e

---

[131] National Institute of Diabetes & Digestive&Kidney Disease, Diet and Exercise Dramatically Delay Type 2 Diabetes: Diabetes Medication Metformin Also Effective, http://www.niddk.nih.gov/welcome/releases/8_8_01.htm

facilmente aumentar a resistência, você pode estimular o crescimento muscular. Se praticou programas comuns de treinamento com pesos no passado, você provavelmente treinou seus músculos para ficarem tensos. Embora isso possa fazê-lo parecer bem, não faz nada pela sua saúde. O programa de construção muscular ajuda você a recondicionar seus músculos de modo a servi-lo da maneira que a natureza pretendeu que fosse.

Ganhe massa muscular

Para ficar em forma, é importante desenvolver e manter massa muscular bem como capacidade cardiovascular. Exercícios de resistência constroem e preservam músculos magros. O programa especializado de treino de resistência neste capítulo ajuda você a obter um ótimo estado de condicionamento muscular.

Este plano difere de outros programas de ganho muscular em modos saudáveis e funcionais. Quando as pessoas pensam em treinamento com pesos, pensam em exercícios de academia para os braços, peito e ombros. Embora esses exercícios possam produzir músculos, não são a parte central deste programa. Por quê?

Porque a parte de cima do seu corpo contém apenas 15% do total da massa muscular do seu corpo. Se você aumentar o seu tamanho em 200%, mesmo assim não terá uma diferença relevante na massa muscular total do seu corpo. Para aumentar a massa muscular de maneira significativa, trabalhe com os maiores grupos de músculos.

Seus maiores músculos são os quadríceps, os músculos da frente de suas coxas. Os segundos maiores são os músculos glúteos nas suas nádegas e os terceiros são os bíceps femorais na parte traseira de suas coxas. Todos os três maiores músculos flexionam e estendem seus quadris. A chave para ganhar uma massa muscular substancial é exercitar esses músculos grandes.

Use-os ou perca-os

A tendência natural (se você não faz nada sobre isso) é perder músculos (sarcopenia). Embora muitas pessoas aceitem que seus músculos se atrofiarão conforme vão envelhecendo, isso não tem necessariamente de acontecer.

Sem treinamento você perde massa muscular. Cada década da idade de 40 anos em diante, a pessoa em média perde 1,4 kg de tecido muscular. Essa gradual mudança na composição corporal de músculo para gordura muda o formato do seu corpo. Isso pode não alterar seu peso em escala porque os músculos são mais densos que gordura. Fazer exercícios de resistência regularmente ajuda você a manter a massa muscular e uma aparência mais jovem. Senão, você se tornará de rijo em gordo mesmo que seu peso continue o mesmo.

Treinar também ajuda a evitar as mudanças na composição corporal elevando a Taxa de Metabolismo Basal (TMB), ou o número de calorias que seu corpo queima em repouso. Quanto mais músculos você tiver, mais alta é a taxa do seu metabolismo, mais calorias você queima, e mais fácil é combater a gordura. Na idade de 20 anos, a mulher média tem 23% de gordura corporal; o homem médio 18%. Aos 35 ambos pulam respectivamente para 30% e 25%. E pelos 60 anos, a média para a mulher é de 44% e para o homem 38%.

Para reduzir a velocidade dessa mudança de músculo para gordura, faça exercícios de ganho muscular. Nota importante: estudos mostram que mesmo pessoas que mantém seu condicionamento aeróbico ainda perdem massa muscular — cerca de 450 g de músculo a cada dois anos depois dos 20 anos — se não diversificam seus treinos para incluir exercícios de ganho muscular.

Afortunadamente, nunca é tarde demais para ganhar músculos. Um estudo recente procurou os efeitos do exercício na sarcopenia dos idosos. Vinte e um participantes, frágeis e idosos, tomaram parte num programa de resistência de 11 semanas. Depois do programa, sua massa muscular tinha crescido mais de 60%. Além disso, tiveram uma melhora global em equilíbrio, força e habilidade física, tornando-se menos propensos a quedas[132].

De fato, um regular treino muscular praticamente detém o processo de envelhecimento quando age sobre seus músculos. Por exemplo, um estudo descobriu que homens de 70 anos que treinaram desde a meia-idade têm mais massa muscular em média que homens de 20 anos que não fazem esses exercícios. Quanto mais atrofia de músculos você tem, maiores os resultados que obtém. Frágeis octogenários podem dobrar sua massa muscular em apenas dois meses.

Dicas de treinamento

- **Comece com pesos de cerca de 70% a 80% do peso máximo que você pode levantar.** Se o peso mais pesado que você pode levantar em um certo aparelho é de 11 kg, treine com pesos de 7 a 9 kg. Levante esse peso oito a doze vezes. Quando puder levantá-lo vinte vezes, passe para um peso mais pesado. Essa abordagem ajuda a ganhar "contração muscular rápida" ou fibras musculares "brancas", que são responsáveis pela força. Os músculos também têm a "contração muscular lenta" ou fibras musculares "vermelhas", que ajudam com os exercícios de resistência. Para ganhar esses músculos, inclua conjuntos de pesos mais leves e faça mais repetições. Por esse método, use um conjunto de pesos inicialmente de 70% a 80% do seu máximo, então os misture com um conjunto com 40% a 60% do seu máximo (ou mais baixo). É natural sentir um

---

[132] LaStoya PC, Ewy GA, Pierotti DD, et al. The positive effects of negative work: increased muscle strength and decreased fall risk in a frail elderly population. *Journal of Gerontology and Biological Science and Medical Science.* 2003 May; 58(5):M417-418.

endolorimento muscular um dia ou dois depois de trabalhar um grupo de músculos dessa maneira. Se seus músculos ficarem doloridos por mais tempo, converse com um treinador físico ou outro profissional de saúde.

- **Faça múltiplos módulos de exercício com intensidade decrescente.** Um módulo de cada exercício é quase tão efetivo quanto múltiplos módulos para ganhar músculos e acelerar o metabolismo. Contudo, para ganhar músculos mais depressa, siga uma estratégia de alta intensidade: depois de terminar um módulo, reduza o peso em 4,5 kg e faça três ou quatro módulos mais. Continue com esses módulos de exercício com intensidade decrescente diminuindo o peso em cada módulo por 3 ou 4 módulos com somente um minuto ou menos de descanso entre eles. Um estudo de dois meses descobriu que pessoas que seguiram a estratégia de alta intensidade foram capazes de levantar 11,3 kg mais que tinham podido antes. Pessoas que usaram o método de um módulo único foram capazes de levantar apenas 6,8 kg mais.
- **Trabalhe seus grupos de músculos maiores primeiro.** Comece com suas pernas e costas e então exercite suas coxas e panturrilhas.
- **Alterne os treinos para a parte de cima e de baixo do corpo.** Três treinos por semana é a recomendação básica para produzir músculos. Contudo, muitas pessoas descobriram que é mais fácil seguir uma rotina alternando entre trabalhar os músculos da parte de cima do corpo num dia e os da parte de baixo no dia seguinte.
- **Vá devagar e com calma.** Tome cerca de 6 segundos para cada repetição de um exercício: dois segundos para a primeira metade da manobra e quatro para retornar à posição original.
- **Faça o exercício direito.** Fazer um exercício incorretamente pode causar dano muscular ou lesão.

- **Respire!** Não prenda sua respiração. Prender a respiração pode causar uma perigosa elevação na pressão sangüínea, e então uma queda súbita quando você solta a respiração, possivelmente causando escurecimento da vista ou desmaio. Inale e então exale durante a fase de esforço do movimento e inale durante o repouso.
- **Comece confortavelmente.** Se receia usar alteres, comece com a máquina de levantar peso. Você pode usar alteres para uma variedade de exercícios. Trabalhar com um *personal trainer* pode ajudá-lo a estabelecer uma boa forma.

PLANO DE AÇÃO
Para ganhar músculos.
- Use as medidas de Composição Corporal para determinar se você precisa ganhar músculos.
- Use-os ou perca-os — ganhe músculos para sua saúde.
- Trabalhe os maiores grupos musculares primeiro.
- Alterne os treinos com a parte de cima e a de baixo do corpo.
- Trabalhe seus músculos!
- Vá com calma e devagar.
- Faça do jeito certo.
- Respire!

Perca peso naturalmente

Carregar gordura corporal expõe você a um risco maior de vários problemas de saúde, incluindo as doenças do coração, diabetes, pressão alta, derrames, cálculo de vesícula, hemorróidas, varizes e problemas hepáticos e renais.

Mais da metade dos americanos têm excesso de peso e 50 milhões deles são obesos, a despeito da obsessão acerca do que comem.

Como qualquer veterano nessa batalha sabe, a obesidade pode ser muito difícil de controlar usando o método tradicional de dieta.

Para perder peso natural e agradavelmente, comece seguindo o plano de alimentação descrito no capítulo 6 e então junte as dicas que você encontra neste capítulo. Elas funcionaram com milhares de pacientes. Você pode fazê-las funcionar também, mais facilmente do que imagina. Não presuma que para perder peso precise privar-se de comida. Essa abordagem pode levar apenas a resultados de curto prazo, mas eventualmente o tiro sai pela culatra. Faça mudanças fáceis de estilo de vida que possa sustentar e elas servirão bem a você pelo resto de sua vida.

Um segredo surpreendente para perder peso saudável e facilmente

Se você quer perder gordura e mantê-la perdida, não se aborreça contando calorias. Essa história de paciente ilustra como a obsessão com a contagem de calorias não emagrece. Esta é uma lição que custei a aprender.

Cerca de 15 anos atrás, uma mulher jovem veio ao Centro para Saúde e Bem-Estar querendo perder peso. Ela disse: "Você ajudou duas de minhas amigas a perder um monte de peso mas não funciona para mim. Não importa quão pouco eu coma, meu peso continua subindo. Tenho somente 1,57 m de altura e peso 77 kg. Quanto mais engordo mais dieta faço". Ela trabalhava 10 horas por dia como garçonete e se exercitava por 90 minutos cinco vezes por semana.

Ela restringiu sua dieta a 1.600 calorias por dia, escrevia cada coisa que comia e voltou depois de duas semanas. Quando voltou, mostrou um diário detalhado dos seus progressos, incluindo um ganho de peso de 900 g.

Ela cortou sua dieta para 1.400 calorias por dia e voltou em duas semanas. Mais uma vez, seguiu o programa — e ganhou mais 900 g.

Depois, reduziu suas calorias para 1.200 — e então para míseras 1.000 calorias por dia — mas continuou a ganhar peso. Além disso, perdeu a energia, parou de se exercitar e sentiu-se mais deprimida do que antes.

Finalmente, parou com o programa. Ela nunca mais voltou e nunca retornou as chamadas do Centro para Saúde e Bem-Estar. Esta história é um exemplo extremo de que passar fome para emagrecer é uma estratégia perdida. Seu corpo lutará com você e no final ganhará; é por isso que a dieta convencional não funciona. Cinco em seis pessoas que tentam perder peso não conseguem. Entre os que conseguem, mais de 90% recupera todo o peso perdido em dois anos.

Se você fica faminto para forçar-se a perder peso, seu corpo luta com você em cada passo do caminho. O corpo responde à fome fazendo tudo para preservar sua gordura. Se você tem força de vontade para aderir a um plano de fome e perde peso, também perde importante massa muscular óssea e mesmo massa de órgãos vitais.

Para perder peso e manter-se saudável no processo, restaure seu regulador natural de peso corporal. Você pode entender o mecanismo que seu corpo usa para estabelecer seu peso. Mudando sua dieta e rotinas de exercícios, pode fornecer um novo conjunto de sinais para seu corpo estabilizar um peso ótimo naturalmente. Você não tem de comer menos, apenas comer diferente.

Uma experiência com outro paciente enfatiza a maneira diferente em que o alimento afeta o ganho de peso. Este homem também pesava 77 kg e queria desesperadamente ganhar peso. Especialistas lhe disseram para comer mais proteína para ganhar músculos. Ele disse que já tinha adicionado proteína em seu prato, mas não conseguira ganhar nem 30 g de peso. Seu diário de comidas era estonteante. Comeu uma dúzia de ovos brancos e 700 g de carne diariamente! Bebeu 1 litro de *shake* de proteínas duas vezes ao dia, e entre as refeições ainda fazia *lanchinhos* de barras de proteína pura e mais de 1 kg de atum em lata! Quando suas calorias foram contadas ele comeu mais de 5.000 calorias por dia por 12 semanas no seu registro e ainda conseguiu perder 2,8 kg.

Ele tampouco estava queimando suas calorias na ginástica. Treinava com pesos três vezes por semana por 30 a 40 minutos. Evitou exercícios cardiovasculares porque não queria queimar calorias.

Poderiam esses dois pacientes — um que não conseguia perder peso e outro que não conseguia ganhá-lo — ter diferenças verdadeiramente drásticas em sua Taxa de Metabolismo Basal (TMB) ou taxa em que queimavam caloria em repouso? Exames mostraram somente variações marginais em TMB, nada que pudesse justificar essas enormes diferenças.

A resposta — e a chave para a efetiva perda de peso — é esta: para perder peso fácil e saudavelmente, coma mais proteína do que seu corpo precisa. Comer mais proteína que o corpo precisa diz a ele que você tem comida bastante — que não está morrendo de inanição — e que portanto não precisa armazenar gordura. Então, seu corpo pode usar os depósitos de gordura para outros propósitos.

O que esses pacientes experimentaram repetiu-se com milhares de outros pacientes no Centro para Saúde e Bem-Estar. Para perder peso coma mais que as necessidades diárias de proteína do seu corpo. (Para um conjunto completo de instruções dietéticas, veja o capítulo 6.)

Quanta proteína é suficiente?

Se seu peso está bom como está, coma cerca de 1 grama de proteína por quilo de peso corporal. Se quiser perder peso, aumente seu consumo de proteína para 2 gramas por quilo do peso corporal desejado. Por exemplo, se você pesa 80 kg, coma 160 gramas de proteína por dia. Quando tiver chegado ao peso que quer, diminua sua proteína para cerca de 1 grama por quilo.

Os nutricionistas certamente vão dizer que isto é mais proteína do que uma pessoa precisa — mas este é precisamente o ponto. Para perder peso, coma mais proteína do que seu corpo precisa.

Escolha fontes magras de proteína como bife, peru, frango e peixe. Escolha os carboidratos sabiamente, como nós recomendamos no capítulo 6.

Coma somente bons carboidratos

Você viu que cortar calorias não é a melhor maneira de perder peso. E que comer proteína suficiente pode "apertar o botão" que fará seu corpo queimar a gordura em estoque.

Agora, vamos dar uma olhada na última peça do quebra-cabeças da perda de gordura. Comendo o tipo certo de carboidratos você pode induzir seu corpo a criar e armazenar menos gordura. Esse é um tremendo segredo sobre gordura que pouca gente conhece.

Entenda como o índice glicêmico afeta o seu peso

O índice glicêmico avalia a comida em quão rapidamente ela faz subir seus níveis de açúcar no sangue depois de ingerida. O índice é expresso em termos de percentagem. Um alimento com índice glicêmico de 50% faz o açúcar no sangue subir na metade do tempo em que a glicose (puro açúcar natural) o faz. E por que você não deseja ver subir seus níveis de açúcar no sangue? Porque quando isso acontece, seu corpo começa a converter a comida que você come em gordura. Quanto mais alto o índice glicêmico do alimento, mais gordura você fará disso mesmo que essa comida tenha um número equivalente de calorias de outra com índice menor. Ainda que muitos tenham ouvido sobre índice glicêmico, a maioria dos pacientes que trato acha que os doces são o problema. Isso é incorreto.

O problema real é o amido. Ele não somente produz mais açúcar no sangue como também causa uma elevação de açúcar e de insulina mais prolongada que os açúcares simples fazem. Olhe de novo para a tabela de Índice Glicêmico no capítulo 6. Se tem tendência para uma insulina alta, gordura corporal ou diabetes é mesmo mais importante usar sua comida que seus remédios.

Etiquetas da FDA e suplementos

Em 1994, o Congresso Norte-Americano passou a lei Dietary Supplement Health and Education (DSHEA). Essa lei autorizou os fabricantes a colocar no mercado suplementos que ocorrem naturalmente sem prévia aprovação da Food and Drug Administration (FDA), desde que não façam menção a benefícios de saúde em suas embalagens. Isso permitiu uma rápida expansão na oferta de novos suplementos naturais. Mas com isso ficou nas mãos do comprador a responsabilidade de determinar a segurança e a autenticidade do produto. Desde que não existem diretrizes estritas para fabricar suplementos, você precisa saber separar os fabricantes honestos dos outros. Boas companhias estão dispostas a partilhar sobre a pesquisa nos ingredientes de seus produtos. Muitas permitem que seus produtos sejam testados por fontes independentes e tornam esses testes disponíveis a você.

Perca gordura agora e viva mais

Você está decidido a perder aqueles quilos extras... amanhã, certo? Bem, considere que excesso de peso na meia-idade equivale a uma expectativa de vida menor. De acordo com um estudo publicado no número de janeiro de 2003 dos *Annals of Internal Medicine*, pesquisadores holandeses analisaram dados de 3.457 pessoas de 1948 a 1990. Homens obesos de meia-idade viveram uma média de 5,8 anos menos que os homens mais magros. Não importando se tinham sido magros na juventude, se tinham excesso de peso nos seus 30 e 40 anos, perderam anos de suas vidas[133].

---

[133] Peeters A, Barendregt JJ, Willekins F, et al. Obesity in adulthood and its consequences for life expectancy: a life-table analysis. *Annals of Internal Medicine*. 2003 Jan 7; 138(1):24-32.

Cinco dicas simples para perder peso

Estas simples mudanças podem ajudar você a perder peso — e a manter-se magro.

- Tome o café da manhã todos os dias. Não tomar o café da manhã aumenta seu risco de tornar-se obeso em estonteantes 450%.
- Lanche à tarde. Comer ao menos um lanche no meio do dia diminui seu risco de obesidade em 39%.
- Beba água com todas as refeições. Cada vez que você se senta para comer, coloque um copo cheio de água junto ao seu prato. Quanto mais a fome é satisfeita, mais você se sentirá sedento.
- Não tome lanche em frente à TV. Esse mau hábito o distrai da boa comida e o faz comer mais do que pensava fazer.
- Planeje suas refeições. Você fará escolhas alimentares mais saudáveis se pensar antecipadamente e planejar suas refeições. Comer deve ser um prazer.

Um corpo magro e em forma não é privilégio dos jovens. Fique magro e saudável ao longo de toda a sua vida — começando hoje.

Plano de ação

Para perder peso
- Tome o café da manhã todos os dias.
- Consuma mais proteína do que precisa. Coma 2 gramas de proteína para cada quilo de seu peso desejado.
- Limite os carboidratos aos alimentos com baixo Índice Glicêmico.
- Escolha gorduras de alta qualidade, como as descritas no capítulo 6.
- Use os exercícios **PACE**™ como no capítulo 7.
- Se consome comida processada, seja um consumidor bem-informado.

12

CORAÇÃO SADIO JÁ! UM PROGRAMA DE 8 SEMANAS

Milhares de pacientes reverteram sua doença cardíaca, recuperaram sua vitalidade e mudaram suas vidas. Você também pode ter um coração saudável. O plano *Doutor* é fácil de seguir. Você pode comer o que gosta, alcançar suas metas em exercícios físicos com 10 a 15 minutos diários e tomar uns poucos suplementos seguros e saudáveis uma ou duas vezes ao dia.

Uma nota especial: não permita que uma predisposição genética a problemas de coração desencoraje você — use-a como vantagem. Entre em ação agora para prevenir e reverter a doença do coração, a despeito de qualquer vulnerabilidade herdada. Minha experiência deu-me a certeza de que a herança genética não precisa ditar a saúde futura. Recentemente, um estudo publicado no número de julho de 2003 do *The American College of Cardiology* provou que, para a doença cardíaca, a genética não é destino. Pesquisadores analisaram 684 gêmeos idênticos e descobriram que o gêmeo que se exercitava regularmente tinha um risco significativamente menor de desenvolver doença cardíaca que o gêmeo que não se exercitava, a despeito de terem a mesma genética.

Vamos pensar a respeito disso por um minuto. Neste estudo, os gêmeos nem seguiam o programa de exercícios mais efetivo para o condicionamento cardiovascular. Não alteraram seus hábitos de alimentação nem tomaram suplementos nutricionais. Não fizeram exames de oxidação ou de inflamação. Agora, se uma simples intervenção como exercícios pode fazer uma tal diferença entre indivíduos geneticamente idênticos, apenas imagine que diferença o nosso completo plano *Doutor* pode fazer.

Sua predisposição genética pode ser o seu jogo, mas através de suas escolhas, você decide quais cartas dele vai jogar. Seu sucesso final depende não de quem você é, mas do que você faz.

Entre em ação hoje

- Planeje suas atividades de comer e se exercitar com um dia de antecedência.
- Centralize seu plano em comidas de que goste e exercícios que lhe dêem prazer.
- Comece o dia direito com um breve exercício cardíaco antes do café da manhã.
- Coma um café da manhã rico em proteínas.
- Treine força e massa muscular antes do almoço ou antes do jantar.
- Faça de uma parte de sua atividade física uma recreação todos os dias.
- Planeje jantar proteína de alta qualidade (bife, carne assada, peixe ou frango).
- Ache tempo para se divertir com a família e com os amigos.
- Toda manhã arranje tempo para refletir no seu progresso de hoje e planejar suas realizações de amanhã.

Comece por creditar o bom estado de sua saúde a seus hábitos diários. Então se comprometa a construir, reforçar e fortalecer esse estado com hábitos melhores. Como todo mundo faz, você vai escorregar algumas vezes, perder treinos e fazer escolhas alimentícias ruins. Não espere todos os dias um sucesso completo, mas planeje cada dia como se fosse ser. Perdoe-se por indiscrições periódicas e então volte à rotina no dia seguinte. Saúde perfeita é uma viagem, não um destino. Então se lembre... divirta-se enquanto viaja.

Seu plano *Doutor*

Aqui vai um *checklist*, semana a semana, para pôr seu plano em ação. Para rever informações específicas sobre cada um desses passos, veja os capítulos correspondentes.

SEMANA 1
Avalie onde você está
- Meça sua composição corporal: estabeleça um objetivo de não mais de 25% de gordura corporal. Seguir este programa o ajudará a conseguir e manter este objetivo.
- Faça anualmente estes exames:
    - Níveis de homocisteína: devem ser menores de 8 mmol por litro.
    - Proteína C-reativa: deve estar abaixo de 1 unidade; menor é melhor.
    - CoQ10: deve estar entre 2,5 a 3,5 nanogramas por milímetro. Você provavelmente terá de tomar suplementos para alcançar este objetivo.
    - Insulina: deve estar a 10 microunidades por milímetro ou menos.

Escolha alimentos saudáveis
- Coma proteína de qualidade.
    - Coma proteína em todas as refeições.
    - Escolha carne de frango e de animais criados com capim.

- Coma frutos do mar, especialmente vindos do Alasca, ou salmão selvagem.
- Coma ovos.
- Beba leite orgânico.

Exercícios para o coração: PACE™ — 4 vezes por semana.
- Exercite-se 20 minutos.
  - Exercite-se 20 minutos na intensidade nível 2.

Alimente seu coração
- CoQ10: tome 100 mg diariamente se você tem doença cardíaca.

SEMANA 2
Comece a praticar um programa PACE™ variado: 4 vezes por semana.
- Exercite-se por 20 minutos.
  - Exercite-se por 20 minutos: experimente aumentar e diminuir os níveis de intensidade.

Adicione um multivitamínico
- Continue a tomar CoQ10.
- Multivitaminas: tome um suplemento de multivitaminas e minerais diariamente.

SEMANA 3
Comece a diminuir os carboidratos estimulantes de insulina
- Continue a comer bastante proteína como na semana 1.
- Escolha carboidratos de qualidade.
  - Coma alimentos de baixo índice glicêmico. Todas as verduras e todos os legumes são permitidos. Nota: batatas (um tubérculo) e milho (um grão) não são verduras ou legumes.
  - Evite todos os alimentos de alto índice glicêmico. Não coma cereais ou seus derivados (cereais e pães).

Comece a usar os exercícios intervalados: PACE™ — 4 vezes por semana.
- Exercite-se por 20 minutos:
    - Exercite-se por 8 minutos na intensidade 3.
    - Descanse por 4 minutos na intensidade 2.
    - Exercite-se por 8 minutos na intensidade 4.

Adicione nutrientes energéticos
- Continue com o CoQ10 e as multivitaminas.
- Adicione L-carnitina para mais energia. Tome 500 miligramas diariamente.

SEMANA 4
- Continue a comer um excesso de proteína e vegetais de baixo índice glicêmico.

Comece gradualmente a incrementar o PACE™: 4 vezes por semana.
- Exercite-se por 20 minutos:
    - Exercite-se por 8 minutos na intensidade nível 4.
    - Descanse por 4 minutos na intensidade nível 2.
    - Exercite-se por 8 minutos na intensidade nível 5.

Adicione nutriente para o coração
- Continue com a CoQ10, multivitaminas e a L-carnitina.
- Adicione a L-arginina: 500 mg ao dia.

SEMANA 5
Comece a melhorar a qualidade das gorduras na sua dieta
- Continue a comer um excesso de proteína e limite o carboidrato.
- Comece a escolher gordura da mais alta qualidade.
    - Aumente as gorduras ômega-3. Boas fontes de ômega-3 incluem carne de animais criados com capim, galinhas criadas

soltas, peixes silvestres, azeitonas, ovos, nozes e castanhas e abacates. Nota: amendoins não são verdadeiras nozes e castanhas.
- Diminua as gorduras ômega-6 (carnes processadas e de animais criados com grãos).
- Evite as gorduras *trans* (margarina, óleos vegetais processados, bolos prontos e outros assados pré-embalados).

Comece a diminuir a duração das sessões do seu PACE™: 4 vezes por semana.
- Exercite-se por 18 minutos:
    - Exercite-se por 6 minutos na intensidade 4.
    - Descanse por 2 minutos na intensidade 2.
    - Exercite-se por 4 minutos na intensidade 5.
    - Descanse por 2 minutos na intensidade 2.
    - Exercite-se por 4 minutos na intensidade 4.

Comece a fortalecer-se com exercícios calistênicos: 4 vezes por semana.
- Segunda e quinta: parte de baixo do corpo.
    - Mergulhos alternados
    - Agachamentos
    - Pulos agachado
    - Elevação de pernas
    - Pontapé
    - Tesoura
- Terças e sextas: parte de cima do corpo.
    - Flexões
    - Alongamento de braços
    - Barras
    - Mergulhos
    - Tremor abdominal

Suplementos
- Continue a tomar CoQ10, suplemento multivitamínico e mineral, L-carnitina e L-arginina.
- Tocoferóis e Tocotrienóis: tome 400 UI de vitamina E com pelo menos 5 miligramas de tocoferóis e tocotrienóis mistos diariamente.

SEMANA 6
Dieta
- Continue a comer excesso de proteína, limite os carboidratos e coma gorduras de qualidade.

Alterne exercícios com intervalos de descanso: PACE™ — 4 vezes por semana.
- Exercite-se por 20 minutos:
    - Exercite-se por 4 minutos na intensidade 4.
    - Descanse 4 minutos na intensidade 2.
    - Exercite-se por 4 minutos na intensidade 5.
    - Descanse por 4 minutos na intensidade 2.
    - Exercite-se por 4 minutos na intensidade 4.

Continue fortalecendo-se com exercícios com pesos — 4 vezes por semana.
- Segunda e quinta: Pernas e parte de baixo do corpo.
    - Siga as sugestões da semana 5.
- Terça e sexta: Parte de cima do corpo.
    - Siga as sugestões da semana 5.

Suplementos
- Continue a tomar CoQ10, um suplemento completo multivitamínico/mineral, L-carnitina, L-arginina e 400 UI de vitamina E com um mínimo de 5 miligramas de tocoferóis e tocotrienóis mistos diariamente.
    - Vitamina C: tome 500 miligramas 2 vezes ao dia com a comida.

SEMANA 7
Dieta
- Continue a comer boa proteína, limite seu carboidrato e use gorduras de alta qualidade.
- Evite os problemas criados pela indústria alimentícia moderna.
    - Evite alimentos geneticamente modificados.
    - Evite toda comida embalada *light*.
    - Não cozinhe demais a sua comida.

Encurte os períodos de exercício e descanso: PACE™ — 4 vezes por semana.
- Exercite-se por 20 minutos:
    - Exercite-se por 4 minutos na intensidade 4.
    - Descanse 3 minutos na intensidade 2.
    - Exercite-se por 3 minutos na intensidade 5.
    - Descanse 3 minutos na intensidade 2.
    - Exercite-se por 2 minutos na intensidade 6.
    - Descanse 2 minutos na intensidade 2.
    - Exercite-se por 3 minutos na intensidade 5.

- **Continue a usar os exercícios com peso — 4 vezes por semana.**
- Segunda e quinta: pernas e parte de baixo do corpo.
    - Siga as instruções da semana 5.
- Terça e sexta: parte de cima do corpo.
    - Siga as sugestões da semana 5.

Suplementos
- Continue a tomar CoQ10, um completo suplemento multivitamínico/mineral, L-carnitina, L-arginina, vitamina E com tocoferóis e tocotrienóis mistos e vitamina C.

SEMANA 8
Dieta
* Continue com a dieta de boa proteína, carboidrato limitado e gorduras de alta qualidade. Evite produtos alimentícios industrializados que causam problemas.

Exercite-se: mantenha seu esquema de exercícios PACE™ — 4 vezes por semana.
* Exercite-se por 20 minutos:
    * Exercite-se por 4 minutos na intensidade 4.
    * Descanse 3 minutos na intensidade 2.
    * Exercite-se por 3 minutos na intensidade 5.
    * Descanse 3 minutos na intensidade 2.
    * Exercite-se por 2 minutos na intensidade 6.
    * Descanse 2 minutos na intensidade 2.
    * Exercite-se por 3 minutos na intensidade 5.

Exercícios com pesos: 4 vezes por semana.
* Segunda e quinta: pernas e parte de baixo do corpo.
    * Siga as instruções da semana 5.
* Terça e sexta: parte de cima do corpo.
    * Siga as sugestões da semana 5.

Suplementos
* Numa base diária tome: CoQ10, um completo suplemento multivitamínico/mineral, L-carnitina, L-arginina, vitamina E com tocoferóis e tocotrienóis mistos e vitamina C.

Crie seu plano

Decida-se por alguns exercícios favoritos e então crie seu programa. Os diferentes padrões de exercícios que podem fazer são incontáveis. Distribua seu exercício pelos principais grupos de músculos.

Para a capacidade cardiopulmonar, lembre-se de incluir o programa PACE™ em seu esquema. Para ganhar músculos, use treinamento de resistência, concentrando-se nos grandes músculos das costas e das pernas: este é o lugar onde aumentar o volume dos músculos tem os maiores benefícios. Construa sua força funcional usando seu próprio peso corporal. Exercícios calistênicos são a maneira mais efetiva e segura de se fazer isso. Você pode encontrar descrições do programa PACE™ e de exercícios calistênicos no capítulo 7. Para ganhar músculos, adicione o plano de exercícios do capítulo 11.

Meu plano favorito de exercício

Dia 1	Treino de resistência para pernas e costas
Dia 2	Exercícios calistênicos
Dia 3	PACE™
Dia 4	Treino de resistência para pernas e costas
Dia 5	Exercícios calistênicos
Dia 6	PACE™
Dia 7	Descanso

O plano *Doutor* é um plano para o resto da vida que o ajudará a viver mais longa e saudavelmente. Mas, seja realista, você somente seguirá um plano quando puder incorporá-lo em sua vida, fácil e agradavelmente. Ele funciona por longo tempo porque é um *modo de vida* agradável e sustentável. Ele é, depois de tudo, somente recriar o modo de vida dos nossos ancestrais. Você se sente preenchido ao invés de privado das coisas, energizado ao invés de fatigado e, mais que medicado, restaurado.

Querido diário: Tenha um coração saudável!

6:30h: Levante-se cedo e mexa-se.

Benjamin Franklin estava certo: levantar junto com o sol é um hábito profundamente saudável. Eu me levanto quando meu despertador toca às 6:30h. Também fico tentado a quebrar o botão de alarme e atirá-lo longe como todo mundo. Eu planejo antecipadamente deixando meus tênis de corrida e meu diário de exercícios perto da cama à noite. Então me levanto, olho para eles e me lembro de prosseguir atrás dos meus objetivos. Depois de pular da cama, checo meus *e-mails* enquanto tomo uma xícara rápida de café preto. Às 7 já estou fora da porta e pronto para a ginástica.

7:15h: Tenha em mente que qualidade é mais importante que quantidade quando se exercita.

Como parte do meu programa PACE™ para a saúde do coração, desenvolvo-me fisicamente um pouco mais a cada dia para construir uma capacidade pulmonar e cardíaca maior. Vario meu treino para evitar o tédio e as lesões por uso excessivo, e hoje planejei pedalar. Começo com dois minutos de aquecimento num ritmo brando, então acelero para um ritmo moderado (uma intensidade de 5 a 10 pontos na minha escala) por um minuto. Depois me recupero por 1 minuto trabalhando num ritmo fácil (uma intensidade de 3 na minha escala de 10 pontos). Repito esses ciclos alternando intensidade alta e moderada várias vezes, gradualmente aumentando a intensidade do meu esforço durante os ciclos de alta intensidade do meu treino. Ao longo do treino, lembro a mim mesmo de respirar profundamente. Hoje, estou indo para uma intensidade 10. Pedalo tão duramente quanto possa por 30 segundos. Sinto uma sensação intensa de queimadura na frente das minhas coxas enquanto os ácidos lácticos constroem meu quadríceps. Isto é o que eu quero; posso sentir melhorar a capacidade de entrega de oxigênio do meu coração e pulmões. Meu tempo total de treino: 12 minutos.

7:45h: Nada substitui um café da manhã rico em proteína.

Para o café da manhã, aprecio uma omelete de três ovos com salmão e um copo d'água. Tomo 10 gramas de glutamina para prevenir lesão muscular e estimular o hormônio do crescimento. Tomo também 1.000 miligramas de vitamina C e uma combinação de suplementos de multivitaminas, multiminerais, multiantioxidantes com meu café da manhã.

12:30h: Desfruto um almoço com proteína extra.

Durante meu intervalo de almoço, paro num restaurante local e peço uma salada de frutos do mar com atum extra. (Como estou trabalhando os grandes músculos da minha perna hoje, quero proteína extra depois do meu treino.)

15:00h: Um lanche de energia pela tarde.

Depois de trabalhar por mais um par de horas, faço um intervalo à tarde. Tomo uma profunda respiração e faço um lanche com 60 g de um dos meus queijos favoritos. Termino meu dia de trabalho. Tenho ainda uma breve reunião e depois vou para casa.

19:00h: Hora do jantar: Não tenha medo da carne vermelha.

Janto com minha família e amigos que sabem que como carne vermelha de animais criados com capim ou gamo selvagem quase todos os dias. (Lembre-se: de 70% a 85% das calorias na dieta dos nossos ancestrais provinham de carne vermelha.) Terminamos a refeição com uma taça de sorvete com pêssegos fatiados, coberto com creme e nozes. Não me preocupo com a gordura, mas tento escolher frutas de baixo índice glicêmico. (Pêssegos têm menos da metade do Índice Glicêmico do pão de trigo integral.) Também compro sorvete sem açúcar.

21:00h: Termino meu dia com um período de silenciosa reflexão.

Quando posso, fecho meu dia com uma caminhada contemplativa em volta da vizinhança para relaxar. O psicanalista Sigmund Freud dizia que as pessoas precisam de três coisas para ser feliz: relacionamentos, ocupações e recreações — ou amor, trabalho e diversão. Hoje, muita gente concentra energia demais no trabalho, negligenciando o amor e a diversão. Para viver uma vida equilibrada, encontre tempo para todos esses três ingredientes da felicidade. Planeje seus objetivos de saúde e condicionamento com o mesmo espírito com que planeja sua recreação. Se possível, envolva a família e os amigos.

23:00h: Descanse por sua saúde.

Pelas 23:00h, estou pronto para me deitar. Tomo alguns minutos para pensar sobre o que gostaria de fazer amanhã, o que vou querer comer e como quero me exercitar. Escrevo meus feitos do dia no meu registro diário. Reflito por alguns minutos sobre o meu dia e então limpo minha mente e mergulho no sono.

Mantenha um registro diário do seu progresso

Trabalhando com atletas como treinador de força, *personal trainer*, consultor, ou como médico, descobri que não existe melhor preditivo em se alcançar um sucesso duradouro (ou qualquer outro objetivo para esta questão) do que se alguém tem a boa vontade de manter um registro diário. Para ser bem-sucedido, registre seus objetivos. Use um caderno diário para acompanhar seu progresso.

Quando escreve seus objetivos, você assume um compromisso consigo mesmo de trabalhar na direção desses objetivos. Quando anota seus progressos, percebe suas realizações e verifica se está dando os passos necessários para transformar-se e tornar-se na pessoa saudável que queria ser.

Você pode usar o mesmo caderno para planejar e anotar seus resultados. Trace seus planos a lápis e depois escreva sobre as palavras à caneta quando tiver realizado o que está escrito. Você pode usar uma seção de sua agenda ou manter um diário separado de condicionamento.

Comece agora e faça hoje o melhor dia de sua vida

Este é um antigo provérbio chinês: saber e não fazer é o mesmo que não saber. Você tem seu plano. Você sabe o que fazer. Agora é o tempo de agir.

Este sistema criará hábitos de coração saudável automaticamente. As dicas que seguem são ferramentas de autotreinamento. Elas dão a você um plano específico de ação para alcançar seus objetivos com menos esforço e regularmente. Elas o ajudam a começar. Então você pode progredir por si mesmo.

Planeje seu exercício e alimentação para o dia seguinte

Realizações importantes começam com planejamento. Tome 5 minutos no final de cada dia para planejar seus exercícios e refeições para o próximo dia. Você não será sempre perfeitamente fiel ao plano. Mas se falhar em planejar, tenderá a pular treinos e a comer qualquer comida que encontrar no momento. Considere seu plano como uma ferramenta de autotreinamento. Não se sinta culpado quando muda os planos. Estabelecer objetivos diários razoáveis dá uma direção ao seu dia.

Antes de ir para a cama, planeje e escreva em uma agenda os exercícios para o dia seguinte. Faça-o da mesma maneira que agenda um encontro de negócios. Agora olhe o seu plano para o dia. Veja se tem de fazer algum ajuste para se assegurar de ter seus exercícios realizados. Por exemplo: você pode notar que terá um dia longo no escritório e decidir planejar 10 minutos de PACE™ de manhã antes de sair e um breve treinamento de força no horário do almoço.

Também planeje as refeições para o dia. Para o café da manhã, você pode planejar ter ovos mexidos com sobras de salmão do jantar. Para o almoço, pode planejar pegar uma salada de frutos do mar do restaurante perto do seu trabalho. Você planeja um bife para o jantar e então já anota para tirá-lo do *freezer* e temperá-lo.

Planejando, você toma decisões conscientes sobre atingir seu objetivo ao invés de reagir ao momento, o que pode acabar fazendo com que as circunstâncias ditem suas escolhas.

Agora você tem um plano. Tem as chaves para uma vida e um coração saudável naturalmente. Entre em ação agora. Dê um passo na direção de um coração, pulmões e vasos sangüíneos robustos hoje e todos os dias.

Deixe-nos saber como você usou e usa este livro para estimular sua saúde ou a de um ser amado. Mande um e-mail para DrSearsResearch@AOL.com. Você poderá encontrar seu relato em futuras publicações nossas e ajudar outras pessoas a obter seus próprios programas *Doutor*. Possa você trabalhar duro, viver longamente e ir em frente!

APÊNDICE

Doenças do coração para iniciantes

Seu coração e sistema circulatório alimentam cada célula do seu corpo com oxigênio durante toda a sua vida. Esta complexa rede de 20 km de artérias, veias e vasos sangüíneos circula o sangue do seu coração para as mais remotas regiões do seu corpo. Num adulto saudável, o coração bate cerca de 100.000 vezes por dia, bombeando o equivalente a mais de 15.200 litros de sangue. Esta é uma realização impressionante — que enfatiza a importância de se manter um coração e sistema circulatório saudáveis.

Mas muito freqüentemente o sistema falha. Ataques cardíacos, arteriosclerose, insuficiência congestiva do coração, derrames e outras doenças circulatórias levam cerca de um milhão de vidas por ano. Além disso, um grande número de americanos — mais de 63 milhões — vive com alguma forma de doença do coração ou dos vasos sangüíneos. Doença cardíaca mata mais pessoas do que qualquer outra enfermidade.

Embora o risco de ataque cardíaco e doença cardiovascular aumente com a idade, cerca de um quinto das mortes ocorre entre pessoas abaixo de 65 anos. Afortunadamente, muitas dessas mortes podem ser evitadas por mudanças de estilo de vida, evitando-se ou minimizando-se os fatores que aumentam o risco de doença cardiovascular.

Ataque do coração

O coração é um músculo, e como qualquer músculo, precisa de oxigênio para manter-se vivo. Quando todo ou parte do músculo cardíaco morre devido à falta de oxigênio, chamamos isso ataque cardíaco, ou *infarto do miocárdio*.

Coágulos sangüíneos podem causar muitos ataques cardíacos. Quando o sangue flui através de uma artéria que foi estreitada pela arteriosclerose, flui mais lentamente e tende a coagular-se. Quando o coágulo fica grande o bastante, interrompe o suprimento de sangue para a porção de músculo cardíaco abaixo do coágulo, e essa parte do músculo começa a morrer.

Ataques do coração também podem ocorrer quando o batimento cardíaco se torna irregular. Casos graves desta condição, conhecida como arritmia, podem impedir que sangue suficiente alcance o músculo cardíaco.

Angina

A dor começa com um aperto no centro do peito, e então se irradia para a garganta, costas, pescoço, maxilar e pelo braço esquerdo abaixo. Você pára num esforço para respirar, suando, sente-se nauseado e tonto. Você pode presumir que esteja às voltas com o *Big One* — um terrível e arrasador ataque cardíaco —, mas dentro de dez minutos ou pouco mais, termina e a dor gradualmente arrefece. O que você experimentou não foi um ataque cardíaco, mas uma deficiência repentina de oxigênio ou *angina pectoris*.

Apêndice

Cerca de três milhões de americanos sofrem de angina, um episódio doloroso que ocorre quando o músculo do coração não obtém suficiente oxigênio. (Também conhecida como isquemia do miocárdio.) A maior parte dos ataques de angina ocorre quando o coração, lesado por pressão alta do sangue e por doença coronariana, é estressado por um esforço físico, aborrecimento, excessiva excitação ou mesmo a digestão de uma refeição pesada. Andar ao ar livre num dia frio, correr para pegar um ônibus ou saber de notícias particularmente estressantes pode desencadear ataques. Os ataques de angina servem como uma dolorosa advertência de que o coração pode ter sido danificado e um ataque cardíaco fulminante pode seguir-se a menos que medidas sejam tomadas para consertar seu coração doente.

Arteriosclerose

O "endurecimento das artérias" ou arteriosclerose envolve a acumulação gradual de depósitos de gordura ou placas nas artérias. Os depósitos estreitam as artérias, reduzindo o suprimento de sangue para o coração, aumentando a tendência do sangue formar coágulos que podem entupir o vaso sangüíneo causando um ataque cardíaco. A arteriosclerose é um processo em três etapas. Primeira, as artérias desenvolvem minúsculas lesões devido às poderosas contrações do coração, especialmente em pessoas com pressão alta arterial. Depois, o colesterol no sangue gruda nas lesões, vagarosamente endurecendo-se como uma placa, tornando a artéria menos flexível. Finalmente, esses depósitos estreitam as passagens arteriais, reduzindo o suprimento de sangue para o músculo cardíaco e outras partes do corpo.

O músculo cardíaco é tão eficiente em extrair oxigênio do sangue que muitas pessoas desenvolvem uma grave doença coronariana antes que sintomas apareçam. De fato, os vasos podem estar bloqueados em 70% a 90% antes que qualquer sintoma apareça, e freqüentemente um ataque cardíaco é o primeiro alerta que alguma coisa está errada.

Quando envolve as artérias coronárias, a arteriosclerose causa ataque cardíaco. Quando bloqueia o fluxo de sangue para o cérebro, a arteriosclerose causa derrame. E quando afeta as artérias das pernas, causa doença vascular periférica.

Insuficiência cardíaca congestiva

Quando o coração é danificado e não pode mais bombear eficientemente, mas não falha completamente, a pessoa está sofrendo de insuficiência cardíaca congestiva. Quando isso acontece, os rins respondem à circulação reduzida com a retenção de sal e água no corpo, o que aumenta o estresse cardíaco e torna as coisas piores.

Insuficiência cardíaca congestiva pode afetar tanto o lado direito como o esquerdo do coração. O lado esquerdo bombeia um sangue rico em oxigênio dos pulmões para o resto do corpo. O lado direito bombeia o sangue pobre de oxigênio de volta do corpo para os pulmões que o reabastece de oxigênio. Quando o lado esquerdo do coração é lesionado, o sangue volta para os pulmões, acarretando uma respiração curta com chiado no peito (mesmo durante o repouso), fadiga, distúrbios do sono e uma tosse seca não produtiva quando a pessoa se deita. Quando o lado direito do coração é lesado, o sangue se coleta nas pernas e no fígado, causando inchaço nos pés e tornozelos, dilatação das veias do pescoço, dor sob as costelas, fadiga e letargia.

Derrame

Um derrame é como um ataque cardíaco no cérebro. Da mesma forma que uma parte do coração morre quando privada de oxigênio durante um ataque do coração, uma parte do cérebro morre quando privada de oxigênio durante um derrame. Um derrame trombótico ocorre quando uma artéria no cérebro é bloqueada por um coágulo ou por arteriosclerose; um derrame embólico ocorre quando um pequeno coágulo (conhecido como êmbolo) se forma em algum lugar do organismo e se move para o cérebro, onde se aloja numa artéria e bloqueia o fluxo de sangue. Um derrame hemorrágico ocorre quando uma artéria se rompe, geralmente devido à pressão alta. Embora os derrames hemorrágicos sejam menos comuns — somente cerca de 20% de todos os derrames — são muito mais letais, causando cerca de 50% de todas as mortes relacionadas a derrame.

Em conseqüência de um derrame, a pessoa perde as funções corporais associadas à parte do cérebro que o derrame destruiu. Sintomas de derrame incluem fala enrolada ou perda da fala, súbita e intensa dor de cabeça; visão dupla ou cegueira, fraqueza súbita ou perda de sensação nos membros, perda de consciência. Os sintomas podem ocorrer num período de poucos minutos ou horas, e podem ocorrer de um só lado do corpo ou em ambos.

Derrame é a terceira principal causa de morte nos Estados Unidos e a principal causa de deficiências físicas e mentais em adultos. Especialistas estimam que mais de 80% de todos os derrames poderiam ser evitados.

Reconhecendo os sinais de alerta

Algumas pessoas descobrem que têm uma doença cardíaca quando experimentam a dor constringente da angina no peito. Mas muitas outras não recebem qualquer aviso — até que têm seu primeiro ataque cardíaco.

Vítimas de ataque cardíaco muitas vezes demoram em buscar ajuda médica, freqüentemente com resultados fatais. As células do seu coração requerem um constante suprimento de sangue. Se não o obtém, morrem. O número de células que morrem durante um ataque cardíaco determina se você vai viver ou morrer. Se sobreviver, a extensão do dano determina sua futura capacidade e incapacidade. Aja depressa.

A maior parte das mortes por ataque cardíaco ocorre nas primeiras duas horas, enquanto estudos descobriram que muitas pessoas esperam de quatro a seis horas para procurar o pronto-socorro. Nunca ignore os sinais de aviso de um ataque cardíaco, incluindo:

- Dor no peito: uma pressão desconfortável, uma sensação constritiva e esmagadora no centro do peito que dura dois minutos ou mais.
- Dor intensa irradiando-se para os ombros, pescoço, braços (especialmente o esquerdo), maxilares e boca do estômago.
- Respiração curta.
- Palidez.
- Sudorese.
- Pulso rápido ou irregular.
- Tontura.
- Desmaio ou perda de consciência.

Nem todos esses sinais ocorrem em todos os ataques cardíacos. Algumas pessoas confundem os sintomas de ataque cardíaco com indigestão, cãibra muscular ou mesmo com dor de dentes. Mulheres tendem a experimentar mais sintomas sutis — náusea, tontura, sudorese, dores maxilares e desmaio — ao invés da clássica dor no peito. E algumas pessoas, especialmente pessoas mais velhas e diabéticas, podem não experimentar sintomas durante um ataque cardíaco. (Somente um eletrocardiograma pode revelar esses chamados "ataques cardíacos silenciosos". Duas coisas esses ataques cardíacos não-clássicos têm em comum: os sintomas não são usuais para a pessoa e são constantes, não vem e vão.)

Se você suspeita que está tendo um ataque cardíaco, procure uma emergência médica imediatamente. Os médicos podem prescrever várias drogas que dissolvem os coágulos e reduzem a demanda de oxigênio do coração, e estas medicações são mais efetivas se ministradas dentro de uma hora da ocorrência do ataque cardíaco.

Apêndice

MULHERES E HOMENS: CORAÇÃO A CORAÇÃO

Por décadas, a pesquisa de doença cardiovascular envolveu apenas participantes homens. Estudos mais recentes mostram que as mulheres não são apenas "homens menores". Elas têm perfis diferentes de risco cardiovascular:

- Depois dos 60 anos, homens e mulheres têm o mesmo risco de doença cardíaca — e 1 em 4 morrerá de doença cardíaca. Antes dos 60 anos, o risco das mulheres de ter um ataque cardíaco é de 1 em 17, comparado ao 1 em 5 dos homens[134].
- Ataques cardíacos são mais fatais em mulheres. Eis que 38% das mulheres que têm um ataque cardíaco morre dentro de um ano, comparado a 25% dos homens[135].
- Mulheres tendem a demorar mais para buscar ajuda médica para um ataque cardíaco. Freqüentemente têm sintomas menos intensos e são menos propensas a experimentar o "clássico" sintoma de dor no peito.
- Anormalidades de colesterol acarretam riscos diferentes em mulheres e homens. Níveis elevados de triglicérides são um preditivo significante de doença cardíaca em mulheres (mas não em homens). Além disso, um elevado colesterol LDL é um fator de risco mais significativo em homens do que em mulheres.

---

[134] Bales, A.C. In search of lipid balance in older women. Postgraduate Medicine, 2000 Dec; 108(7):57-72.

[135] American Heart Association, 2001 Women, heart disease and stroke statistics. http://www.americanheart.org/statistics/

INFORMAÇÕES SOBRE NOSSAS PUBLICAÇÕES
E ÚLTIMOS LANÇAMENTOS

Visite nosso site:
www.novoseculo.com.br

NOVO SÉCULO EDITORA
Av. Aurora Soares Barbosa, 405
Vila Campesina - Osasco/SP
CEP 06023-010
Tel.: (11) 3699-7107
Fax: (11) 3699-7323

e-mail: atendimento@novoseculo.com.br

Ficha Técnica

Formato 16x23
Mancha 11,4x20cm
Tipologia: ClassGarmond BT
Corpo 11,5
Entrelinha 16
Total de páginas: 280